D1730132

RANIERO CANTALAMESSA

Als neuer Mensch leben

RANIERO CANTALAMESSA

Als neuer Mensch leben

Die geistliche Botschaft des Römerbriefes

Aus dem Italienischen von Ingrid Stampa

HERDER

FREIBURG · BASEL · WIEN

Originaltitel: La vita in Cristo
Áncora Editrice Milano
© Raniero Cantalamessa

Neubearbeitung für die deutschsprachige Ausgabe
auf der Grundlage der 8., gänzlich überarbeiteten italienischen Auflage

© für die deutschsprachige Ausgabe:
Verlag Herder Freiburg im Breisgau 2003
www.herder.de
Alle Rechte vorbehalten

Aufgrund verschiedener Möglichkeiten der Interpretation sind Bibelzitate nicht immer der Einheitsübersetzung entnommen, sondern basieren vereinzelt auch auf Übersetzungen des Autors.

Redaktionelle Mitarbeit: Udo Richter
Umschlagmotiv: Christusikone aus dem Katharinenkloster auf dem Sinai
Druck und Bindung: fgb · freiburger graphische betriebe
www.fgb.de

Gedruckt auf umweltfreundlichem, chlorfrei gebleichtem Papier
Printed in Germany

ISBN 3-451-28020-5

INHALT

EINFÜHRUNG

Dieses Buch möchte einen Weg der Neuevangelisierung und der geistlichen Erneuerung aufzeigen, der auf den Brief des Apostels Paulus an die Römer zurückgeht. Es handelt sich dabei weder um einen exegetischen Kommentar noch um eine theologische Abhandlung (beide liegen ihm freilich zugrunde), sondern um einen Versuch, unmittelbar auf das Ziel zuzugehen, das der Apostel anstrebte, als er seinen Brief schrieb. Und dabei ging es ihm mit Sicherheit nicht darum, den Christen Roms – und allen Christen nach ihnen – einen schwierigen Text zur Erprobung des eigenen kritischen Scharfsinns vorzulegen, sondern vielmehr darum, ihnen einige geistliche Gaben zu vermitteln, damit sie dadurch im gemeinsamen Glauben gestärkt und ermutigt würden (vgl. Röm 1, 11f). Der Römerbrief ist im Laufe der Jahrhunderte oft zum bevorzugten Objekt theologischer Diskussionen und Streitereien geworden. Und dabei wurde er gar nicht für einen begrenzten Kreis von Gelehrten geschrieben, sondern an das ganze Volk der »von Gott geliebten Heiligen« in Rom, das in seiner übergroßen Mehrheit aus einfachen, ungebildeten Leuten bestand. Sein Ziel war es, den Glauben zu vertiefen und zu stärken.

Aus diesem Grunde ist der Römerbrief das ideale Hilfsmittel im Hinblick auf eine Neuevangelisierung, der beste Entwurf für Volksmissionen, Einkehrtage und Exerzitienkurse. Er beschränkt sich nicht darauf, die offenbarten Wahrheiten, so bedeutsam diese auch sind, eine nach der anderen gewissermaßen statisch vorzustellen, sondern zeichnet einen Weg vor: vom alten, von Sünde und Tod gekennzeichneten Dasein hin zu einem Leben als »neue Schöpfung in Christus«;

vom Leben »für sich selbst« zum Leben »für den Herrn« (vgl. Röm
14, 7f). Der Weg hat den Verlauf und die Dynamik eines österlichen
Exodus.

Dem paulinischen Text ist der Titel des Buches entnommen (Röm
6, 4), das Grundschema des Weges und die verschiedenen Abschnitte,
die ihn gliedern, mit ihrem Aufbau und ihrem Verlauf und schließlich – als Wichtigstes von allem – die Worte, mit denen diese Abschnitte charakterisiert sind: Es sind Worte Gottes, und als solche sind
sie »lebendig und ewig«, wirksam aus sich selbst heraus, unabhängig
von jedem Schema oder jeder speziellen Verwendung.

Dieser Weg gliedert sich in zwei Teile bzw. grundlegende Abschnitte: ein erster (»kerygmatischer«) Teil zeigt das von Gott für uns
in der Geschichte vollbrachte Werk, während ein zweiter (»paräneti-
scher«) Teil (beginnend mit dem 12. Kapitel des Briefes und in diesem
Buch mit dem Kapitel über die Liebe) uns das Werk vorstellt, das der
Mensch zu vollbringen hat. Der erste Teil zeigt uns Jesus Christus als
Gabe, die durch den Glauben angenommen werden soll, der zweite
stellt uns Jesus Christus als Beispiel vor Augen, das durch die Aneignung der Tugenden und die Erneuerung des Lebens nachzuahmen ist.
Auf diese Weise finden wir eine Hilfe, eine der Synthesen und Ausgewogenheiten wiederherzustellen, die zu den wichtigsten gehören und
im geistlichen Leben am schwierigsten beizubehalten sind: das
Gleichgewicht zwischen dem mysterischen und dem asketischen Element, zwischen dem Anteil der Gnade und dem der Freiheit, zwischen
dem Glauben und den »Werken«.

Die bedeutsamste Lehre des Römerbriefes liegt – noch vor dem,
was im einzelnen ausgesagt wird – in der Anordnung der Aussagen.
Der Apostel behandelt nicht zuerst die Pflichten des Christen (Liebe,
Demut, Gehorsam, Dienst usw.) und dann die Gnade, gleichsam, als
sei diese eine Konsequenz, die aus jenen hervorgeht, sondern er
spricht im Gegenteil zuerst von der Gnade (der Gerechtmachung
durch den Glauben) und dann von den Pflichten, die sich aus ihr ergeben und die wir allein durch sie zu erfüllen vermögen.

Das Mittel oder Instrument, mit dem der hl. Paulus all dieses ausführt, ist das Evangelium: »Ich schäme mich des Evangeliums nicht«, sagt er. »Es ist eine Kraft Gottes, die jeden rettet, der glaubt« (Röm 1, 16). »Evangelium« steht hier für den Inhalt des Evangeliums, für das, was in ihm verkündet wird, insbesondere der erlösende Tod Christi und seine Auferstehung. Die Quelle, aus der er uns zu schöpfen lehrt, ist also nicht die rationale Beweisführung oder die rhetorische Eindringlichkeit, sondern die nackte Verkündigung der göttlichen Taten, in der der Glaubende die Kraft Gottes erfährt, die ihn rettet, ohne sich das Wie und das Warum erklären zu können oder auch nur die Notwendigkeit einer solchen Erklärung zu empfinden.

Die häufige Bezugnahme auf bedeutende Stimmen der antiken und der modernen Kultur – zusätzlich zu denen der kirchlichen Tradition – bezweckt also nicht, das Wort Gottes zu beweisen oder auszuschmücken, sondern vielmehr ihm zu dienen. Der Hauptgrund, warum jedes Zeitalter imstande ist, beim Befragen der Schrift immer tiefere Sinngehalte aus ihr zu schöpfen, ist der, daß jedes Zeitalter die Schrift auf einem anderen Bewußtseinsniveau und mit anderen, im Vergleich zu den vorangegangenen Epochen jeweils reicheren Lebenserfahrungen hinterfragt. Inzwischen hat nämlich die Kirche weitere Heilige und die Menschheit weitere Geistesgrößen hervorgebracht. Diese großen Denker sorgen – besonders wenn sie auch große Glaubende sind – für eine Hebung des Bewußtseinsniveaus der Menschheit und helfen auf diese Weise, dem Wort Gottes mit immer reicheren und tieferen Fragen und Herausforderungen zu begegnen.

Wir können vom Römerbrief und ganz allgemein von der Schrift vergleichsweise mehr verstehen als sogar Augustinus, Thomas von Aquin und Luther, obwohl wir so viel geringer sind als sie, und das nicht nur wegen des Fortschritts der biblischen Exegese – der in der Zwischenzeit gewaltig war –, sondern auch weil wir neue Leiden erfahren und andere Lehrmeister der Menschlichkeit gehabt haben, als sie sie hatten.

In den christlichen Kirchen gewinnt ein Projekt immer mehr Boden, das eindeutig vom Heiligen Geist inspiriert ist: Bisher haben wir Christen Jesus Christus häufig im Wettstreit und in gegenseitiger Rivalität verkündigt und auf diese Weise unser Zeugnis in den Augen der Welt gefährdet. Warum sollte man nicht die epochale Gelegenheit aufgreifen, die der Anfang eines neuen Jahrtausends darstellt, um zu beginnen, in brüderlicher Eintracht – wenn auch jeder in der Achtung vor der eigenen Tradition – gemeinsam das zu verkündigen, was uns in unserem Glauben an Christus schon eint und was weit bedeutender ist als das, was uns noch trennt?

Das vorliegende Buch möchte ein kleiner Beitrag zur Verwirklichung dieses Projektes sein. Es stellt den Versuch dar, eigene Intuitionen und Reichtümer jeder der großen christlichen Traditionen – der katholischen, der orthodoxen und der protestantischen – auszuwerten und dabei möglichst jene Punkte zu meiden, die nicht von allen, die an Christus glauben – oder zumindest von ihrer großen Mehrheit – geteilt werden. Der Römerbrief ist zu diesem Zweck hervorragend geeignet, weil er sich mit dem Tragwerk des Glaubens und des christlichen Mysteriums beschäftigt und alles andere beiseite läßt. Er stellt die ideale Basis für ein »gemeinsames Zeugnis« aller Christen dar.

Die »Gemeinsame Erklärung zur Rechtfertigungslehre«, die im Oktober 1998 zwischen der katholischen Kirche und dem Lutherischen Weltbund erreicht wurde, verleiht dieser ökumenischen Lesart des Römerbriefes noch größere Aktualität und Dringlichkeit. Im Text der Erklärung wird der Wunsch formuliert, diese gemeinsame Lehre möge nun von den theologischen Diskussionen auf die Praxis übergreifen und gelebte Erfahrung aller Christen werden. Das vorliegende Buch möchte dazu beitragen, dieses Ziel zu erreichen.

Es genügt nicht, das Wort Gottes zu lesen, zu studieren oder sogar auswendig zu lernen. Man muß »die Schriftrolle essen, sie verschlingen, ihren bitteren Geschmack im Innern verspüren und ihre Süße auf den Lippen« (vgl. Ez 3, 1ff; Offb 10, 9–12), d. h. man muß das Wort Gottes assimilieren, es zu Fleisch vom eigenen Fleisch und zu Blut vom eigenen Blut werden lassen, erlauben, daß es innerlich verletzt und reinigt – zuallererst denjenigen, der dazu berufen ist, es den anderen zu verkündigen. Das ist es, was wir nun mit dem Text des Apostels tun wollen. Es ist ein großer Unterschied, ob man die Neunte Sinfonie von Beethoven in der Partitur liest, oder ob man sie unter der Leitung eines begabten Dirigenten in einer Konzertaufführung hört. Unsere Sinfonie ist der Brief an die Römer (und was für eine Sinfonie!). Gemeinsam müssen wir sie »aufführen«, sie zum Klingen bringen, sie mit Leben erfüllen, uns von ihr ergreifen lassen.

Wir haben das Glück, bei diesem Unterfangen von dem besten aller möglichen Dirigenten geleitet zu werden, vom Autor des Werkes persönlich: vom Heiligen Geist.

»Von Gott geliebt«

Die frohe Botschaft von der Liebe Gottes

Der Bote, der vom Schlachtfeld atemlos im Zentrum der Stadt ankommt, beginnt nicht der Reihe nach zu erzählen, wie sich die Dinge vom Anfang bis zum Ende zugetragen haben, und hält sich nicht bei Einzelheiten auf, sondern kommt direkt zum Wesentlichen: Mit wenigen Worten ruft er die Nachricht aus, die ihm am dringendsten ist und auf die alle warten, und verschiebt alle Erklärungen auf einen späteren Zeitpunkt. Wenn ein Krieg gewonnen ist, ruft er: »Sieg!«, und wenn Friede geschlossen ist: »Friede!« Genauso (ich erinnere mich noch) geschah es an dem Tag, als der Zweite Weltkrieg endete. Das Wort »Armistizio! Armistizio!« (»Waffenstillstand! Waffenstillstand!«), das einer, der aus der Stadt zurückkam, mitgebracht hatte, ging im Dorf wie ein Lauffeuer von Haus zu Haus und verbreitete sich auf den Feldern; die Leute strömten auf die Straßen, und mit Tränen in den Augen umarmten sie sich gegenseitig nach den schrecklichen Jahren des Krieges.

Dazu auserwählt, »das Evangelium Gottes zu verkündigen«, verhält sich der hl. Paulus am Anfang des Briefes an die Römer in ähnlicher Weise. Er kommt als Künder des größten Ereignisses der Welt, als Bote des glänzendsten aller Siege, und beeilt sich, in wenigen Worten die schönste Nachricht zu überbringen, die er mitzuteilen hat:

»An alle in Rom, die von Gott geliebt sind, die berufenen Heiligen: Gnade sei mit euch und Friede von Gott, unserem Vater, und dem Herrn Jesus Christus!« (Röm 1, 7).

Auf den ersten Blick kann das wie ein einfacher Gruß erscheinen, wie es sie am Anfang jedes Briefes gibt; in Wirklichkeit ist darin aber eine Botschaft enthalten. Und was für eine Botschaft! Ich verkünde euch – will das heißen – daß ihr von Gott geliebt seid; daß ein für allemal Frieden geschlossen ist zwischen Himmel und Erde; ich verkünde euch, daß ihr »in der Gnade« seid! Mehr als die Worte selbst ist es im übrigen der Ton, in dem sie hervorgebracht werden, der in solchen Fällen zählt, und in diesem Gruß des Apostels strömt tatsächlich alles eine frohe Sicherheit und Zuversicht aus. »Liebe«, »Gnade«, »Friede«: das sind Worte, die die gesamte Botschaft des Evangeliums »im Kern« enthalten und die Macht besitzen, nicht nur Mitteilungen zu überbringen, sondern auch eine Seelenverfassung zu schaffen. Sie erinnern an den Gruß des himmlischen Boten, der gesandt war, um den Hirten die frohe Botschaft zu verkünden:

»Verherrlicht ist Gott in der Höhe, und auf Erden ist Friede bei den Menschen seiner Gnade« (Lk 2, 14).

Wir gehen von der Voraussetzung aus, daß der Brief an die Römer, da er »lebendiges und ewiges« Wort Gottes ist, auch für uns geschrieben ist, und daß in diesem Augenblick der Geschichte wir die wahren Adressaten dieses Briefes sind. Das bedeutet also, daß diese Verkündigung hier und jetzt an uns gerichtet ist. Die Liebe Gottes kommt uns gleich zu Beginn dieses unseres geistlichen Weges entgegen und umhüllt uns wie in einer Umarmung. Wir werden zu Zeugen des ursprünglichen Einbrechens der frohen Botschaft in die Welt; ganz neu erleben wir noch einmal den Moment, in dem das Evangelium in all seiner Kraft und Neuheit zum ersten Mal in der Geschichte »explodierte«. Keine gegenteilige Erwägung, nicht einmal die unserer eigenen Unwürdigkeit, darf aufkommen und unser Herz beunruhigen und es von der frohen Sicherheit abbringen, bevor es nicht ganz erfüllt ist von dieser ersten und wichtigsten Nachricht: daß Gott uns liebt und uns jetzt, am heutigen Tag, seinen Frieden und seine Gnade als Früchte dieser Liebe anbietet.

Wir werden die Botschaft von der Liebe Gottes anhand dreier großer Worte aufnehmen, die im Römerbrief stehen: Wir sind »von Gott geliebt« (1, 7). »Die Liebe Gottes ist ausgegossen in unsere Herzen« (5, 5). »Nichts kann uns scheiden von der Liebe Gottes« (8, 39). Diese Worte sind miteinander verbunden und bilden, über den ganzen Brief ausgespannt, gleichsam eine einzige Aussage – wie eine Botschaft in der Botschaft –, die auch am besonderen Ton erkennbar wird: Jedesmal geht die gewöhnliche Rede unvermittelt in einen Ausruf innerer Ergriffenheit über, wird pneumatisch.

1. »Von Gott geliebt«

Der Ausdruck »Gottesliebe« hat zwei voneinander sehr verschiedene Bedeutungen: eine, in der Gott Objekt ist, und die andere, in der Gott Subjekt ist; eine, die unsere Liebe zu Gott bezeichnet, und die andere, die Gottes Liebe zu uns meint. Der menschliche Verstand, der von Natur aus mehr dazu neigt, aktiv zu sein als passiv, hat immer der ersten Bedeutung den Vorrang gegeben, also der »Pflicht«, Gott zu lieben. Auch die christliche Predigt ist häufig diesem Weg gefolgt, indem sie zu manchen Zeiten fast ausschließlich über das »Gebot«, Gott zu lieben, und über die verschiedenen Stufen dieser Liebe sprach. Die Offenbarung gibt aber der zweiten Bedeutung den Vorrang: der Liebe »von« Gott, nicht der Liebe »zu« Gott. Aristoteles hat gesagt, Gott bewege die Welt, »weil er *geliebt wird*«, d. h. weil er Objekt der Liebe und Zielursache aller Kreaturen ist.[1] Die Bibel aber sagt genau das Gegenteil, daß nämlich Gott die Welt erschafft und bewegt, weil er die Welt *liebt*. Das Wichtigste bezüglich der Gottesliebe ist also nicht, daß der Mensch Gott liebt, sondern daß Gott den Menschen liebt und daß er ihn zuerst liebt:

»Nicht darin besteht die Liebe, daß wir Gott geliebt haben, sondern daß er uns geliebt hat« (1 Joh 4, 10).

---

1 Aristoteles, *Metaphysik*, 1072 b (XII, 7).

Unsere Absicht in dieser Meditation ist es, die vom Wort Gottes offenbarte Rangordnung wiederherzustellen, indem die »Gabe« wieder dem »Gebot« vorangestellt wird, und an die Spitze aller Ausführungen die schlichte und erschütternde Botschaft zu setzen, daß »Gott uns liebt«. Davon hängt nämlich alles übrige ab, einschließlich unserer eigenen Fähigkeit, Gott zu lieben: »Wir lieben, weil er uns zuerst geliebt hat«, sagt wieder Johannes (vgl. 1 Joh 4, 19).

Unser Geist ist so beschaffen, daß er normalerweise einem Gedanken für längere Zeit »ausgesetzt« bleiben muß, damit dieser einen bleibenden Eindruck hinterläßt; nichts, was ihn nur flüchtig durchquert, bleibt ihm wirklich eingeprägt und verwandelt ihn. Darum müssen wir uns nun dem Gedanken an die Liebe Gottes aussetzen, wie die Erde sich täglich der Sonne aussetzt, um von ihr Licht, Wärme und Leben zu empfangen. Und das kann nicht anders geschehen als durch Befragung der göttlichen Offenbarung. Wer außer Gott selbst könnte uns denn die Sicherheit geben, daß Gott uns liebt? Die ganze Bibel tut nichts anderes, als »die Liebe Gottes zu erzählen«, bemerkt der hl. Augustinus;[2] sie ist mit ihr sozusagen schwanger. Das ist die Botschaft, die alle anderen stützt und erklärt. Die Liebe Gottes ist die letzte Antwort auf alle »Warum?« der Bibel: warum die Schöpfung, warum die Inkarnation, warum die Erlösung ...? Wenn die ganze Bibel sich aus geschriebenem Wort in gesprochenes Wort verwandeln könnte und zu einer einzigen Stimme würde, dann würde diese Stimme mächtiger als das Brausen des Meeres rufen: »Gott liebt euch!« Jesus ist die Stimme der gesamten Schrift, wenn er sagt: »Der Vater liebt euch!« (Joh 16, 27). Alles, was Gott in der Bibel tut und sagt, ist Liebe, auch der »Zorn Gottes« ist nichts anderes als Liebe. Gott *ist* Liebe! Es kommt nicht darauf an zu wissen, ob Gott existiert – hat einmal jemand gesagt – es kommt darauf an zu wissen, ob er Liebe ist.[3] Und die Bibel bestätigt uns genau dieses: daß er Liebe ist.

---

2 Augustinus, *De catechizandis rudibus*, I, 8, 4 (PL 40, 319).

3 Vgl. S. Kierkegaard, *Erbauliche Reden in verschiedenem Geist (Das Evangelium der Leiden)*, in *Gesammelte Werke*, 18. Abt., Düsseldorf/Köln o. J., S. 281f.

Das Evangelium ist in den heiligen Schriften von Gott »durch seine Propheten im voraus verheißen« worden, sagt der hl. Paulus (Röm 1, 2). Wenden wir uns also unverzüglich den Propheten zu, um von ihnen die erste große Offenbarung der Liebe Gottes zu empfangen. Sie waren die ersten »Freunde des Bräutigams«, die beauftragt wurden, der Menschheit die Liebeserklärung Gottes zu überbringen. Gott bereitete sich diese Menschen »vom Mutterleib an« vor, damit sie einer solchen Aufgabe gewachsen seien. Er gab ihnen ein unermeßlich weites Herz, das für alle großen menschlichen Empfindungen offen war, denn er hatte entschieden, das Herz des Menschen zu erreichen, indem er dessen eigene Sprache sprechen und sich seiner persönlichen Erfahrungen bedienen würde.

Gott spricht zu uns in den Prophetenbüchern über seine Liebe, indem er sich vor allem des Bildes der elterlichen Liebe bedient. Bei Hosea sagt er:

»Als Israel jung war, gewann ich ihn lieb ... Ich war es, der Efraim gehen lehrte, indem ich ihn bei der Hand hielt ... Mit Banden der Güte zog ich sie an mich, mit den Ketten der Liebe. Ich war da für sie wie die (Eltern) [hier haben wir eines der rührendsten Bilder der Bibel vor uns!], die den Säugling an ihre Wangen heben. Ich neigte mich ihm zu und gab ihm zu essen« (Hos 11, 1–4).

Das sind vertraute Bilder, die jeder wohl schon viele Male im Leben betrachtet hat. Nun bekommen aber diese Bilder durch eine geheimnisvolle Kraft, die Symbolen innewohnt, wenn sie zur Darstellung des Göttlichen übernommen werden, die Fähigkeit, im Menschen das lebendige Empfinden der elterlichen Liebe Gottes wachzurufen. Hosea beklagt, daß das Volk sich weigert umzukehren. Je mehr Gott sie zu sich hinzieht, sagt er, desto weniger verstehen sie und wenden sich den Götzen zu. Was soll Gott in dieser Situation tun? Sie verlassen? Sie vernichten? Gott gibt dem Propheten Einblick in sein inneres Drama, in seinen Zustand der »Schwäche« und Ohnmacht, in der er sich wegen seiner leidenschaftlichen Liebe zu seinem Geschöpf befindet.

Beim Gedanken daran, sein Volk könne vernichtet werden, schlägt ihm »sein Herz bis zum Halse«:

> »Mein Herz wendet sich gegen mich, mein Inneres bebt vor Mitleid ... Ich bin Gott und kein Mensch« (Hos 11, 8f).

Ein Mensch könnte seinem lodernden Zorn Luft machen, und normalerweise tut er das auch, aber Gott nicht, denn er ist »heilig«, er ist anders. Selbst »wenn wir untreu sind, bleibt er doch treu, denn er kann sich selbst nicht verleugnen« (2 Tim 2, 13). Dieselbe Sprache finden wir auch bei Jeremia:

> »Efraim ist der Sohn, den ich liebe, mein bezauberndes Kind! Sooft ich ihm auch Vorwürfe mache, muß ich doch immer wieder an ihn denken, mein Herz schlägt für ihn, ich muß mich seiner erbarmen« (Jer 31, 20).

In diesen Sprüchen drückt sich die Liebe Gottes zugleich als väterliche und als mütterliche Liebe aus. Die *Vaterliebe* besteht aus Ansporn und vorantreibender Fürsorge; der Vater will sein Kind wachsen lassen und zur vollen Reife führen. Deshalb wird ein liebender Vater seinen Sohn in dessen Gegenwart schwerlich uneingeschränkt loben: er fürchtet, dieser könne sich bereits am Ziel wähnen und keine Fortschritte mehr machen. Im Gegenteil, oft weist er den Sohn zurecht: »Wo ist ein Sohn, den sein Vater nicht züchtigt?« steht in der Schrift (Hebr 12, 7), und Gott verhält sich ebenso: »Wen der Herr liebt, den züchtigt er« (Hebr 12, 6). Aber nicht nur das. Der Vater ist auch derjenige, der Sicherheit gibt, der beschützt, und Gott zeigt sich dem Menschen die ganze Bibel hindurch als »sein Fels, seine Burg und sein sicheres Heil« (vgl. Ps 18, 2f). Die *Mutterliebe* ist dagegen Annahme und Zärtlichkeit; sie ist eine emotional gesteuerte, »herz-liche« Liebe, die ihren Ursprung nimmt in den tiefen Fasern des mütterlichen Wesens, dort, wo in ihrem Schoß unter ihrem Herzen das neue Leben Form angenommen hat, und von da aus erfaßt diese Liebe ihre ganze Person

und läßt sie »beben vor Mitleid«. Was immer ein Sohn angestellt haben mag, und sei es auch etwas Schreckliches, so ist doch, wenn er zurückkehrt, die erste Reaktion der Mutter die, ihn mit offenen Armen
aufzunehmen. Wenn ein Sohn, der von zu Hause fortgelaufen ist, zurückkehrt, ist es die Rolle der Mutter, den Vater inständig zu bitten und
zu überreden, ihn wieder aufzunehmen, ohne ihm allzu viele Vorwürfe zu machen. Im menschlichen Bereich sind diese beiden Arten
von Liebe – die väterliche und die mütterliche – immer mehr oder weniger deutlich aufgeteilt; bei Gott sind sie vereint. Darum stellt sich die
Liebe Gottes bisweilen auch ausdrücklich im Bild der Mutterliebe dar:

> »Kann denn eine Frau ihr Kindlein vergessen, so daß sie für ihr leib-
> liches Kind keine Rührung empfindet?« (Jes 49, 13).
> »Wie eine Mutter ihren Sohn tröstet, so tröste ich euch« (Jes 66, 13).

In dem Gleichnis vom verlorenen Sohn hat Jesus in der Figur des
Vaters die Charakterzüge dieses Gottes vereint, der zugleich Vater und
Mutter ist; ja, der Vater des Gleichnisses ist mehr Mutter als Vater. Ein
antiker Autor schreibt:

> »Siehst du nicht, wie verschieden die Art des Wohlwollens der Väter
> von jener der Mütter ist? Die Väter wecken ihre Kinder früh, damit sie
> mit dem Studium beginnen, erlauben ihnen nicht, müßig herumzu-
> lungern, und treiben ihnen den Schweiß auf die Stirn und manchmal
> auch die Tränen in die Augen. Die Mütter dagegen liebkosen ihre Kin-
> der auf ihrem Schoß, halten sie in ihrer Nähe und ersparen ihnen Ver-
> druß, Tränen und Mühen.«[4]

Während aber der Gott dieses heidnischen Philosophen den Menschen gegenüber nur – wie er sagt – »das Gemüt eines Vaters« hat,
»der ohne Schwäche liebt«, besitzt der biblische Gott auch das Gemüt
einer Mutter, die »mit Schwäche« liebt.

---

4 Seneca, *De Providentia*, 2, 5f.

Der Mensch kennt aus Erfahrung noch einen weiteren Typ von Liebe; es ist jene, von der gesagt wird, sie sei »stark wie der Tod« und »ihre Gluten« seien »Feuergluten« (vgl. Hld 8, 6), und auch auf diese Art von Liebe hat Gott sich in der Bibel bezogen, um uns eine Vorstellung zu vermitteln von seiner leidenschaftlichen Liebe zu uns. Alle Phasen und Wechselfälle der ehelichen Liebe werden zu diesem Zweck herangezogen: der Zauber der Liebe in ihrem Anfangsstadium in der Verlobungszeit (vgl. Jer 2, 2), die Fülle der Freude am Hochzeitstag (vgl. Jes 62, 5), das Drama des Bruchs (vgl. Hos 2, 4ff) und am Ende die hoffnungsvolle Wiederaufnahme der alten Verbindung (vgl. Hos 2, 16; Jes 54, 8).

Die *eheliche Liebe* ist grundsätzlich eine Liebe der Sehnsucht und des Verlangens. Wenn es also zutrifft, daß der Mensch nach Gott verlangt, so trifft auf geheimnisvolle Weise auch das Gegenteil zu, daß nämlich Gott sich nach dem Menschen sehnt. Ein charakteristischer Zug der ehelichen Liebe ist die Eifersucht, und tatsächlich bestätigt die Bibel häufig, daß Gott ein »eifersüchtiger Gott« ist (vgl. Ex 20, 5; Dtn 4, 24; Ez 8, 3–5). Beim Menschen ist die Eifersucht ein Zeichen von Schwäche; der eifersüchtige Mann oder die eifersüchtige Frau fürchtet um sich selbst, hat Angst, jemand anders, der »stärker« ist, könnte das Herz des geliebten Menschen rauben. Gott fürchtet nicht um sich selbst, sondern um sein Geschöpf, nicht wegen seiner eigenen Schwäche, sondern wegen der Schwäche seines Geschöpfes. Er weiß, wenn es sich den Götzen in die Arme wirft, liefert es sich der Lüge und dem Nichts aus. Der Götzendienst in all seinen Formen ist in der ganzen Bibel der schreckliche Rivale Gottes; die Götzen sind die »falschen Geliebten« (vgl. Hos 2, 7ff; Jer 2, 5; Ez 16). Die Eifersucht Gottes ist ein Zeichen von Liebe und heiligem Eifer, nicht von Unvollkommenheit.

Indem Gott seine Liebe kundtut, offenbart er zugleich auch seine *Demut*. Er ist es, der den Menschen sucht, der nachgibt, der verzeiht und immer bereit ist, noch einmal von vorn zu beginnen. Sich verlieben ist immer ein Akt der Demut. Wenn ein junger Mann, wie es früher üblich war, auf Knien um die Hand eines Mädchens anhält, vollzieht er den radikalsten Demutsakt seines Lebens. Er macht sich zum

Bettler; es ist, als sage er: »Gib mir auch dein Wesen, denn das meine reicht mir nicht; ich bin mir selbst nicht genug!« Warum aber verliebt sich Gott, warum demütigt er sich? Braucht denn auch er irgend etwas? Nein, im Gegenteil: seine Liebe ist reine Uneigennützigkeit. Er liebt nicht, um *sich* zu vervollständigen oder *sich* zu verwirklichen, sondern um den zu vervollständigen und zu verwirklichen, den er liebt, also um uns die Vervollständigung und Verwirklichung zu schenken. Er liebt, weil »das Gute sich gern verströmt«. Das ist die einzigartige und unnachahmliche Eigenschaft der Liebe Gottes. Gott sucht, indem er liebt, nicht einmal seine Ehre; oder besser: er sucht wohl seine Ehre, aber diese Ehre besteht in nichts anderem, als den Menschen völlig uneigennützig zu lieben. »Die Ehre Gottes ist der lebendige Mensch«, sagte der hl. Irenäus.[5]

Derselbe Heilige hat uns einen Text über die Uneigennützigkeit der Liebe Gottes hinterlassen, den zu meditieren die Kirche bis heute nicht müde geworden ist (sie hat ihn nämlich als Lesung in das Stundengebet übernommen).

»Gott bemühte sich um die Liebe Abrahams nicht aufgrund einer eigenen Notwendigkeit ... sondern weil er gut ist, wollte er Abraham das ewige Leben schenken, denn die Freundschaft Gottes verschafft denen, die danach greifen, Unsterblichkeit und ewiges Leben. So erschuf auch am Anfang Gott den Adam nicht, weil er etwa den Menschen gebraucht hätte, sondern um jemanden zu haben, über den er seine Wohltaten ausgießen könnte ... Er segnet jene, die ihm dienen, weil sie ihm dienen, und jene, die ihm nachfolgen, weil sie ihm nachfolgen, erhält von ihnen aber keinerlei Vorteil, denn er ist reich, vollkommen, und es fehlt ihm an nichts ... Er bereitete die Propheten vor, um den Menschen auf Erden daran zu gewöhnen, seinen Geist zu tragen und die Gemeinschaft mit Gott zu besitzen. Er, der nichts nötig hat, bot seine Gemeinschaft denen, die ihn brauchten.«[6]

---

5 Irenäus von Lyon, *Gegen die Häresien (Adversus haereses)*, IV, 20, 7.
6 Ebd., IV, 13, 4 – 14, 2.

Gott liebt, weil er Liebe ist; bei ihm handelt es sich um eine uneigennützige Notwendigkeit und eine notwendige Uneigennützigkeit.
Angesichts des unergründlichen Geheimnisses dieser Liebe Gottes
kann man das Staunen des Psalmisten verstehen, der sich fragt: »Aber
was, o Gott, ist nur der Mensch, daß du an ihn denkst, des Menschen
Kind, daß du dich so sehr seiner annimmst?« (vgl. Ps 8, 5).

2. »Die Liebe Gottes ist ausgegossen in unsere Herzen«

Am Anfang des fünften Kapitels des Römerbriefes schreibt der Apostel Paulus:

> »Gerecht gemacht aus Glauben, haben wir Frieden mit Gott durch Je-
> sus Christus, unseren Herrn. Durch ihn haben wir auch den Zugang
> zu der Gnade erhalten, in der wir stehen, und rühmen uns unserer
> Hoffnung auf die Herrlichkeit Gottes. Mehr noch, wir rühmen uns
> ebenso unserer Bedrängnis; denn wir wissen: Bedrängnis bewirkt Ge-
> duld, Geduld aber Bewährung, Bewährung Hoffnung. Die Hoffnung
> aber läßt nicht zugrunde gehen; denn die Liebe Gottes ist ausgegossen
> in unsere Herzen durch den Heiligen Geist, der uns gegeben ist«
> (Röm 5, 1–5).

Das ist die große Botschaft, die der Apostel im Anfangsgruß vor-
weggenommen hat, in ihrer vollständigen Fassung. Die drei Worte
»Liebe«, »Frieden« und »Gnade« aus dem Gruß kehren hier wieder,
und darüber hinaus wird diesmal die Quelle all dessen angegeben: die
Gerechtmachung durch den Glauben an Christus. Auch hier will der
Apostel uns weniger theologische Ideen als vielmehr eine Seelenverfassung vermitteln und uns den »Stand der Gnade« bewußt machen,
in dem wir uns befinden. Und wieder spricht er in einer »gehobenen«,
pneumatischen Tonlage.

Es vollzieht sich jedoch auch ein Qualitätssprung. Jetzt ist nicht
mehr die Rede davon, daß wir »von Gott geliebt« sind, sondern daß die

Liebe Gottes sogar »in unsere Herzen ausgegossen« ist. Der Ausdruck »von Gott geliebt« aus dem Gruß bezieht sich also nicht nur auf die Vergangenheit, er ist nicht nur ein Titel, den die Kirche von Israel geerbt hat; er bezieht sich auf jüngste Ereignisse, spricht von einer neuen, aktuellen Wirklichkeit. Am Ursprung dieser neuen Wirklichkeit steht Jesus Christus; aber im Moment wollen wir uns noch nicht darum kümmern, den Ursprung oder die Entwicklung dieser Liebe zu erforschen. Auch die Tatsache, daß sie uns »durch den Heiligen Geist« gegeben wurde, ist hier nicht das Wichtigste; später, im achten Kapitel, spricht der Apostel über den Heiligen Geist. Jetzt geht es darum, einfach die neue, alles umstürzende Offenbarung aufzunehmen: Die Liebe Gottes hat sich mitten unter uns dauerhaft niedergelassen; sie befindet sich nun in unserem Herzen! In der Vergangenheit stellten sich zwischen uns und die Liebe Gottes trotz allem zwei Trennmauern, die die volle Vereinigung mit Gott verhinderten: die Mauer der *Natur* (Gott ist »Geist« und wir sind »Fleisch«) und die Mauer der *Sünde*. Mit seiner Inkarnation hat Jesus das Hindernis der Natur niedergerissen und mit seinem Kreuzestod das der Sünde, und so stand der Ausgießung seines Geistes und seiner Liebe nichts mehr im Wege. Gott wurde »Leben meiner Seele, Leben meines Lebens; mir näher als ich mir selbst«.[7]

So entsteht in uns der Liebe Gottes gegenüber ein neues und außergewöhnliches Gefühl: das des *Besitzes*. Es ist so, wie wenn jemand, nachdem er jahrelang versucht hat, sich einen bestimmten Gegenstand zu verschaffen, an dem ihm besonders liegt, oder ein Kunstwerk, das er zutiefst bewundert und das er schon mehrmals unwiderruflich verloren glaubte, dieses eines Abends plötzlich nach Hause tragen und hinter sich die Türe schließen kann. Selbst wenn aus irgendeinem Grund Monate oder Jahre vergehen sollten, bevor er die Verpackung öffnen und den so begehrten Gegenstand »von Angesicht« betrachten kann, ist die Sache doch jetzt schon eine ganz andere: Er weiß, er »gehört« ihm, und niemand kann ihn ihm mehr weg-

---

7 Augustinus, *Confessiones*, III, 6.

nehmen. »Ihr werdet mein Volk sein, und ich werde euer Gott sein«, sagte Gott bei den Propheten und kündigte damit diese Zeiten an (vgl. Ez 36, 28). Jetzt hat sich all das verwirklicht: Gott ist in einer neuen Weise »unser« Gott geworden; wir besitzen Gott, und zwar aus Gnade. Das ist der größte Reichtum des Geschöpfes, sein höchster Ehrentitel, den – ich wage es zu sagen – nicht einmal Gott selbst besitzt. Gott *ist* Gott – und das ist natürlich unendlich viel mehr –, aber Gott *hat* keinen Gott, einen Gott, über den er sich freuen kann, auf den er stolz sein, den er bewundern kann ... Der Mensch *hat* Gott! (Wenn man genauer darüber nachdenkt, entdeckt man zwar, daß das so nicht ganz stimmt und daß auch Gott einen Gott *hat*, über den er sich freuen und den er lieben kann, denn Gott ist auch Dreifaltigkeit. Der Vater hat den Sohn, der Sohn hat den Vater, und beide haben den Heiligen Geist!)

Um den Unterschied bewerten zu können, der zwischen diesem Zustand und dem vor dem Kommen Christi besteht, müßte man beides erlebt haben, also zuerst unter dem Alten Testament und dann unter dem Neuen Testament gelebt haben. Es gibt aber einen, der diese unwiederholbare Erfahrung persönlich gemacht hat, und das ist genau derjenige, der zu uns spricht und uns den unvergleichlichen Unterschied bestätigt: der Apostel Paulus! Er sagt, daß das, was einst herrlich war, nun im Vergleich zu »der größeren Herrlichkeit des Neuen Bundes verblaßt« (vgl. 2 Kor 3, 10). Jesus ist die Inkarnation der Liebe Gottes. Eine christliche Schrift aus der Antike sagt (und paraphrasiert damit Joh 1, 14): »Die Liebe [des Vaters] hat in ihm Fleisch angenommen.«[8]

Was aber ist diese Liebe, die in der Taufe in unsere Herzen ausgegossen worden ist? Ist es ein Empfinden Gottes für uns? Eine wohlwollende Grundeinstellung seinerseits uns gegenüber? Eine Zuneigung? Etwas *Intentionales* also? Weit mehr: Es ist etwas *Reales*, etwas *Wirkliches*. Es ist buchstäblich die Liebe *von Gott*, d. h. die Liebe, die in Gott ist, das Feuer selbst, das in der Trinität brennt und das uns in Form der »Einwohnung« mitgeteilt wird.

---

8 *Evangelium veritatis* (aus den Codices von Nag Hammadi), 76.

»Mein Vater wird ihn lieben, und wir werden zu ihm kommen und bei ihm wohnen« (Joh 14, 23).

Wir erhalten »Anteil an der göttlichen Natur« (vgl. 2 Petr 1, 4), d. h. Anteil an der göttlichen Liebe, denn Gott *ist* Liebe; die Liebe ist sozusagen seine Natur. Und damit sehen wir uns auf geheimnisvolle Weise gleichsam eingesogen in den strömenden Kreislauf des innertrinitarischen Geschehens. Wir sind einbezogen in die unaufhörliche Bewegung des gegenseitigen Sich-Gebens und Sich-Empfangens des Vaters und des Sohnes, aus deren jubelnder Umarmung der Heilige Geist hervorgeht, der dann einen Funken dieses Liebesfeuers bis zu uns trägt. Jemand, der das in einer gnadenhaften Erfahrung erlebt hat, berichtet darüber:

»Eines Nachts spürte ich die große Zärtlichkeit des Vaters, der mich mit seiner süßen und sanften Liebkosung umhüllte. Außer mir, kniete ich mich zusammengekauert im Dunkeln auf den Boden; heftig pochte mein Herz, und ich überließ mich ganz und gar seinem Willen. Und der Geist führte mich in das Geheimnis der trinitarischen Liebe ein. Der hinreißende Austausch des Gebens und Empfangens vollzog sich auch durch mich hindurch: von Christus, mit dem ich vereint war, zum Vater und vom Vater zum Sohn. Doch wie das Unbeschreibliche in Worte fassen? Ich sah nichts, aber es war weit mehr als ein Sehen, und meine Worte sind ohnmächtig, diesen Austausch in einer Atmosphäre des Jubilierens wiederzugeben, dieses schwingende Einander-Antworten im Empfangen und Geben. Und diesem Austausch entströmte ein intensives Leben vom Einen zum Anderen, wie warme Milch, die aus der mütterlichen Brust in den Mund des Kindes fließt, das an diesem Wohlsein hängt. Und dieses Kind war ich, war die ganze Schöpfung, die am Leben, am Reich, an der Herrlichkeit teilhatte, da sie in Christus neu geboren war. Als ich die Bibel aufschlug, las ich: ›Denn in allem ist dein unvergänglicher Geist‹ [Weish 12, 1]. O heilige und lebendige Dreifaltigkeit! Für zwei oder drei Tage war ich wie außer mir, und noch heute ist diese Erfahrung als ein starker Eindruck in mir gegenwärtig.«

Das Wort des hl. Paulus: »Die Liebe Gottes ist ausgegossen in unsere Herzen« versteht man bis zum Grunde nur im Licht des Wortes Jesu: »... damit die Liebe, mit der du mich geliebt hast, in ihnen ist« (Joh 17, 26). Die Liebe, die in uns ausgegossen wurde, ist dieselbe Liebe, mit der der Vater von Ewigkeit her den Sohn liebt, und keine andere. Es ist ein Überströmen der göttlichen Liebe aus der Trinität hin zu uns. Gott gibt der Seele

> »dieselbe Liebe, die er dem Sohn gibt, auch wenn das nicht – wie im Fall des Sohnes – durch die Natur geschieht, sondern durch Vereinigung ... Die Seele hat teil an Gott und vollbringt gemeinsam mit ihm das Werk der Heiligsten Dreifaltigkeit.«[9]

Das ist bereits jetzt, wie auch einst im ewigen Leben, die größte Quelle unserer Seligkeit. Was vermittelt dem Kind mehr Freude und Sicherheit, als daß der Papa und die Mama sich gegenseitig lieben? Unbewußt bedeutet ihm das mehr als die Tatsache, daß sie es selbst lieben. Papa und Mama können – jeder für sich – ihr Kind soviel lieben, wie sie wollen: wenn sie sich jedoch gegenseitig nicht lieben (und das geschieht leider häufig), kann nichts das Kind davor bewahren, daß es sich in der Tiefe unglücklich und unsicher fühlt. Das Kind will nicht mit einer unterschiedenen und abgetrennten Liebe geliebt werden, sondern es möchte aufgenommen werden in die Liebe, mit der die Eltern sich gegenseitig lieben, denn es weiß, daß in ihr sein Ursprung liegt. Und nun die große Offenbarung: Die Personen der Trinität lieben sich gegenseitig mit einer grenzenlosen Liebe, und sie nehmen uns auf, damit wir an ihrer Liebe teilhaben! Sie gewähren uns Zutritt zum Gastmahl des Lebens: Gott labt seine Erwählten »am Reichtum seines Hauses« und tränkt sie »mit dem Strom seiner Wonnen« (vgl. Ps 36, 9). Der theologische Grundsatz, daß »die Gnade der Anfang der Herrlichkeit«[10] ist, besagt genau dieses: daß wir durch den

---

9 Johannes vom Kreuz, *Geistlicher Gesang*, A, 38. Strophe.

10 Thomas von Aquin, *Summa theologiae*, II-II^{ae}, q. 24, a. 3.

Glauben in einer Art »Angeld« bereits jetzt besitzen, was wir eines Tages in der Schau und in Fülle im ewigen Leben besitzen werden, nämlich die Liebe Gottes.

Im Alten Testament erweckte Gott die Propheten, damit sie die *Erwartung* dieser Dinge lebendig hielten; nun, in der Kirche, hat er die Heiligen geformt und berufen, damit sie die *Erinnerung* daran wachhielten. Die Heiligen, und speziell diejenigen unter ihnen, die wir Mystiker nennen, haben vor allem diese Aufgabe: uns von der Liebe Gottes zu sprechen und uns etwas von der Wirklichkeit erahnen zu lassen, die unseren Augen noch verborgen ist.

Niemand könnte uns besser davon überzeugen, daß wir aus Liebe erschaffen worden sind, als die hl. Katharina von Siena es mit diesem glühenden Gebet an die Dreifaltigkeit tut:

»Wie also erschufst du, o ewiger Vater, diese deine Kreatur? Ich bin darüber höchst erstaunt. Ich sehe nämlich – wie du mir zeigst –, daß du sie aus keinem anderen Grund erschufst, als allein weil du in deinem Licht dich durch das Feuer deiner Liebe dazu gezwungen sahst, uns das Sein zu geben, trotz der Frevel, die wir gegen dich, o ewiger Vater, begehen würden. Das Feuer zwang dich also. O unbeschreibliche Liebe, obwohl du in deinem Licht all die Frevel sahst, die dein Geschöpf gegen deine grenzenlose Güte verüben würde, tatest du beinahe so, als sähest du nicht, sondern ließest dein Auge auf der Schönheit deines Geschöpfes ruhen, in das du dich, wie närrisch und trunken von Liebe, verliebtest; und aus Liebe brachtest du es aus dir hervor und schenktest ihm ein Wesen nach deinem Bild und Gleichnis. Du, ewige Wahrheit, hast mir deine Wahrheit erklärt, daß nämlich die Liebe dich zwang, sie zu erschaffen.«[11]

Ich brauche also nicht außerhalb von mir nach dem Beweis zu suchen, daß Gott mich liebt: Ich selbst bin der Beweis; mein Sein an sich ist eine Gabe. Wenn wir uns im Glauben betrachten, können wir sa-

11 Katharina von Siena, *Le Orazioni*, Rom 1978, IV, 95–109, S. 44–46.

gen: »Ich existiere, also werde ich geliebt!« Für den Christen ist es wahr: »Sein bedeutet geliebt sein« (G. Marcel).

Bekanntlich interpretieren nicht alle die Schöpfung so. »Durch Zufall sind wir geworden«, hieß es schon zur Zeit der Bibel (Weish 2, 2). In der Antike wurde die Welt von manchen als das Werk eines Rivalen Gottes oder einer geringeren Gottheit, des Demiurgen, angesehen, oder auch als Ergebnis einer Notwendigkeit oder eines Zwischenfalls, der sich in der Götterwelt ereignet hatte. Gott habe die Welt aus Überschuß an Energie (nicht an Liebe!) erschaffen, gleichsam als »Bindemittel« seiner Kraft, die nicht in sich selbst zurückgehalten werden konnte. Heute gibt es die Meinung, die Existenz des Menschen und der Dinge sei das Resultat unbekannter kosmischer Gesetze. Einige halten sie sogar für einen Fluch, gleichsam ein »Geworfensein in die Existenz«. Die Entdeckung der Existenz, die bei Katharina Staunen und Jubel hervorrief, verursacht in dieser letztgenannten Perspektive – die jene des atheistischen Existentialismus ist – nur »Ekel«. Die Heiligen sagen nichts Neues, aber sie besitzen die Gabe, Altes und Wahres in unnachahmlicher Weise auszudrücken.

Einer anderen Mystikerin, die zur gleichen Zeit wie Katharina lebte, zeigte Gott eines Tages in einer Vision »ein kleines Ding, so groß wie eine Haselnuß, das in seiner Handfläche lag«. Es wurde ihr offenbart, daß das, was sie sah, die gesamte Schöpfung sei. Und während sie sich fragte, wie sie nur bestehen könne, da sie doch so klein und zerbrechlich war, antwortete eine Stimme in ihr: »Sie besteht und wird immerfort weiterbestehen, weil Gott sie liebt.« Dieser Mystikerin verdanken wir auch einen vernachlässigten, aber absolut gesicherten Aspekt der biblischen Doktrin über die Liebe Gottes: die Tatsache, daß Gott – und zwar zuerst einmal er selbst – Freude daran hat, uns zu lieben:

> »Und so sah ich, daß Gott froh ist, unser Vater zu sein, und Gott ist auch froh, unsere Mutter zu sein, und Gott freut sich, daß er unser wirklicher Bräutigam und die Seele seine geliebte Braut ist. Und Christus ist froh, unser Bruder zu sein, und Jesus freut sich, daß er unser Erlöser ist.«

In bezug auf die »Mutterschaft« Gottes sagt dieselbe Heilige:

»Das Wort ›Mutter‹, so schön und voller Liebe, ist in sich so süß und liebenswürdig, daß es eigentlich über niemanden gesagt werden kann außer über Gott und zu Gott, der die wahre Mutter des Lebens und von allem ist.«[12]

Zur sel. Angela von Foligno sagte Gott diese berühmt gewordenen Worte:

»Ich habe dich nicht zum Scherz geliebt! Ich habe dich nicht geliebt, indem ich dir fern blieb! Du bist ich und ich bin du. Du bist so gestaltet, wie es mir entspricht; du bist hoch erhaben in meiner Majestät.«

Manchmal gestand sie selbst, daß es ihr schien, »inmitten der Trinität zu sein und zu ruhen«.[13]

Wir müssen uns überzeugen, daß Gott solche Menschen nicht bloß geschaffen hat, um uns neidisch zu machen, indem er uns sozusagen ahnungsweise sehen läßt, was jeder im Grunde seines Herzens mehr als alles andere begehrt, und um uns dann zu sagen, daß dies alles nicht für uns bestimmt ist. Gott liebt uns alle in dieser Weise, nicht nur einen oder zwei Menschen in jedem Zeitalter. Einem oder zwei Menschen in jedem Zeitalter, die von ihm zu diesem Zweck erwählt und geläutert worden sind, vertraut er die Aufgabe an, die anderen an all das zu erinnern. Aber was sind schon die Unterschiede in Grad, Zeit und Art zwischen den Heiligen und uns im Vergleich zu der wichtigsten Realität, die wir mit ihnen gemeinsam haben, daß nämlich wir alle Objekt eines unglaublichen Planes der Liebe Gottes sind? Was uns mit ihnen vereint, ist sehr viel stärker als das, was uns von ihnen trennt.

---

12 Juliana von Norwich, *A Revelation of Love* (hrsg. von M. Glasscoe), Exeter 1993, Kap. 5, Kap. 52, Kap. 60 [deutsche Ausgabe: *Eine Offenbarung göttlicher Liebe*, Freiburg 1960].

13 *Il libro della B. Angela da Foligno*, Grottaferrata 1985, S. 312, S. 360.

Die Mystiker sind für das christliche Volk so etwas wie die Kund-
schafter, die als erste heimlich in das Land der Verheißung eindrangen
und dann zurückkehrten, um zu berichten, was sie gesehen hatten
(»ein Land, wo Milch und Honig fließen«), und die anderen dadurch
anzutreiben, den Jordan zu überqueren (vgl. Num 14, 6ff). Über sie erreichen uns in diesem Leben die ersten Strahlen vom Lichtschein des
ewigen Lebens. Ihre Botschaft kann man mit den Worten des hl. Paulus, der einer von ihnen war, zusammenfassen:

> »Kein Auge hat gesehen und kein Ohr hat gehört, und keinem Men-
> schen ist je in den Sinn gekommen das Große, das Gott denen bereitet
> hat, die ihn lieben« (vgl. 1 Kor 2, 9).

3. »Nichts kann uns scheiden von der Liebe Gottes«

Das dritte Wort, das Paulus im Römerbrief über die Liebe sagt, ist ein
existentielles Wort: Es führt uns zurück zu *diesem* Leben und zu seinem alltäglicheren und realistischeren Aspekt, dem Leiden. Erneut
»hebt« sich der Ton der Rede und wird pneumatisch:

> »All das überwinden wir durch den, der uns geliebt hat. Denn ich bin
> gewiß: Weder Tod noch Leben, weder Engel noch Mächte, weder Gegen-
> wärtiges noch Zukünftiges, weder Gewalten der Höhe oder der Tiefe
> noch irgendeine andere Kreatur können uns scheiden von der Liebe
> Gottes, die in Christus Jesus ist, unserem Herrn« (Röm 8, 37–39).

Hier zeigt uns der hl. Paulus eine Methode, das Licht der Liebe Gottes, das wir bisher betrachtet haben, auf unsere konkrete Existenz anzuwenden. Die Gefahren und die Feinde der Liebe Gottes, die er aufzählt, sind diejenigen, denen er – wie wir wissen – tatsächlich in
seinem Leben ausgesetzt war: Angst, Verfolgung, Schwert ... (vgl.
2 Kor 11, 23ff). Er geht sie in seiner Erinnerung noch einmal durch und
stellt fest, daß keine von ihnen so stark ist, daß sie dem Vergleich mit

dem Gedanken an die Liebe Gottes standhalten könnte. Was unüberwindlich erschien, erweist sich in diesem Licht als Kleinigkeit. Und so liegt darin zugleich eine Einladung an uns, dasselbe zu tun: unser Leben zu betrachten, so wie es sich darstellt – die Ängste, die sich darin einnisten, an die Oberfläche kommen zu lassen, ebenso die Traurigkeiten, Bedrohungen, Komplexe und jenen physischen oder moralischen Defekt, der uns daran hindert, uns selbst gelassen anzunehmen – und all das dem Licht des Gedankens auszusetzen, daß Gott uns liebt. Paulus fordert mich auf, mich selbst zu fragen: Was in meinem Leben ist es, das mich zu überwältigen sucht?

Nach der Betrachtung seines persönlichen Lebens richtet der Apostel in der zweiten Hälfte des Textes nun seinen Blick auf die Welt, die ihn umgibt. Auch hier hat er »seine« Welt im Auge mit den Mächten, die sie damals bedrohlich erscheinen ließen: der Tod mit seinem Geheimnis, das gegenwärtige Leben mit seinen Verlockungen, die Mächte der Gestirne oder die der Unterwelt, die dem Menschen der Antike so viel Furcht einflößten. Und wir sollen nun dasselbe tun: mit den neuen Augen, die uns die Offenbarung der Liebe Gottes geschenkt hat, die Welt betrachten, die uns umgibt und die uns Angst macht. Was Paulus »Höhe« und »Tiefe« nennt, sind für uns heute in unserer viel umfassenderen Kenntnis der Dimensionen des Kosmos das unendlich Große in der Höhe und das unendlich Kleine in der Tiefe, das Universum und das Atom. Alles ist bereit, uns zu erdrücken. Schwach und einsam ist der Mensch in einem Universum, das so viel größer ist als er und das obendrein infolge seiner wissenschaftlichen Entdeckungen noch bedrohlicher für ihn geworden ist. Aber nichts von alledem kann uns scheiden von der Liebe Gottes. Gott, der uns liebt, hat all das geschaffen und hält es fest in der Hand.

»Gott ist uns Zuflucht und Stärke, ein bewährter Helfer in allen Nöten. Darum fürchten wir uns nicht, wenn die Erde auch wankt, wenn Berge stürzen in die Tiefe des Meeres« (Ps 46, 2f).

Wie verschieden ist doch diese Sichtweise von der, die in Unkenntnis der Liebe Gottes von der Welt spricht als einem »zerbröckelnden
Ameisenhaufen« und vom Menschen als »einer sinnlosen Leidenschaft« oder »einer Welle am Meeresstrand, die unter der folgenden
Welle vergeht«!

Wenn der hl. Paulus von der Liebe Gottes und Jesu Christi spricht,
scheint er immer innerlich »gerührt und ergriffen« zu sein: »Er hat
mich geliebt«, sagt er von Christus, »und sich für mich hingegeben«
(Gal 2, 20). Damit zeigt er uns an, welches die erste und natürlichste
Reaktion in uns sein muß, da wir die Offenbarung der Liebe Gottes erneut vernommen haben: die Ergriffenheit. Wenn sie echt ist und aus
dem Herzen aufsteigt, ist die Rührung die aussagekräftigste und dem
Menschen angemessenste Reaktion angesichts einer großen Liebe
oder eines großen Schmerzes, in jedem Fall ist sie für den, der sie
empfängt, am wohltuendsten. Kein Wort, keine Geste, kein Geschenk
kann sie ersetzen, denn sie ist die schönste Gabe. In ihr öffnet sich das
eigene Wesen vor dem anderen. Darum schämt man sich ihrer, wie
man ein Schamgefühl besitzt für die intimsten und heiligsten Dinge,
in denen der Mensch spürt, daß er nicht mehr völlig sich selbst gehört,
sondern einem anderen. Man kann seine eigene Ergriffenheit nicht
gänzlich verbergen, ohne dem anderen etwas vorzuenthalten, das ihm
zusteht, denn durch ihn und für ihn ist sie entstanden. Jesus verbarg
seine eigene Ergriffenheit und Rührung nicht: Der Witwe von Nain
zeigte er sein Mitleid (vgl. Lk 7, 13), und angesichts der Trauer der
Schwestern des Lazarus war er »im Innersten erregt und erschüttert
und weinte« (vgl. Joh 11, 33.35). Vor allem aber tut die Ergriffenheit uns
selbst gut, die wir uns auf diesem Weg bereitmachen, das Wort Gottes
in neuer Weise in unser Leben einzubeziehen. Sie ist nämlich wie das
Pflügen vor der Aussaat: Sie öffnet das Herz und zieht darin tiefe Fur-
chen, damit der Samen nicht auf den festgetretenen Weg fällt. Wenn
Gott einem Menschen ein für sein Leben wichtiges Wort nahebringen
will, schenkt er ihm gewöhnlich auch eine gewisse Ergriffenheit, um
es aufzunehmen, und diese Ergriffenheit wird ihrerseits zum Zeichen
dafür, daß dieses Wort wirklich von Gott kommt. Bitten wir also den

Heiligen Geist um die Gabe der rechten Ergriffenheit, die nicht oberflächlich ist, sondern in die Tiefe geht.

Nie werde ich den Moment vergessen, in dem es auch mir für eine Zeitlang geschenkt wurde, etwas von dieser Ergriffenheit zu erfahren. In einem Gebetskreis hatte ich die Stelle aus dem Evangelium gehört, wo Jesus zu seinen Jüngern sagt:

> »Ich nenne euch nicht mehr Knechte ... Vielmehr habe ich euch Freunde genannt« (Joh 15, 15).

Das Wort »Freunde« traf mich so tief, wie ich es nie zuvor erfahren hatte; es rüttelte mich im Innersten auf, so daß ich für den Rest des Tages voll Verwunderung und fast unfähig, daran zu glauben, mir immer wieder sagte: »Er hat mich Freund genannt! Jesus von Nazaret, der Herr, mein Gott! Er hat mich Freund genannt! Ich bin sein Freund!« Und es schien mir, daß man mit dieser Gewißheit über die Dächer der Stadt fliegen und sogar durchs Feuer gehen könnte.

So habe nun also auch ich versucht, es dem Boten gleichzutun, der, kaum angekommen, sich beeilt, sofort die wichtigste Nachricht zu verkünden, die er hat. Allem voran wollte ich die Verkündigung setzen, daß Gott uns liebt, damit sie auf dem ganzen Weg und in jedem Moment nachklinge, wie eine Art »Vorverständnis« göttlichen (und nicht menschlichen) Ursprungs. Wenn das Wort Gottes dann auch uns einmal streng begegnen und uns unsere Sünde vorhalten wird oder wenn unser eigenes Herz uns Vorwürfe macht, sollte eine Stimme in unserm Innern niemals aufhören zu wiederholen: »Aber Gott liebt mich! Nichts kann mich scheiden von der Liebe Gottes, nicht einmal meine Sünde!«

Der Psalm 136 wird uns nun helfen, mit einem Dank aus tiefstem Herzen diese Betrachtung über die Liebe Gottes betend abzuschließen. Er wird das »Große Hallel« genannt, und auch Jesus betete ihn beim letzten Abendmahl. Der Psalm besteht aus einer langen Aufzählung der Großtaten Gottes zugunsten seines Volkes, und auf jede einzelne antwortet das Volk mit dem Kehrvers: »Denn seine Liebe zu uns währt ewig.« Wir können diesen Psalm fortführen, indem wir die Erinnerung an die alttestamentlichen Wohltaten Gottes durch diejenige an die neutestamentlichen ergänzen: »Er hat uns seinen Sohn gesandt; er hat uns seinen Geist gegeben; er hat uns zum Glauben berufen; er hat uns Freunde genannt ...« Und jedesmal können auch wir antworten: »Denn seine Liebe zu uns währt ewig!«

»Alle haben gesündigt«

Das Geheimnis der Gottlosigkeit

Es gibt einen Satz, den alle kennen, die mit dem Flugzeug reisen: »Bitte Sicherheitsgurte anlegen!« Das wird gesagt, wenn man sich Turbulenzen nähert. Auf unserem geistlichen Weg müssen wir jetzt eine Gewitterzone durchqueren. Darum sage ich euch: »Sicherheitsgurte anlegen!« Unser »Sicherheitsgurt« ist die Sicherheit, daß Gott uns liebt. Paulus hat uns zuerst einmal versichert, daß wir von Gott geliebt sind, weil er wußte, daß er anschließend erschütternde Wahrheiten zur Sprache bringen mußte. Und diesen Wahrheiten wollen wir nun mutig ins Auge schauen. Sie stellen das Thema des ersten Abschnittes des Briefes an die Römer dar (Röm 1, 18 – 3, 20), das der Apostel schließlich in der berühmten Aussage zusammenfaßt (Röm 3, 23):

»Alle haben gesündigt und die Herrlichkeit Gottes verloren.«

Nur die göttliche Offenbarung weiß wirklich, was die Sünde ist, nicht der Mensch und auch nicht irgendeine menschliche Ethik oder Philosophie. Aus sich heraus kann kein Mensch sagen, was die Sünde ist, und zwar aus dem einfachen Grund, weil er selbst sich in der Sünde befindet. Alles, was er über die Sünde sagt, kann im Grunde nur ein Palliativ, eine Verharmlosung der Sünde selbst sein. Eine lasche Vorstellung von der Sünde zu haben – hat jemand gesagt –, sei Teil unseres Sünder-Seins.[1] Die Schrift drückt das so aus:

---

1   S. Kierkegaard, *Die Krankheit zum Tode*, in *Gesammelte Werke*, 24. und 25. Abt., Düsseldorf 1954, S. 94.

»Im Herzen des Frevlers spricht die Sünde ... Bei der Suche nach seiner Schuld und ihrer Verurteilung täuscht er sich vor sich selbst« (Ps 36, 2f).

Auch die Sünde »spricht«, so wie Gott es in der Bibel tut; auch sie bringt »Orakelsprüche« hervor, und ihr »Katheder« ist das Herz des Menschen. Im Herzen des Menschen spricht die Sünde; darum ist es absurd zu erwarten, daß der Mensch sich *gegen* die Sünde äußert. Ich selbst, der ich hier über die Sünde schreibe, bin ein Sünder, und daher müßte ich eigentlich sagen: Schenkt mir und dem, was ich sage, nicht allzu viel Vertrauen! Wenigstens dies sollt ihr wissen: daß die Sünde etwas viel Ernsteres, unendlich viel Ernsteres ist, als ich begreiflich machen kann. Der Mensch kann von sich aus höchstens dahin gelangen, die Sünde gegen sich selbst, gegen den Menschen also, zu verstehen, nicht aber die gegen Gott: die Verletzung der Menschenrechte kann ihm einsichtig werden, nicht aber die Verletzung der Rechte Gottes. Und tatsächlich, wenn wir uns genauer umschauen, sehen wir, daß eben dieses der in unserer Kultur vorherrschende Erkenntnishorizont ist. Allein die göttliche Offenbarung weiß also, was Sünde wirklich bedeutet. Und Jesus sagt es noch genauer, indem er erklärt, daß allein der Heilige Geist imstande ist, »die Welt der Sünde zu überführen« (vgl. Joh 16, 8).

Ich sagte, daß Gott selbst zu uns über die Sünde sprechen muß. Wenn nämlich Gott es ist, und nicht der Mensch, der gegen die Sünde das Wort ergreift, dann ist es nicht leicht, unerschrocken zu bleiben, denn seine Stimme ist wie ein Donner, der »die Zedern des Libanon zerschmettert«. Unsere Meditation hätte ihr Ziel erreicht, wenn es ihr gelänge, unsere unerschütterliche Grundsicherheit zumindest anzukratzen und uns einen heilsamen Schrecken einzujagen angesichts der ungeheuren Gefahr, die nicht nur die Sünde, sondern bereits die bloße Möglichkeit zu sündigen für uns darstellt. Dieser Schrecken würde dann unser bester Verbündeter, so daß wir bereit wären, »im Kampf gegen die Sünde bis aufs Blut Widerstand zu leisten« (vgl. Hebr 12, 4).

1. Die Sünde als Weigerung, Gott anzuerkennen

Hören wir also den Apostel Paulus; er offenbart uns, was die Sünde in den Augen Gottes bedeutet:

>»Der Zorn Gottes wird vom Himmel herab offenbart wider alle Gottlosigkeit und Ungerechtigkeit der Menschen, die die Wahrheit durch Ungerechtigkeit niederhalten. Denn was man von Gott erkennen kann, ist ihnen offenbar; Gott hat es ihnen offenbart. Seit Erschaffung der Welt wird seine unsichtbare Wirklichkeit an den Werken der Schöpfung mit der Vernunft wahrgenommen, seine ewige Macht und Gottheit. Daher sind sie unentschuldbar. Denn sie haben Gott erkannt, ihn aber nicht als Gott geehrt und ihm nicht gedankt. Sie verfielen in ihrem Denken der Nichtigkeit, und ihr unverständiges Herz wurde verfinstert. Sie behaupteten, weise zu sein, und wurden zu Toren. Sie vertauschten die Herrlichkeit des unvergänglichen Gottes mit Bildern, die einen vergänglichen Menschen und fliegende, vierfüßige und kriechende Tiere darstellen« (Röm 1, 18–23).

Die Grundsünde, gegen die sich der göttliche Zorn in erster Linie wendet, sieht Paulus in der *asebeia*, der Gottlosigkeit. Und worin genau diese Gottlosigkeit besteht, das erklärt er sofort anschließend, indem er sagt, sie bestehe in der Weigerung, Gott zu »ehren« und ihm zu »danken«. Mit anderen Worten, in der Weigerung, Gott als Gott anzuerkennen, ihm nicht die Achtung zu erweisen, die ihm gebührt. Wir könnten auch sagen, sie besteht darin, Gott einfach zu ignorieren, so zu tun, als ob es ihn nicht gäbe. Im Alten Testament hören wir Mose dem Volk zurufen: »Du sollst erkennen: Jahwe, dein Gott, ist der Gott!« (vgl. Dtn 7, 9), und der Psalmist greift diesen Ruf auf mit den Worten: »Erkennt: Der Herr allein ist Gott. Er hat uns geschaffen, wir sind sein Eigentum!« (Ps 100, 3). Auf ihre »Keimzelle« zurückgeführt, liegt die Sünde in der Weigerung dieser »Anerkennung«; sie ist der Versuch des Geschöpfes, den unendlichen Unterschied, der zwischen ihm und Gott besteht, aus eigener Initiative gleichsam mit Gewalt aufzuheben. So ist die Sünde ein Angriff auf die Wurzel der Dinge selbst; sie ist ein »Niederhalten der Wahrheit«, ist ein Versuch, die Wahrheit in die Fesseln der Ungerechtigkeit zu zwingen und nicht ans Licht kommen zu lassen. Das ist etwas viel Dunkleres und Schrecklicheres, als der Mensch sich vorstellen oder in Worte fassen kann. Wenn die Welt wüßte, was die Sünde in ihrer Realität ist, würde sie sterben vor Entsetzen.

Diese Weigerung hat konkrete Gestalt angenommen im Götzendienst, in dem das Geschöpf anstelle des Schöpfers angebetet wird (vgl. Röm 1, 25). Im Götzendienst will der Mensch Gott nicht »annehmen«, sondern er macht sich selbst einen Gott; er ist es, der über Gott entscheidet, und nicht umgekehrt. So werden die Rollen vertauscht: Der Mensch wird zum Töpfer und Gott zum Gefäß, das er nach seinem Gutdünken gestaltet (vgl. Röm 9, 20ff).

Bis hierher hat der Apostel die Verdrehung deutlich gemacht, die im Herzen des Menschen entstanden ist, seine Grundsatzentscheidung gegen Gott. Nun geht er dazu über, die Früchte aufzuzeigen, die auf moralischer Ebene daraus hervorgehen. All das hat zu einem allgemeinen Sittenverfall geführt, zu einem regelrechten »Strudel der Leidenschaften«, der die Menschheit in ihren Untergang reißt, ohne daß sie das auch nur bemerkt. An diesem Punkt zeichnet der hl. Paulus sein eindrucksvolles Bild der Laster der heidnischen Gesellschaft: sexuelle Perversion, Ungerechtigkeit, Schlechtigkeit, Habgier, Neid, Betrug, üble Nachrede, Überheblichkeit, Anmaßung, Auflehnung gegen die Eltern, Unredlichkeit ... Der Lasterkatalog ist von den heidnischen Moralisten übernommen, aber das Gesamtbild, das sich daraus ergibt, ist das des »Gottlosen« der Bibel.

Was dabei auf den ersten Blick bestürzt, ist die Tatsache, daß der hl. Paulus diese ganze moralische Unordnung als eine Folge des göttlichen Zornes darstellt. Dreimal erscheint nämlich eine Formulierung, die das in unmißverständlicher Weise betont:

»Darum lieferte Gott sie durch die Begierden ihres Herzens der Unreinheit aus ... Darum lieferte Gott sie entehrenden Leidenschaften aus ... Und da sie sich weigerten, Gott anzuerkennen, lieferte Gott sie einem verworfenen Denken aus« (Röm 1, 24.26.28).

Natürlich »will« Gott solche Dinge nicht, aber er »läßt sie zu«, um den Menschen begreifen zu lassen, wohin es führt, wenn man ihn ablehnt. Der hl. Augustinus sagt dazu:

> »Sehr zu Recht verläßt das Licht der Wahrheit den Gesetzesbrecher, der dann blind wird und notwendigerweise noch mehr strauchelt und im Fallen verunglückt, und – so verunglückt – sich nicht mehr erheben kann, damit er dann auf die Stimme des Gesetzes hört, die ihn ermahnt, die Gnade des Erlösers zu erflehen ... Diese Verfinsterung war bereits eine Strafe. Und doch fielen sie infolge dieser Strafe – d. h. durch die Blindheit des Herzens, die das Verschwinden des Lichtes der Weisheit verursacht hatte – in noch zahlreichere und schwerere Sünden ... Obwohl also diese Handlungen eine Strafe sind, sind sie auch Sünden, denn die Strafe der Gesetzlosigkeit ist, selbst Gesetzlosigkeit zu sein ... Gott greift ein, um das Böse zu bestrafen, und aus ebendieser Strafe gehen wimmelnd weitere Sünden hervor.«[2]

Die Sünde ist Strafe in sich selbst. Und in der Tat sagt die Schrift: »Man wird mit dem bestraft, womit man sündigt« (Weish 11, 16). Noch während die Welt fortbesteht, offenbart sich so in ihr das Gericht Gottes: Gott ist »gezwungen«, die Menschen sich selbst auszuliefern, um nicht für ihre Ungerechtigkeit mitverantwortlich zu sein und damit sie zur Umkehr gelangen.

2. »Das Geheimnis des Bösen ist am Werk«

Bis zu diesem Punkt hat der hl. Paulus die Sünde der heidnischen Gesellschaft seiner Zeit angeprangert, nämlich die Gottlosigkeit, die ih-

---

2   Vgl. Augustinus, *De natura e gratia*, 22, 24 (CSEL 60, 249f).

ren Ausdruck im Götzendienst fand und als Konsequenz die moralische Unordnung mit sich brachte. Wenn wir nun seinem Beispiel folgen und seine Lektion wirklich annehmen wollen, können wir hier
nicht stehenbleiben und unsererseits ebenfalls bloß den Götzendienst
der griechisch-römischen Gesellschaft der Zeit des Apostels anprangern. Wir müssen das tun, was er getan hat, nämlich unsere eigene
Gesellschaft unter die Lupe nehmen, wie er die seine betrachtete, und
entdecken, welche Ausdrucksform die Gottlosigkeit in ihr angenommen hat. Der Apostel hat den Heiden die Maske vom Gesicht gerissen;
er hat offenbar gemacht, wie sich hinter all dem stolzen Selbstbewußt-
sein, hinter der Erhabenheit der Reden über das Gute und das Böse
und hinter den ethischen Idealen in Wirklichkeit Selbstverherrlichung
und Selbstbestätigung des Menschen verbargen, also Gottlosigkeit
und Unaufrichtigkeit. Jetzt müssen wir das Wort Gottes wirken lassen,
und dann werden wir sehen, wie es der Welt von heute und uns selbst
die Maske vom Gesicht reißt!

Wenden wir uns also der Welt von heute zu. Beziehen wir das Wort
Gottes auf unsere aktuelle geschichtliche Situation, und versuchen wir
zu sehen, ob und in welchem Maß es auch uns betrifft, wobei wir dieses »uns« zunächst einmal eher allgemein als »uns Menschen von
heute« verstehen wollen. Der hl. Paulus hat die Wurzel der Sünde in
der Weigerung erkannt, Gott die Ehre zu geben und ihm zu danken, in
der Irreligiosität, die er mit dem biblischen Ausdruck als Gottlosigkeit
bezeichnet. Mit anderen Worten: in der Ablehnung Gottes als »Schöpfer« und der Nicht-Annahme der eigenen Geschöpflichkeit. Nun, wir
wissen, daß diese Ablehnung in der modernen Zeit einen Grad der Be-
wußtheit und Unverhohlenheit erlangt hat, den sie zur Zeit des Apostels sicher nicht besaß, und den sie wohl in keiner anderen Epoche
der Geschichte hatte. Deshalb müssen wir sofort eingestehen, daß
»das Geheimnis des Bösen am Werk ist« (vgl. 2 Thess 2, 7); es ist eine
gegenwärtige Realität, nicht eine bloße geschichtliche Erinnerung
oder eine metaphysische Spekulation.

Hören wir einige bekanntere Stimmen, die der Ablehnung Gottes
in unserer heutigen Kultur Ausdruck verliehen haben, wobei wir uns

jedoch immer vergegenwärtigen sollten, daß wir die Worte, nicht aber die Intentionen und die moralische Verantwortlichkeit der Menschen beurteilen, die nur Gott allein kennt und die möglicherweise erheblich von unserem Eindruck abweichen.

Marx hat seine Ablehnung der Idee eines »Schöpfers« folgendermaßen begründet:

> »Ein *Wesen* gilt sich erst als selbständiges, sobald es auf eigenen Füßen steht, und es steht erst auf eigenen Füßen, sobald es sein *Dasein* sich selbst verdankt. Ein Mensch, der von der Gnade eines andern lebt, betrachtet sich als ein abhängiges Wesen. Ich lebe aber vollständig von der Gnade eines andern, wenn ich ihm nicht nur die Unterhaltung meines Lebens verdanke, sondern wenn er noch außerdem mein *Leben geschaffen* hat, wenn er der *Quell* meines Lebens ist, und mein Leben hat notwendig einen solchen Grund außer sich, wenn es nicht meine eigene Schöpfung ist.«

Das Bewußtsein eines Menschen ist nach Marx »die höchste Gottheit«; »die Wurzel für den Menschen ist der Mensch selbst«.3 Eine andere auf diesem Gebiet sehr bekannte Stimme ist die von J.-P. Sartre, der eine seiner Personen im Drama sagen läßt:

> »Ich selbst klage mich heute an, und nur ich kann mich auch freisprechen, ich, der Mensch. Wenn Gott existiert, ist der Mensch nichts ... Gott existiert nicht! Seligkeit, Freudentränen! Halleluja! Kein Himmel mehr! Keine Hölle mehr! Nichts außer der Erde.«4

---

3 K. Marx, *Ökonomisch-philosophische Manuskripte (1844)*, X, in *Gesamtausgabe*, III, Berlin 1932, S. 124, und *Zur Kritik der Hegelschen Rechtsphilosophie*, in *Gesamtausgabe*, I/1, Frankfurt/Main 1927, S. 614f.

4 J.-P. Sartre, *Le diable et le bon Dieu*, X, 4 (Paris 1951, S. 221) [deutsche Ausgabe : *Der Teufel und der liebe Gott*, Reinbek 1991].

Eine andere Art, den Unterschied zwischen dem Schöpfer und dem Geschöpf, zwischen Gott und dem »Ich« in anmaßender Weise aufzuheben, besteht darin, beide Instanzen miteinander zu »vermischen«, und das ist die Form, die heute die Gottlosigkeit manchmal auf dem Gebiet der Tiefenpsychologie annimmt. Was Paulus den »Weisen« seiner Zeit vorwarf, war nicht, daß sie die Natur erforschten und ihre Schönheit bewunderten, sondern daß sie bei ihr stehenblieben. Und so macht auch heute das Wort Gottes einer gewissen Richtung der Tiefenpsychologie nicht zum Vorwurf, daß sie eine neue Zone der Wirklichkeit, nämlich das Unbewußte des Menschen, entdeckt hat und versucht, es zu erhellen, sondern daß sie in dieser Entdeckung eine weitere Gelegenheit gesehen und ergriffen hat, sich Gottes zu entledigen. Auf diese Weise erweist das Wort Gottes der Psychologie selbst einen Dienst, indem es sie klärend reinigt von dem, was sie bedroht, so wie im übrigen die Psychologie ihrerseits dazu dienen kann – und in vielen Fällen tatsächlich dazu gedient hat –, unser Verständnis des Wortes Gottes klärend zu reinigen.

Die Gottlosigkeit, die sich in einigen neueren Richtungen dieser Wissenschaft einnistet, ist die Aufhebung der Unterscheidung zwischen Gut und Böse. Mit einem Vorgehen, das deutlich an die Methoden der antiken häretischen Gnosis erinnert, werden die Grenzen gefährlich ausgeweitet: die Grenze des Göttlichen nach unten und die des Dämonischen nach oben, bis sie sich berühren und überschneiden, so daß man im Bösen nichts anderes sieht als »die andere Seite der Wirklichkeit« und im Dämon nichts anderes als »den Schatten Gottes«. »Er ist Gott und ist Satan, er hat die lichte und die dunkle Welt in sich«, läßt Hermann Hesse eine seiner Romanfiguren über ihren Gott sagen.[5] Auf dieser Linie sind einige sogar so weit gegangen, das Christentum zu beschuldigen, »den unheilvollen Gegensatz zwischen Gut und Böse« in die Welt eingeführt zu haben. Bei Jesaja lesen wir ein Wort, das gerade heute genau auf diese Situation hin formuliert zu sein scheint:

5   H. Hesse, *Demian. Die Geschichte von Emil Sinclairs Jugend* (1919), in *Werke* V, Frankfurt/M. 1970/1987, S. 109.

»Weh denen, die das Böse gut und das Gute böse nennen, die die Finsternis zum Licht und das Licht zur Finsternis machen« (Jes 5, 20).

Für die Psychologen dieser Richtung ist es nicht wichtig, »die Seele zu retten« (das wird sogar lächerlich gemacht) und nicht einmal, »die Seele zu analysieren«, sondern »Seele zu bilden«, das heißt der menschlichen Seele – womit dann der natürliche Mensch gemeint ist – zu erlauben, sich nach allen Richtungen auszuleben und nichts zu unterdrücken. Das Heil liegt in der Selbstoffenbarung, darin, daß der Mensch und seine Psyche sich als das zeigen, was sie sind; das Heil liegt in der Selbstverwirklichung. Das Heil – so meint man – liegt im Innern, ist dem Menschen immanent. Es kommt nicht aus der Geschichte, sondern aus dem Archetyp, der sich im Mythos und im Symbol ausdrückt; es kommt in gewissem Sinne aus dem Unbewußten. Dieses letztere, das ursprünglich eher als der Sitz des Bösen betrachtet wurde, wo die Neurosen und die Illusionen verwurzelt sind (darunter auch die »Illusion« Gott), wird nun – in einer für eine »Wissenschaft« recht merkwürdigen Weiterentwicklung – tendenziell als der Ort (wenn man das so ausdrücken darf) des Guten gesehen, gleichsam als eine Quelle verborgener Schätze für den Menschen. Wenn das säkularisierte Denken über den Menschen von vornherein jede offenbarte Wahrheit und jeden Bezug auf das Wort Gottes ablehnt, pendelt es nur noch ohne beständigen Grund von einer Behauptung in ihr Gegenteil und entwertet so seine eigenen Errungenschaften, indem es sie mit dem Irrtum vermengt. Der Heilige Geist hat jedoch die Macht, auch die stolze Welt der Tiefenpsychologie, die sich um Gott nicht kümmert und noch ganz trunken ist von der eigenen Neuheit und dem eigenen Erfolg, »der Sünde zu überführen« und ebenso ihr Nebenprodukt, das jetzt in Mode ist, die New-Age-Bewegung.

Und doch sind wir damit immer noch nicht bis zum Grund vorgestoßen. Neben der *verstandesmäßigen* Verneinung Gottes des Atheisten, der (mehr oder weniger ehrlich) überzeugt ist, daß Gott nicht existiert, gibt es die *willentliche* Verneinung dessen, der Gott ablehnt, obwohl er weiß, daß er existiert, und der ihm offen trotzt, indem er sagt: Ich unterwerfe mich nicht! *Non serviam!* Diese extreme Form von Sünde, die im Haß gegen Gott und in der Lästerung besteht, drückt sich in offener, drohender Beschimpfung Gottes aus, indem mit lauter Stimme und schändlichen Zeichen und Gesten die Überlegenheit des Bösen über das Gute, der Finsternis über das Licht, des Hasses über die Liebe, Satans über Gott proklamiert wird. Sie wird unmittelbar vom Satan gelenkt. Wer sonst wäre denn imstande, auf den Gedanken zu kommen, daß »das Gute eine Abart des Bösen und – wie jede Abart – zweitrangig und eines Tages zum Untergang bestimmt ist«, oder daß »das Böse in Wirklichkeit nichts anderes ist als das verkannte Gute«? Die sichtbarsten Manifestationen dieser Form von Gottlosigkeit sind: die Schändung der Eucharistie (der maßlose und völlig unmenschliche Haß auf die konsekrierte Hostie ist ein schrecklicher Negativ-Beweis für die Real-Präsenz Christi in der Eucharistie, falls jemand einen solchen Beweis nötig haben sollte); die obszöne und sarkastische Parodie auf Erzählungen und Worte Gottes aus der Bibel; die bewußt profanierende und beleidigende Inszenierung der Person Jesu in Filmen und Schauspielen. Das letzte Ziel dabei ist, die Seelen in die Verlorenheit zu führen und die Kirche zu bekämpfen. Um eine Seele ihrem höllischen Herrn auszuliefern, können diese Menschen eine Beharrlichkeit und eine Vielfalt der Mittel einsetzen, die mit dem vergleichbar ist, was nur die heiligsten unter den Missionaren zustande bringen, wenn es darum geht, eine Seele zu Christus zu führen.

Eine solche Situation liegt andererseits gar nicht so fern, wie viele Christen meinen könnten; sie ist ein gähnender Abgrund, und zwischen ihm und der Gleichgültigkeit und »Neutralität«, in der sie leben, liegen sogar nur wenige Schritte. Es fängt damit an, daß man jede religiöse Praxis aufgibt, und endet eines traurigen Tages damit, daß man sich unter den offenen und erklärten Feinden Gottes wiederfindet. Und das entweder, weil man einer Organisation beigetreten ist, deren (anfangs den meisten verborgenes) Ziel es ist, Gott zu bekämpfen und die moralischen Werte umzukehren, oder aufgrund sexueller Perversitäten und eines gewissen Konsums von Pornographie, oder auch infolge von unvorsichtigen Kontakten mit Magiern, Spiritisten, Okkultismus, esoterischen Sekten oder anderen derartigen Leuten. Die Magie ist nämlich eine andere – und zwar die offensichtlichste – Weise, der alten Versuchung, »wie Gott« zu sein, zu erliegen. In einem Handbuch der Magie ist zu lesen:

>»Die Kraft, die im Verborgenen die Magie leitet, ist der Machthunger. Das Ziel des Magiers wurde zum ersten Mal ziemlich treffend definiert von der Schlange im Garten von Eden ... Der ewige Ehrgeiz des Adepten der Schwarzen Künste besteht darin, Macht über das gesamte Universum zu gewinnen und sich selbst zu einem Gott zu machen.«

Es kommt nicht darauf an, ob es sich in der Mehrzahl der Fälle dann um nicht mehr als bloße Scharlatanerie handelt; um der Macht Satans zu verfallen, genügt die gottlose Absicht, mit der man diese Kunst ausübt oder in der man sich an sie wendet. Er wirkt ja gerade über die Lüge und den Bluff, aber die Folgen seines Wirkens sind alles andere als bloße Einbildungen. In der Bibel sagt Gott:

>»Es soll bei dir keinen geben ... der Losorakel befragt, Wolken deutet, aus dem Becher weissagt, zaubert, Gebetsbeschwörungen hersagt oder Totengeister befragt, keinen Hellseher, keinen, der Verstorbene um Rat fragt. Denn jeder, der so etwas tut, ist dem Herrn ein Greuel« (Dtn 18, 10–12).

Und beim Propheten Jesaja finden wir die ernste Warnung: Der Herr wird das Land schlagen, »denn es ist voll von Zauberern und Wahrsagern« (vgl. Jes 2, 6).

Den Menschen stehen nur zwei legitime Wege zur Verfügung, um Macht über sich selbst, über Krankheiten, Ereignisse und Geschäfte zu gewinnen, und diese beiden Wege sind die Natur und die Gnade. Mit *Natur* sind die Intelligenz, die Wissenschaft, die Medizin, die Technik und alle Möglichkeiten gemeint, die der Mensch von Gott in der Schöpfung erhalten hat, um im Gehorsam gegen ihn über die Erde zu herrschen. *Gnade* bezeichnet den Glauben und das Gebet, durch das man manchmal sogar Heilungen und Wunder erhält, immer jedoch von Gott her, denn »Gott gehört die Macht« (Ps 62, 12). Sobald man einen dritten Weg einschlägt, den der Suche nach okkulter Macht, die mit okkulten Mitteln erreicht wird, gleichsam vor Gott versteckt und ohne sich um seine Billigung zu kümmern, oder indem man sogar seinen Namen und seine Zeichen mißbraucht, tritt sofort in der einen oder anderen Weise der Meister und Pionier dieses dritten Weges auf, er, der einmal sagte, alle Macht der Erde gehöre ihm und er gebe sie, wem er wolle, wenn man ihn anbete (vgl. Lk 4, 6). In diesen Fällen ist das Verderben sicher; die kleine Fliege ist ins Netz der »großen Spinne« geraten und wird kaum lebend wieder herauskommen. In unserer technologischen und säkularisierten Gesellschaft spielt sich genau das ab, was Paulus beschrieb: »Sie behaupteten, weise zu sein, und wurden zu Toren« (Röm 1, 22). Sie haben den Glauben über Bord geworfen, um sich jeder Form von Aberglauben anzuschließen, und sei sie auch noch so kindisch.

3. Der Lohn der Sünde

Aber schauen wir nun auch, wie es mit der Gottlosigkeit am Ende ausgeht, damit in der Vorstellung des Menschen auch nicht der geringste Zweifel bestehen bleibt, irgend jemand könne vielleicht doch Gott überlegen sein. Beim Propheten Jeremia findet sich das folgende an Gott gerichtete Wort: »Alle, die dich verlassen, werden in Verwirrung geraten« (Jer 17, 13). »Verlust«, »Verlorenheit« sind die Worte, die in der Bibel am häufigsten vorkommen, wenn von Sünde die Rede ist: das verlorene Schaf, die verlorene Drachme, der verlorene Sohn. Das Wort selbst, mit dem der biblische Begriff von Sünde ins Griechische übersetzt worden ist, *hamartia*, enthält die Vorstellung der Verlorenheit, des Verfehlens und des Scheiterns. Man sagte so von einem Fluß, der sein Bett verfehlt und sich im Sumpf verliert, oder von einem Pfeil, der nach dem Abschuß sein Ziel verfehlt und sich verliert, indem er ins Leere geht. Die Sünde ist also ein Verfehlen und damit ein Schei-

tern, und zwar ein radikales Scheitern. Ein Mensch kann auf vielerlei
Weise scheitern: der Mann als Ehemann, als Vater, als Geschäftsmann;
die Frau als Ehefrau, als Mutter oder auch im Beruf; der Priester als
Pfarrer, als Ordensoberer, als Seelenführer ... Aber das ist jeweils nur
ein relatives Scheitern, ein Scheitern in einem Teilaspekt, das durch
Bewährung auf einem anderen Gebiet ausgeglichen werden kann. Es
kann jemand auf all diese Arten scheitern und trotzdem ein äußerst
ehrenwerter Mensch, ja sogar ein Heiliger sein. Mit der Sünde aber ist
das nicht so; mit der Sünde scheitert man als Geschöpf, das heißt in
der Grundrealität, in dem, was man »ist«, nicht in dem, was man
»tut«. Das ist der einzige Fall, in dem man von einem Menschen sagen
kann, was Jesus tatsächlich über Judas sagte: »Für ihn wäre es besser,
wenn er nie geboren wäre« (Mt 26, 24). Der Mensch glaubt, Gott zu
beleidigen, wenn er sündigt, aber in Wirklichkeit »be-leidigt« er nur
sich selbst, d. h. er fügt sich selbst Leid zu, schadet und demütigt sich
zu seiner eigenen Schande. »Aber tun sie wirklich mir weh«, sagt Gott,
»und nicht vielmehr sich selbst, zu ihrer eigenen Schande?« (Jer 7, 19).

Wenn der Mensch sich weigert, Gott zu verherrlichen, geht ihm
selbst »die Herrlichkeit Gottes verloren«. Die Sünde beleidigt, das
heißt betrübt auch Gott, und sie betrübt ihn sehr, aber nur weil sie den
Menschen tötet, den er liebt; die Sünde verletzt Gott in seiner Liebe.

Aber versuchen wir, den existentiellen Konsequenzen der Sünde
noch tiefer auf den Grund zu gehen. Der hl. Paulus erklärt: »Der Lohn
der Sünde ist der Tod« (Röm 6, 23). Die Sünde führt zum Tod; aber
nicht so sehr zum Tod als *Ereignis* – das ja nur einen Augenblick dau-
ern würde – sondern vielmehr zum Tod als *Zustand*, genau zu dem,
was als »Krankheit zum Tode« bezeichnet worden ist und eine Situation chronischen Todes darstellt. In dieser Situation strebt das Geschöpf verzweifelt nach einer Rückkehr ins Nichts, ohne das jedoch jemals erreichen zu können; es lebt deshalb wie in einer ewigen Agonie.
Daraus ergibt sich die Verdammnis und die Strafe der Hölle: Das Geschöpf wird von Jemandem, der stärker ist als es selbst, gezwungen,
das zu sein, was es nicht sein will, nämlich abhängig von Gott, und
seine ewige Qual ist es, sich weder von Gott noch von sich selbst be-

freien zu können. Ganz richtig hat Kierkegaard gesagt: »Verzweifelt sich selber los sein wollen, ist die Formel für alle Verzweiflung«, und daher ist Sünde Verzweiflung.[6]

Eine solche Situation können wir vor allem beim Satan feststellen, bei dem die Sünde ihren ganzen Entwicklungsgang durchlaufen hat und deutlich zeigt, wohin sie führt. Er ist der Prototyp derer, die »Gott kannten (und wie er ihn kannte!), ihn aber nicht als Gott geehrt und ihm nicht gedankt« haben. Er möchte nämlich die Freiheit zugestanden bekommen, ins Nichts zurückzukehren. Nicht in dem Sinne, daß er aufhören will zu existieren oder der Gegenspieler Gottes zu sein, sondern in dem Sinne, daß er unabhängig von Gott sein und niemanden über sich haben will, dem er sich verdankt. Er möchte existieren, aber nicht »dank eines anderen«. Das aber wird trotz all seiner Anstrengungen niemals möglich sein, denn jene Macht, die über ihm steht, ist stärker als er und zwingt ihn zu existieren. So läuft also dieser Weg der fundamentalen »Rebellion« gegen Gott in die pure Verzweiflung. Und ebenso, wie Satan einst in der Wüste mit allen Mitteln versuchte, Jesus auf seine Seite zu ziehen, schleicht er sich auch heute noch an diejenigen heran, die Gott für stark genug hält, mit seiner Hilfe den Einflüsterungen des Versuchers zu widerstehen. Was er selbst empfindet, möchte er in ihre Herzen säen und schreit ihnen darum schließlich seinen eigenen Protest ins Ohr: »Wir sind nicht frei, wir sind nicht frei! Selbst wenn du dich umbringst, lebt die Seele weiter, sie kannst du nicht töten, wir können nicht ›Nein‹ sagen. Wir sind gezwungen, ewig zu existieren. Es ist Betrug! Es ist nicht wahr, daß Gott uns als Freie geschaffen hat, es ist nicht wahr!« Angesichts dieses Versuches, die Wahrheit so zu verdrehen, daß sie als Lüge erscheint, überkommt einen das Schaudern, als werde man Ohrenzeuge des ewigen Widerspruchs Satans gegen Gott. Wenn sich nun das Geschöpf bewußt von Gott abkehrt und den Weg der absoluten Unabhängigkeit von ihm wählt, spürt es zwar, daß dieser Weg Unglückseligkeit und Finsternis mit sich bringt, nimmt es aber auf sich, sogar diesen Preis

---

6 S. Kierkegaard, *Die Krankheit zum Tode* (vgl. Anm. 1), S. 16.

zu zahlen, denn es will lieber – wie der hl. Bernhard sagt – »unglücklich, aber unabhängig als glücklich, aber untertan sein«[7].

Wir haben heute die Möglichkeit, auf konkretere Weise und näher an unserem persönlichen Erfahrungsbereich nachzuprüfen, wohin die Sünde führt, wenn wir beobachten, was in unserer gegenwärtigen Kultur geschieht, nachdem die Ablehnung Gottes in gewissen Kreisen bis in die äußerste Konsequenz getrieben worden ist. Ein Philosoph, für den die Sünde nichts anderes als eine verwerfliche »jüdische Erfindung« und Gut und Böse bloße »Vorurteile Gottes« waren, hat in bezug auf Gott geschrieben (und wieder beurteilen wir nur die Worte, nicht die Intentionen): »Wir haben ihn getötet! ... Wir alle sind seine Mörder!« Derselbe Philosoph hat aber hinzugefügt:

> »Was taten wir, als wir diese Erde von ihrer Sonne losketteten? Wohin bewegt sie sich nun? Wohin bewegen wir uns? ... Stürzen wir nicht fortwährend? Und rückwärts, seitwärts, vorwärts, nach allen Seiten? Gibt es noch ein Oben und ein Unten? Irren wir nicht wie durch ein unendliches Nichts?«[8]

»Gott töten ist wirklich«, wie jemand gesagt hat, »der entsetzlichste Selbstmord.« Der Lohn der Sünde ist der Tod, und der Nihilismus eines Teiles des heutigen Denkens ist der Beweis dafür.

4. »Du selbst bist der Mann«

Welche Rolle fällt uns zu in diesem schrecklichen Plädoyer gegen die Sünde, das wir eben gehört haben (und mit »uns« meine ich jetzt uns Gläubige)? Nach allem, was bisher gesagt wurde, könnte es tatsächlich so scheinen, als hätten wir vor allem die Rolle der Ankläger. Doch pas-

---

7 Bernhard von Clairvaux, *De gradibus humilitatis et superbiae*, 10, 36 (PL 182, 962).
   (Die lateinische Formulierung lautet: »misere praeesse quam feliciter subesse«.)
8 F. Nietzsche, *Die fröhliche Wissenschaft*, Nr. 125.

sen wir gut auf, was nun folgt. Vorhin sagte ich, der Apostel habe mit seinen Worten der Welt und uns selbst die Maske vom Gesicht gerissen, und nun ist der Moment gekommen, zu sehen, wie das Wort Gottes dieses zweite, schwierigere Werk vollbringt.

Die Bibel erzählt folgende Geschichte. Der König David hatte einen Ehebruch begangen. Um das zu verdecken, hatte er dafür gesorgt, daß der Ehemann der Frau im Krieg ums Leben kam. Wenn er selbst sie nun zur Frau nahm, konnte das sogar den Anschein einer großzügigen Geste des Königs gegenüber seinem im Kampf für ihn gefallenen Soldaten haben. Eine wahre Kette von Sünden. Da kam, von Gott gesandt, der Prophet Natan zu ihm und erzählte ihm ein Gleichnis (doch der König wußte nicht, daß es nur ein Gleichnis war). In einer Stadt lebte ein sehr reicher Mann, der viele Schafherden besaß – sagte er –, und es gab dort auch einen ganz Armen, der nur ein einziges Lämmlein hatte, das er sehr liebte, das ihm seinen Lebensunterhalt sicherte und mit ihm auf seinem Lager schlafen durfte. Da kam ein Besucher zu dem Reichen, und um die eigenen Schafe zu schonen, nahm er dem Armen das Lämmlein weg und ließ es schlachten, um dem Gast ein Mahl zuzubereiten. Als David diese Geschichte hörte, geriet er in heftigen Zorn über den Mann und sagte: »Der Mann, der das getan hat, verdient den Tod!« Daraufhin verließ Natan unvermittelt die Ebene des Gleichnisses, zeigte mit dem Finger auf David und sagte zu ihm: »Du selbst bist der Mann!« (vgl. 2 Sam 12, 1ff). Genau dasselbe tut der Apostel Paulus mit uns. Nachdem er uns schrittweise in berechtigte Empörung und Abscheu über die Gottlosigkeit der Welt versetzt hat, ist es so, als wende er sich beim Übergang vom ersten zum zweiten Kapitel plötzlich direkt an uns und halte uns vor: »Du selbst bist der Mensch!«

»Darum bist du unentschuldbar – wer du auch bist, Mensch –, wenn du richtest. Denn worin du den andern richtest, darin verurteilst du dich selber, da du, der Richtende, dasselbe tust. Wir wissen aber, daß Gottes Gericht über alle, die solche Dinge tun, der Wahrheit entspricht. Meinst du etwa, du könntest dem Gericht Gottes entrinnen, wenn du die richtest, die solche Dinge tun, und dasselbe tust wie sie?« (Röm 2, 1–3).

Daß Paulus an dieser Stelle erneut das Wort »unentschuldbar« *(anapologetos)* benutzt, das vorher in bezug auf die Heiden gebraucht wurde, läßt keinen Zweifel an seiner Absicht. Während du die anderen richtetest, will er damit sagen, hast du dich selber verurteilt. Die Abscheu, die du wegen der Sünde empfunden hast, mußt du nun gegen dich selbst richten.

Der »Richtende« stellt sich im Laufe des zweiten Kapitels als der Jude heraus, der hier jedoch vor allem als Typus verstanden wird. »Jude« ist der Nicht-Grieche, der Nicht-Heide (vgl. Röm 2, 9f); es ist der fromme und gläubige Mensch, der, gestärkt durch die eigenen Prinzipien und im Besitz einer offenbarten Moral, den Rest der Welt richtet und sich, indem er richtet, selbst in Sicherheit wähnt. »Jude« ist in diesem Sinne ein jeder von uns. Origenes sagt sogar, daß es in der Kirche die Bischöfe, Priester und Diakone sind, die Leitenden und Lehrenden also, die durch diese Worte des Apostels aufs Korn genommen werden.9 Paulus hat diesen Schock persönlich erlitten, als er vom Pharisäer zum Christen wurde, und deshalb kann er nun mit solcher Sicherheit sprechen und den Gläubigen den Weg weisen, wie sie dem Pharisäertum entkommen können. Er entlarvt die eigentümliche und häufig anzutreffende Illusion frommer, religiöser Menschen, die sich vor dem Zorn Gottes in Sicherheit wähnen, nur weil sie eine klare Vorstellung von Gut und Böse haben und das Gesetz kennen und es gegebenenfalls auf andere anzuwenden wissen, während sie in bezug auf sich selbst meinen, das Privileg, auf der Seite Gottes zu stehen, oder immerhin die ihnen wohlbekannte »Güte« und »Geduld« Gottes mache in ihrem Fall eine Ausnahme. Das ist vergleichbar mit einem Sohn, dessen Vater einem seiner Brüder ein Vergehen vorwirft, das er selbst ebenfalls begangen hat, und der dann meint, er könne sich dadurch, daß er einfach auch auf den Bruder einschimpft, die Zunei-

---

9 Vgl. Origenes, *Kommentar zum Römerbrief,* II, 2 (PG 14, 873).

gung des Vaters erwerben und selbst dem Vorwurf entgehen. Der Vater aber hätte sich etwas ganz anderes erwartet: daß nämlich der Sohn angesichts der Vorwürfe gegen seinen Bruder und der gleichzeitigen Güte und Geduld ihm selbst gegenüber sich eilends dem Vater zu Füßen wirft, die eigene Schuld gesteht und Besserung verspricht.

> »Verachtest du etwa den Reichtum seiner Güte, Geduld und Langmut? Weißt du nicht, daß Gottes Güte dich zur Umkehr treibt? Weil du aber starrsinnig bist und dein Herz nicht umkehrt, sammelst du Zorn gegen dich für den Tag des Zornes, den Tag der Offenbarung von Gottes gerechtem Gericht« (Röm 2, 4f).

Welch ein »Erdbeben« geschieht an jenem Tag, an dem du merkst, daß das Wort Gottes in dieser Weise gerade dich anspricht, daß dieses »Du« ja du selbst bist! Das ist, wie wenn ein Jurist ganz konzentriert mit der Analyse eines berühmten, maßgebenden Strafurteils aus der Vergangenheit beschäftigt ist und dann bei genauerem Hinsehen plötzlich entdeckt, daß dieser Urteilsspruch ebenso auch auf ihn selbst anzuwenden wäre und daß er noch immer Gültigkeit besitzt. Mit einem Schlag verändert sich sein Gemütszustand, und er verliert seine innere Selbstsicherheit. Das Wort Gottes bewirkt hier eine regelrechte *tour de force*; es muß die Situation dessen, der sich mit ihm beschäftigt, völlig auf den Kopf stellen. Da gibt es kein Entrinnen: Man muß »zusammenbrechen« und wie David sagen: »Ich habe gesündigt!« (2 Sam 12, 13), oder aber die Verhärtung des Herzens schreitet fort und die Reuelosigkeit stärkt sich. Aus der Begegnung mit diesem Wort des Paulus geht man entweder bekehrt oder verhärtet hervor.

Was aber ist denn eigentlich die spezifische Anklage, die der Apostel Paulus gegen die »Gottesfürchtigen« erhebt? Daß sie »dasselbe tun«, sagt er, worin sie die anderen verurteilen. Und in welchem Sinn »dasselbe«? Im Sinne von *materiell* dasselbe? Auch das (vgl. Röm 2, 21–24), vor allem aber dasselbe *dem Wesen nach*, nämlich im Sinne der Grundhaltung der Gottlosigkeit und des Götzendienstes. Es gibt einen verschleierten Götzendienst, der in der Welt bis heute praktiziert wird. Wenn Götzendienst darin besteht, das »Werk der eigenen Hände anzubeten« (vgl. Jes 2, 8; Hos 14, 4) oder »das Geschöpf an die Stelle des Schöpfers zu setzen«, dann bin ich ein Götzendiener, wenn ich das Geschöpf – *mein* Geschöpf, das Werk *meiner* Hände – an die Stelle des Schöpfers setze. Und mein Geschöpf, das kann das Haus oder die Kirche sein, die ich baue, die Familie, die ich gründe, das Kind, das ich zur Welt gebracht habe (und wie viele – auch christliche – Mütter machen aus ihrem Kind ihren Gott, besonders wenn es das einzige ist!); es kann die Arbeit sein, die ich verrichte, die Schule, die ich leite, das Buch, das ich schreibe ... Und dann gibt es noch den Hauptgötzen, mein eigenes »Ich«. In der Wurzel jedes Götzendienstes steckt nämlich die Selbstvergötterung, der Kult des Ego, die Eigenliebe, die Neigung, sich selbst ins Zentrum des Universums und an die erste Stelle zu setzen und dafür alles andere zu opfern. Die »Substanz«, der »Wesenskern« ist immer die Gottlosigkeit: nicht Gott, sondern immer und allein sich selbst die Ehre zu geben; auch das Gute, sogar den Dienst, den wir Gott erweisen – ja Gott selbst! – für den persönlichen Erfolg und zur eigenen Selbstbestätigung zu »benutzen«. Die Sünde, die der hl. Paulus in seinem Brief immer wieder bei den »Juden« anprangert, ist genau dieses: eine eigene Gerechtigkeit, eine eigene Ehre zu suchen und sie sogar durch die Befolgung der Gesetze Gottes erreichen zu wollen.

An diesem Punkt bin ich – wenn ich in mich gehe – vielleicht bereit, mir die Wahrheit einzugestehen, daß ich nämlich bis jetzt »für mich selbst« gelebt habe und daß auch ich –wenn auch in anderer Weise und anderem Grad – in das Geheimnis der Gottlosigkeit verwickelt bin. Der Heilige Geist hat mich »der Sünde überführt«. Es beginnt für mich das immer neue Wunder der Bekehrung. Was soll man in dieser schwierigen Situation tun? Schlagen wir die Bibel auf und stimmen auch wir das *De profundis* an: »Aus der Tiefe rufe ich, Herr, zu dir.« (Ps 130). Das *De profundis* ist nicht für die Verstorbenen geschrieben worden, sondern für die Lebenden. Die »Tiefe«, aus der der Psalmist seine Stimme erhebt, ist an und für sich nicht die des Fegefeuers, sondern die der Sünde: »Würdest du, Herr, unsere Sünden beachten, Herr, wer könnte bestehen?« Es steht geschrieben, Christus sei »zu den Geistern gegangen, die im Gefängnis waren, um ihnen das Heil zu verkündigen« (vgl. 1 Petr 3, 19), und einer der antiken Väter kommentiert das mit folgenden Worten:

> »Wenn du hörst, daß Christus, als er in die Unterwelt hinabgestiegen war, die Seelen befreite, die dort gefangen gehalten wurden, meine nicht, diese Dinge seien weit entfernt von dem, was immer noch geschieht. Glaube mir, dein Herz ist ein Grab.«[10]

Wir sind jetzt geistlich in der Situation der »Geister, die im Gefängnis waren« und die in der Unterwelt auf die Ankunft des Erlösers warteten. Auf den Darstellungen der Ikonen sieht man, wie sie verzweifelt ihre Arme ausstrecken, um die rechte Hand Christi zu ergreifen, der mit seinem Kreuz kommt, um sie aus dem Kerker zu ziehen. Lassen auch wir unseren Schrei aus dem tiefen Kerker unseres »Ich«, in dem wir gefangen sind, aufsteigen. Der Psalm, mit dem wir beten, ist ganz und gar durchflutet von zuversichtlicher Hoffnung und Erwartung:

> »Ich hoffe auf den Herrn ... Meine Seele wartet auf den Herrn mehr als die Wächter auf den Morgen ... Er wird Israel erlösen von all seinen Sünden« (vgl. Ps 130).

Wir wissen bereits, daß es eine Hilfe gibt, ein Heilmittel für unser Übel, denn »Gott liebt uns«, und deshalb bleiben wir, obwohl vom Wort Gottes aufgerüttelt, trotzdem gelassen und sagen voll Vertrauen zu Gott:

> »Du gibst mich nicht der Unterwelt preis; du läßt deinen Frommen das Grab nicht schauen« (Ps 16, 10).

---

10 Macarius der Ägypter, *Über die Freiheit des Geistes (De libertate mentis)*, 116 (PG 34, 936).

III

»Die Gerechtigkeit Gottes ist offenbart worden«

Gerechtmachung durch Glauben

1. Gott hat gehandelt

Auf dieser dritten Etappe unseres Weges ermuntert uns das Wort Gottes, einen kühnen Handstreich auszuführen: einen solchen Handstreich, daß wir uns, wenn er uns gelingt, für den Rest unseres Lebens und für die Ewigkeit selbst beglückwünschen können.

Der hl. Paulus hat den Menschen unter der Herrschaft der Sünde beschrieben. Beim Lesen der ersten zweieinhalb Kapitel des Römerbriefes hat man den Eindruck, gleichsam unter einem düsteren, bedrohlichen Himmel zu wandern. Aber wenn man weiterliest, bemerkt man an einem bestimmten Punkt – und zwar genau in Vers 21 des dritten Kapitels – eine plötzliche Änderung des Tonfalls, die sich durch die eine neue Zeit und einen Gegensatz bezeichnende Formel: »Jetzt aber ...« ankündigt. Das Klima wechselt. Es ist, als sei dieser düstere Himmel unerwartet aufgerissen und gebe wieder den Blick auf die Sonne frei. »Die Gerechtigkeit Gottes ist offenbart worden!« (vgl. Röm 3, 21): Das ist sie, die Sonne, die über der Finsternis der Sünde erschienen ist, das ist das Neue! Nicht die Menschen haben plötzlich ihr Leben und ihre Sitten geändert und begonnen, das Gute zu tun; nein, das Neue ist das Handeln Gottes, das die Zeiten in die Erfüllung geführt hat. Die neue Tatsache ist also, daß Gott gehandelt, das Schweigen gebrochen und als erster seine Hand dem sündigen Menschen entgegengestreckt hat. Dieses »Handeln« Gottes ist ein Geheimnis, das jedesmal von neuem den Himmel und die Erde mit Staunen und Freude erfüllt: »Jauchzt, ihr Himmel, *denn der Herr hat gehandelt*; jubelt, ihr Tiefen der Erde!« (Jes 44, 23). Gott hatte das alles seit langer Zeit angekündigt; alle Propheten sprachen immer wieder darüber. Nun hat er plötzlich gehandelt, und es ist eingetroffen (vgl. Jes 48, 3).

Aber worin besteht dieses »Handeln« Gottes? Hören wir nun ausführlich, was der Apostel sagt:

> »Alle haben gesündigt und die Herrlichkeit Gottes verloren. Ohne es verdient zu haben, werden sie gerecht, dank seiner Gnade, durch die Erlösung in Christus Jesus« (Röm 3, 23f).

Der christliche Glaube hat innerhalb weniger Jahre seinen höchsten Gipfel, seinen »Mount Everest«, erreicht. Gerade erst hat der Apostel die Situation des Verderbens beschrieben, in der sich die gesamte Menschheit befindet, die Ausweglosigkeit, die Juden wie Griechen in gleicher Weise betrifft, und nun verkündet er mit aller Sicherheit, daß diese Situation aufgrund eines einzigen Menschen namens Jesus grundlegend verändert ist. Wenn diese Behauptung sogar uns nach zwanzig Jahrhunderten der Bestätigung noch paradox erscheint, können wir uns vorstellen, wie sie damals wirkte, als Jesus für die meisten noch ein Unbekannter war, der wenige Jahre zuvor gelebt hatte.

Der Apostel betont jedoch – zumindest an dieser Stelle seines Briefes – nicht so sehr die *Tatsache*, daß das Schicksal der Menschheit sich gewendet hat, sondern vielmehr die *Art und Weise*, wie sich das vollzogen hat, nämlich »durch die Erlösung in Christus Jesus«. Im Hinblick darauf wollen wir nun seinem Gedankengang folgen:

> »Ihn hat Gott dazu bestimmt, Sühne zu leisten mit seinem Blut, Sühne, wirksam durch Glauben. So erweist Gott seine Gerechtigkeit durch die Vergebung der Sünden, die früher, in der Zeit seiner Geduld, begangen wurden; er erweist seine Gerechtigkeit in der gegenwärtigen Zeit, um zu zeigen, daß er gerecht ist und den gerecht macht, der an Jesus glaubt« (Röm 3, 25f).

Gott verschafft sich Recht, indem er Barmherzigkeit übt! Das ist die große Offenbarung, das ist die »Rache« Gottes an den Menschen, die gesündigt haben. Der Apostel sagt, daß Gott »gerecht ist und gerecht macht«, d. h. er ist sich selbst gegenüber gerecht, wenn er den Menschen gerecht macht, denn er ist Liebe und Barmherzigkeit; deshalb wird er sich selbst gerecht – erweist sich also als der, der er ist –, wenn er Barmherzigkeit übt.

Das ist das »Evangelium«, d. h. die frohe Botschaft, die Paulus den Christen von Rom übermittelt. Durch eine falsche Interpretation des Begriffes »Gerechtigkeit Gottes« wurde sie jedoch später verdunkelt, so daß lange Zeit hindurch die Christen, wenn sie diese Worte des Apostels lasen, durch sie nicht etwa ermutigt wurden, sondern im Gegenteil erschrocken bei sich dachten: »Da haben wir's: wie erwartet, offenbart sich nach dem Zorn Gottes nun seine Gerechtigkeit, d. h. seine gerechte Strafe!« Martin Luther war es, der entdeckte (oder besser: wiederentdeckte), daß der Ausdruck »Gerechtigkeit Gottes« hier nicht seine Strafe oder noch schlimmer: seine Rache am Menschen bezeichnet, sondern im Gegenteil für den Akt steht, durch den Gott den Menschen »gerecht macht«. (Er sagte allerdings: »für gerecht erklärt« und nicht: »gerecht macht«, weil er an eine eher äußere, sozusagen juristische Rechtfertigung dachte.)

Später schrieb er:

»Als ich das entdeckte, fühlte ich mich wie neugeboren, und es schien mir, als würden sich für mich die Pforten des Paradieses öffnen.«[1]

Die frohe Botschaft, die der hl. Paulus den Christen von Rom überbringt, besagt also: Jetzt ist den Menschen das Wohlwollen Gottes offenbart worden, seine gute Absicht gegenüber den Menschen, sein Verzeihen – in einem Wort: seine Gnade. An anderer Stelle umschreibt die Bibel die »Gerechtigkeit Gottes« mit folgenden Worten:

---

[1] M. Luther, *Vorrede zu den lateinischen Werken*, Weimarer Ausgabe 54, S. 186.

»Als aber die Güte und Menschenliebe Gottes, unseres Retters, erschien, hat er uns gerettet – nicht weil wir Werke vollbracht hätten, die uns gerecht machen können, sondern aufgrund seines Erbarmens« (Tit 3, 4f).

Wenn man sagt: »Die Gerechtigkeit Gottes ist offenbart worden«, bedeutet das soviel wie: Die Güte Gottes, seine Liebe und seine Barmherzigkeit ist offenbart worden.

2. Gerechtmachung und Umkehr

Jetzt müßten wir auch imstande sein, die Quelle zu entdecken, aus der Paulus hier schöpft, hinter seiner Stimme eine andere Stimme zu vernehmen, ein anderes *Kerygma*, einen Ruf, den er wie ein treues Echo nur widerhallen läßt. Er sagt, das Evangelium sei »eine Kraft Gottes, die jeden rettet, der glaubt« (Röm 1, 16), und spricht davon, daß die »Zeit« der göttlichen Geduld »erfüllt« sei (Röm 3, 25f) und die Gerechtigkeit Gottes gekommen und offenbart worden sei. Mit welchen anderen Aussagen haben diese Worte Ähnlichkeit? An wen erinnert uns eine solche Redeweise? An Jesus! Er erklärt zu Beginn seines öffentlichen Wirkens:

»Die Zeit ist erfüllt, das Reich Gottes ist nahe. Kehrt um, und glaubt an das Evangelium!« (Mk 1, 15).

Paulus überliefert uns die reinste Lehre Jesu, dieselben Begriffe und dieselben Auffassungen: die Zeit, das Evangelium, der Glaube. Was Jesus in dem Ausdruck »Reich Gottes« zusammenfaßt – nämlich die Heilsinitiative Gottes, sein freies, von jeder Gegenleistung unabhängiges Heilshandeln zugunsten der Menschen –, das benennt Paulus mit einem anderen Begriff »Gerechtigkeit Gottes«, aber es handelt sich dabei um dieselbe fundamentale Realität, um dasselbe Handeln Gottes. »Reich Gottes« und »Gerechtigkeit Gottes« werden von Jesus selbst zusammengesehen, wenn er sagt: »Sucht zuerst das Reich Gottes und seine Gerechtigkeit« (Mt 6, 33). Ein Kirchenvater schreibt:

> »Jesus meint mit ›Reich Gottes‹ die Gerechtmachung durch den Glauben, die Reinigung durch die Taufe und die Gemeinschaft des Geistes.«[2]

Als Jesus sagte: »Kehrt um und glaubt an das Evangelium«, lehrte er also bereits die Gerechtmachung durch den Glauben. Vor ihm bedeutete umkehren immer ein »Zurückgehen« (wie auch der dafür verwendete hebräische Terminus *shub* zeigt); es bedeutete, durch ein erneuertes Befolgen des Gesetzes zum gebrochenen Bund zurückzukehren. Durch den Mund des Propheten Sacharja spricht der Herr:

> »*Kehrt um* zu mir ... *kehrt zurück* von euren heillosen Wegen«
> (Sach 1, 3f; vgl. auch Jer 8, 4f).

Umkehren hat folglich hauptsächlich eine asketische, moralische Bedeutung, die in der Buße ihren Ausdruck findet, und wird durch eine Änderung der Lebensführung verwirklicht. Die Umkehr wird als Vorbedingung für das Heil angesehen. Das ist die vorherrschende Bedeutung, die das Wort Umkehr auch im Munde Johannes' des Täufers hat (vgl. Lk 3, 4–6). Im Munde Jesu aber wird (zumindest zu Beginn seiner Predigt) diese moralische Bedeutung im Vergleich zu einer neuen, bisher unbekannten Bedeutung zweitrangig. Erst mit dem Erscheinen Jesu konnte das Wort Umkehr diese neue Bedeutung annehmen, die mehr auf die Zukunft ausgerichtet ist als auf die Vergangenheit; erst mit ihm verschob sich nämlich der Schwerpunkt der Geschichte, und das Wichtigste liegt jetzt nicht mehr hinter uns, sondern vor uns.

So bedeutet umzukehren also nicht, zum alten Bund und zur Befolgung des Gesetzes zurückzukehren, sondern einen Sprung nach

---

2   Cyrill von Alexandrien, *Kommentar zum Lukas-Evangelium*, 22, 16 (PG 72, 905).

vorn zu machen, in den Neuen Bund einzutreten, dieses Reich, das erschienen ist, zu ergreifen und hineinzugehen. Hineinzugehen durch
den Glauben. »Kehrt um und glaubt!« meint nicht zwei verschiedene,
aufeinanderfolgende Dinge, sondern ein und dasselbe: »Kehrt um!«
heißt: »Glaubt!« »Kehrt um, indem ihr glaubt!« Umkehr und Heil haben die Plätze vertauscht. Nicht mehr: *Sünde – Umkehr – Heil* (»Kehrt
um, und ihr werdet gerettet werden; kehrt um, und das Heil wird zu
euch kommen!«), sondern vielmehr: *Sünde – Heil – Umkehr* (»Kehrt
um, denn ihr seid gerettet; denn das Heil ist zu euch gekommen!«).
Zuerst kommt das Werk Gottes und danach erfolgt die Antwort des
Menschen, nicht umgekehrt. Genau über diesen Punkt sind die Gegner der Verkündigung Jesu – die Schriftgelehrten und die Pharisäer –
gestolpert. Der hl. Paulus sagt:

> »Da sie die Gerechtigkeit Gottes verkannten und ihre eigene aufrich-
> ten wollten, haben sie sich der Gerechtigkeit Gottes nicht unterwor-
> fen« (Röm 10, 3).

Gott hat selbst die Initiative zur Rettung ergriffen: Er hat sein Reich
kommen lassen; der Mensch braucht nur das Angebot Gottes im Glauben anzunehmen und dann entsprechend den sich daraus ergebenden
Anforderungen zu leben. Das ist wie bei einem König, der die Pforten
seines Palastes öffnet, in dem ein großes Festmahl vorbereitet ist, und
der selbst am Eingang steht und alle Vorübergehenden einlädt einzutreten, indem er sagt: »Kommt, alles ist bereit!«

»Kehrt um und glaubt« bedeutet also: Wechselt vom alten, auf das
Gesetz gegründeten Bund über zum neuen Bund, der auf den Glauben
gegründet ist. Genau dasselbe sagt der Apostel mit seiner Lehre von
der Gerechtmachung durch den Glauben. Der einzige Unterschied ist
bedingt durch das, was inzwischen – nämlich zwischen der Verkündigung Jesu und der des Paulus – geschehen ist: Christus ist abgelehnt
und getötet worden für die Sünden der Menschen. Der Glaube »an das
Evangelium« (»Glaubt an das Evangelium!«) gestaltet sich jetzt als
Glaube »an Jesus Christus«, »in seinem Blut« (Röm 3, 25).

Die erste und grundlegende Umkehr besteht also im Glauben. Durch ihn betritt man den Festsaal des Reiches. Wenn dir gesagt worden wäre: Die Tür ist die Unschuld, die Tür ist die genaue Befolgung der Gebote, die Tür ist diese oder jene Tugend, hättest du Ausreden finden können und sagen: Das ist nicht für mich! Ich bin nicht unschuldig, ich besitze diese Tugend nicht. Doch es wird dir gesagt: Die Tür ist der Glaube. Glaube nur! Diese Möglichkeit ist weder zu hoch für dich noch zu weit von dir entfernt, sie liegt nicht »jenseits des Meeres«; im Gegenteil:

»Das Wort ist dir nahe, es ist in deinem Mund und in deinem Herzen. Gemeint ist das Wort des Glaubens, das wir verkündigen; denn wenn du mit deinem Mund bekennst: ›Jesus ist der Herr‹ und in deinem Herzen glaubst: ›Gott hat ihn von den Toten auferweckt‹, so wirst du gerettet werden.« (Röm 10, 8f).

Eines jedoch betont der hl. Paulus immer wieder nachdrücklich: All das geschieht »gratis, ohne Gegenleistung«, aus Gnade, als Geschenk; unzählige Male kommt er in verschiedener Formulierung auf diesen Punkt zurück. Warum, fragt man sich, ist Gott darin so unnachgiebig? Weil er aus der neuen Schöpfung jenen schrecklichen Wurm heraushalten will, der die erste Schöpfung verdorben hat: das stolze Sich-Rühmen des Menschen.

»Kann man sich da noch rühmen? Das ist ausgeschlossen ... Denn wir sind der Überzeugung, daß der Mensch gerecht wird durch Glauben, unabhängig von Werken des Gesetzes« (Röm 3, 27f).

Wir sind gerettet aus Gnade, durch den Glauben, nicht aus eigener Kraft – Gott hat es geschenkt – nicht aufgrund unserer Werke, und das, »damit keiner sich rühmen kann« (vgl. Eph 2, 8f). Der Mensch verbirgt in seinem Herzen eine atavistische Neigung, nämlich die, Gott »für sich ein Lösegeld zahlen« zu wollen. Aber »keiner kann sich selbst loskaufen, noch an Gott für sich ein Lösegeld zahlen« (Ps 49, 8).

Durch eigene Verdienste an Gott ein »Lösegeld« zahlen zu wollen, ist eine andere Form des ewigen Versuches, sich von Gott unabhängig und selbständig zu machen. Mehr noch: sich nicht nur selbständig, sondern sogar zum Gläubiger Gottes zu machen, denn »dem, der Werke tut, werden diese nicht aus Gnade angerechnet, sondern er bekommt den Lohn, der ihm zusteht« (Röm 4, 4). Aber »wer hat ihm [Gott] etwas gegeben, so daß Gott ihm etwas zurückgeben müßte?« (Röm 11, 35).

Was der Apostel mit der Formulierung »gratis, ohne Gegenleistung« ausdrückt, brachte Jesus in anderer Weise mit dem Bild des Kindes zum Ausdruck, und so sehen wir wieder einmal die vollkommene Übereinstimmung zwischen den beiden Verkündigungen. Jesus sagte, das Reich Gottes müsse man annehmen »wie ein Kind« (vgl. Mk 10, 15). Das Reich Gottes in der Art des Kindes annehmen heißt, es »ohne Gegenleistung«, als Geschenk annehmen und nicht als etwas, das einem aufgrund eines Verdienstes zusteht. Als die Jünger einmal darüber diskutierten, »wer im Himmelreich der Größte« sei – wer von ihnen also die meisten Rechte auf den Ehrenplatz darin geltend machen könne –, rief Jesus ein Kind, stellte es in ihre Mitte und sagte, wenn sie nicht umkehrten und würden wie die Kinder, dann könnten sie ins Himmelreich überhaupt nicht hineinkommen (vgl. Mt 18, 1–3). Kinder kennen instinktiv den Unterschied zwischen Verdienst und Privileg und werden niemals zugunsten des Verdienstes auf ihr Privileg verzichten, Kinder zu sein. Natürlich verlangen sie von den Eltern die Dinge, die sie brauchen: Brot, ein Buch, ein Spielzeug ... aber nicht, weil sie ein Gehalt nach Hause gebracht hätten (das machen nur die Erwachsenen geltend, besonders die Männer), nicht weil sie meinen, es verdient zu haben, sondern einzig und allein weil sie wissen, daß sie geliebt werden. Sie stützen sich auf die Tatsache – und manchmal spekulieren sie sogar darauf –, daß sie die Kinder sind und deshalb ohnehin einmal alles erben werden. Auf diese Weise wird die Vorstellung von Verdienst und Lohn keineswegs widerrufen, ebensowenig wie die von Tugend, Einsatz, Abtötung und allem anderen, auf das im Evangelium deutlich hingewiesen wird; all das wird nur an den rechten

Platz gerückt, nicht mehr als Ursache des Heils angesehen, sondern vielmehr als sein Ergebnis, als etwas, das aus dem Glauben hervorgehen muß. Die Verdienste sind wie kleine Münzen, die Mutter oder Vater ihrem Kind heimlich in die Tasche stecken, damit es die Möglichkeit hat, ihnen zu ihrem Fest ein kleines Geschenk zu kaufen. Das Konzil von Trient sagt:

»So groß ist die Barmherzigkeit Gottes gegenüber den Menschen, daß er als unsere Verdienste ansieht, was in Wirklichkeit seine Gaben sind.«[3]

Überlassen wir also Gott die Sorge um unsere Verdienste, tun aber so viel Gutes, wie wir nur können. Gott – sagt die Schrift – wirft all unsere Sünden hinter seinen Rücken (vgl. Jes 38, 17) und hält sich statt dessen all unsere guten Werke vor Augen, sogar ein Glas Wasser, das wir einem Armen gereicht haben (vgl. Tob 12, 12; Apg 10, 4). Je mehr wir uns unsere Sünden vor Augen halten, desto mehr wirft Gott sie hinter seinen Rücken; je mehr wir unsere guten Werke hinter unseren Rücken werfen, desto mehr hält Gott sie sich vor Augen.

Aus welcher Quelle hat der hl. Paulus dieses Evangelium von der gegenleistungsfreien Rechtfertigung durch den Glauben entnommen, das so sehr mit der Frohbotschaft Jesu übereinstimmt? Sicher hat er es nicht aus den Evangelienbüchern (die ja noch nicht geschrieben waren), sondern allenfalls aus den mündlichen Überlieferungen der Predigt Jesu, vor allem aber aus der eigenen persönlichen Erfahrung, das heißt daraus, wie Gott in seinem Leben gehandelt hatte. Er selbst bestätigt dies, wenn er sagt, er habe das Evangelium, das er verkündet (nämlich das von der Rechtfertigung durch Glauben!), nicht von Menschen gelernt, sondern durch die Offenbarung Jesu Christi empfangen, und wenn er diese Offenbarung mit dem Ereignis der eigenen Bekehrung in Beziehung bringt (vgl. Gal 1, 11f). Man kann sagen, daß der Apostel im Römerbrief nichts anderes tut, als das Drama seiner Be-

---

3 Denzinger-Schönmetzer, *Enchiridion Symbolorum*, Nr. 1548.

kehrung in allgemeingültige Begriffe zu übertragen und niederzu-
schreiben. Im Brief an die Philipper stellt er die eigene Bekehrung dar
als den Übergang von »seiner eigenen Gerechtigkeit, die aus dem Gesetz hervorgeht«, zu der »Gerechtigkeit, die Gott aufgrund des Glaubens schenkt« (vgl. Phil 3, 9). Wenn ich die Beschreibung lese, die der
hl. Paulus in diesem Text von seiner Bekehrung gibt, kommt mir ein
Bild in den Sinn: das Bild eines Mannes, der des Nachts im matten
Schein eines Kerzleins durch einen Wald geht. Er achtet sorgsam darauf, daß es nicht erlischt, denn es ist das einzige, was er hat, um den
Weg zu finden. Dann aber beginnt, während er weitergeht, auf einmal
die Morgendämmerung; die Sonne erscheint am Horizont, und sein
kleines Lichtlein verblaßt schnell, bis er nicht einmal mehr bemerkt,
daß er es noch in der Hand hat, und schließlich wirft er es weg. So ist
es Paulus ergangen: das Lichtlein war für ihn seine eigene Gerechtigkeit, ein kümmerlicher rauchender Docht, auch wenn sie auf noch so
hochtrabende Titel gegründet war: »am achten Tag beschnitten«, »aus
dem Volk Israel«, »Hebräer«, »Pharisäer«, »untadelig in der Gerechtigkeit, wie sie das Gesetz vorschreibt« ... (vgl. Phil 3, 5f). Eines schönen Tages ging auch am Horizont des Lebens von Saulus die Sonne
auf: die »Sonne der Gerechtigkeit«, die er in diesem Text mit unendlicher Ehrfurcht »Christus Jesus, meinen Herrn« nennt, und da erschien ihm seine Gerechtigkeit als »Verlust«, als »Unrat«, und er
wollte nicht mehr in seiner eigenen Gerechtigkeit gesehen werden,
sondern nur noch in jener, die aus dem Glauben kommt. Die Bekehrung des Paulus ist das beste Beispiel für den anfangs erwähnten
»kühnen Handstreich«. Gott ließ ihn auf dramatische Weise zuerst
selbst erfahren, was er dann der Kirche offenbaren sollte.

3. *Der Glaube als Aneignung*

Der Schlüssel von allem, sagte ich, ist der Glaube. Aber es gibt verschiedene Arten von Glauben: den Glauben als Zustimmung des In-
tellekts, den Glauben als Vertrauen, den Glauben als Standfestigkeit,

wie Jesaja ihn beschreibt (Jes 7, 9) ... Um welchen Glauben handelt es sich, wenn von der Rechtfertigung »durch den Glauben« die Rede ist? Es handelt sich um einen ganz besonderen Glauben: um den Glauben als Aneignung. Hören wir dazu den hl. Bernhard:

> »Was ich nicht aus eigener Kraft erreichen kann, eigne ich mir *(usurpo!)* voll Vertrauen aus der durchbohrten Seite des Herrn an, denn er ist voller Barmherzigkeit. Mein Verdienst ist also die Barmherzigkeit Gottes. Solange er reich an Barmherzigkeit ist, bin ich sicherlich nicht arm an Verdiensten. Und wenn daher das Erbarmen des Herrn groß ist (Ps 119, 156), werde auch ich mit Verdiensten reichlich versorgt sein. Und was ist dann mit *meiner* Gerechtigkeit?
> O Herr, ich erinnere mich nur an deine Gerechtigkeit. Sie ist nämlich auch die meine, denn du bist für mich Gerechtigkeit von Gott.«[4]

In der Schrift heißt es in der Tat:

> »Gott hat Christus Jesus für uns zur Weisheit gemacht, zur Gerechtigkeit, Heiligung und Erlösung« (vgl. 1 Kor 1, 30).

Wahrhaftig, das Einfachste kommt einem meist nicht in den Sinn! Dies ist das Einfachste und Eindeutigste im Neuen Testament, aber welch weiten Weg muß man zurücklegen, bevor man es entdeckt! Es ist die Entdeckung, die man gewöhnlich erst am Ende und nicht bereits zu Beginn des geistlichen Lebens macht. Das ist wie bei der Entdeckung gewisser physikalischer Gesetze: Unzählige Experimente sind nötig, um schließlich jenes Prinzip zu entdecken, das sich am Ende als das einfachste und elementarste von allen herausstellt. Im Grunde geht es darum, einfach ein »Ja!« zu Gott zu sagen. Gott hatte den Menschen als freies Wesen erschaffen, damit er in Freiheit das Leben und die Gnade annehmen könne; sich selbst annehmen könne als ein von Gott mit Wohltaten bedachtes, »begnadetes« Geschöpf. Er

---

4 Bernhard von Clairvaux, *Homiliae in Canticum*, 61, 4–5 (PL 183, 1072).

erwartete nur sein »Ja«; statt dessen erhielt er von ihm ein »Nein«. Nun bietet Gott dem Menschen eine zweite Möglichkeit an, so etwas wie eine zweite Schöpfung: Er stellt ihm Christus als Sühne vor Augen und fragt ihn: »Willst du aus seiner Gnade, in ihm leben?« Glauben bedeutet, zu antworten: »Ja, ich will es!« Und von dem Augenblick an bist du eine neue Schöpfung, die noch reicher ist als die erste; du bist »in Christus Jesus geschaffen« (vgl. Eph 2, 10).

Das ist jener »kühne Handstreich«, von dem die Rede war, und man kann sich nur wundern, wie wenige ihn wagen. Seine Beute ist »das ewige Leben« und die Weise, in der man ihn vollbringt, heißt »glauben«. Ein Kirchenvater – der hl. Cyrill von Jerusalem – drückt diesen Gedanken vom kühnen Handstreich des Glaubens mit anderen Worten folgendermaßen aus:

> »O außerordentliche Güte Gottes gegenüber den Menschen! Die Gerechten des Alten Bundes erwarben das Wohlgefallen Gottes durch jahrelange Mühen; aber was sie durch einen langen und heroischen, Gott wohlgefälligen Dienst erreichten, das schenkt Jesus dir in dem kurzen Zeitraum einer Stunde. Wenn du nämlich glaubst, daß Jesus Christus der Herr ist und daß Gott ihn von den Toten auferweckt hat, bist du gerettet und wirst von ebendemselben ins Paradies geführt werden, der den reumütigen Schächer dort hineinführte.«[5]

Stelle dir vor, in der Arena habe sich ein heldenhafter Kampf abgespielt. Ein tapferer Mann hat den grausamen Tyrannen angegriffen und unter ungeheuren Anstrengungen und Leiden besiegt. Du hast nicht gekämpft, hast dich weder abgemüht noch Verletzungen davongetragen. Wenn du aber den tapferen Mann bewunderst, wenn du dich mit ihm über seinen Sieg freust, ihm einen Kranz windest, die Menge für ihn anfeuerst und aufrüttelst, wenn du dich voll Freude vor dem Sieger auf die Knie wirfst, ihm das Haupt küßt und ihm die Hand schüttelst, kurz, wenn du dich so für ihn begeisterst, daß du seinen

---

5 Cyrill von Jerusalem, *Katechesen*, 5, 10 (PG 33, 517).

Sieg wie deinen eigenen betrachtest, dann – sage ich dir – wirst du mit Sicherheit an der Auszeichnung des Siegers teilhaben. Aber mehr noch: Nimm einmal an, der Sieger habe den errungenen Siegespreis selbst in keiner Weise nötig, sondern wünsche mehr als alles andere, seinen begeisterten Anhänger geehrt zu sehen, und betrachte die Krönung des Freundes als Belohnung für seinen Kampf – wird der Mann in diesem Fall nicht den Kranz erhalten, auch wenn er sich weder abgemüht, noch Verletzungen davongetragen hat? Aber sicher wird er ihn erhalten! Nun gut, genau dasselbe geschieht zwischen Christus und uns. Obwohl wir uns noch nicht angestrengt und gekämpft haben, obwohl wir noch keinerlei Verdienst vorweisen können, besingen wir doch im Glauben den Kampf Christi mit Lobliedern, bewundern seinen Sieg, verehren seine Trophäe, das Kreuz, und bezeugen ihm, dem tapferen Kämpfer, unsere stürmische und unsagbare Liebe; wir machen uns jene Wunden und jenen Tod zu eigen.[6]

Aber was hat es denn eigentlich mit diesem Glauben auf sich, daß an ihn so große Dinge gebunden sind? Der Hebräerbrief widmet ein ganzes Kapitel dem Lobpreis des Glaubens der Väter, die

>»aufgrund des Glaubens Königreiche besiegt, Gerechtigkeit geübt, Verheißungen erlangt, Löwen den Rachen gestopft, Feuersglut gelöscht haben ... stark geworden sind, als sie schwach waren«
>(vgl. Hebr 11, 33ff),

aber am Ende folgert er, daß »Gott erst für uns etwas Besseres vorgesehen hatte« (11, 40); etwas noch Größeres als Gegengabe für unseren Glauben: sich selbst! Nicht mehr Vergängliches oder irdische »Königreiche«, sondern das Reich Gottes und seine Gerechtigkeit! Wahrhaftig, der Glaube ist eine der schönsten Erfindungen der Weisheit Gottes. Für ihn erhält das Endliche den Unendlichen, das Geschöpf bekommt Gott. »Aufgrund des Glaubens zogen sie (die Juden)

---

6 Vgl. Johannes Chrysostomus, *Über den Friedhof (De coemeterio)* (PG 49, 396); N. Kabasilas, *Leben in Christus*, I, 5 (PG 150, 517).

durch das Rote Meer wie über trockenes Land« (Hebr 11, 29); aber was war schon dieser erste Exodus im Vergleich zu dem Exodus, der durch den Glauben an Christus geschieht? In ihm zieht man aus dem Reich der Schatten in das des Lichtes, geht vom Sichtbaren zum Unsichtbaren über. Gott hat die Freiheit im Hinblick auf den Glauben geschaffen, d. h. um den Glauben zu ermöglichen. Nur im Glauben, also wenn der Mensch glaubt, wird die Freiheit vollkommen verwirklicht. Gott allein weiß, wie wertvoll ein freier Glaubensakt des Geschöpfes ist, denn nur er weiß, wie wertvoll Gott ist. In der Schrift wird über den Glauben das gleiche gesagt wie über Gott selbst, daß er nämlich allmächtig ist: »Für Gott ist nichts unmöglich« (Lk 1, 37) und »Alles kann, wer glaubt« (Mk 9, 23). Nun kann man erahnen, warum Gott, um den Glauben zu ermöglichen, sogar das Risiko der Sünde auf sich genommen hat.

Der Glaube offenbart seine göttliche Natur in der Tatsache, daß er praktisch unerschöpflich ist. Es gibt keinen Punkt, über den man im Glauben nicht hinausgehen kann: Man kann immer noch mehr glauben. Die ganze Gnade Gottes ist am Werk, um den Menschen von einem Grad des Glaubens zu einem nächsten, vollkommeneren zu bringen, von einem Glauben, der noch der Zeichen bedarf, zu einem Glauben ganz ohne Zeichen. Sobald es dem Glaubenden gelungen ist, durch den Glauben ein Hindernis zu überwinden, verliert Gott keine Zeit und baut vor ihm ein noch größeres Hindernis auf und erhöht es ständig weiter, denn er weiß, was für einen Siegeskranz er ihm derweil mit der anderen Hand vorbereitet. Und das geht immer so weiter, bis er das (menschlich gesehen) Unmögliche von ihm verlangt: den Sprung ins Dunkel. Mit dem Glauben verhält es sich wie bei der athletischen Disziplin des Hochsprungs: Nach jedem gelungenen Sprung wird die Latte um einige Zentimeter höher gelegt, um einen noch höheren Sprung zu ermöglichen, und so wird die vorangegangene Leistung immer von neuem überboten, ohne daß man den Rekord vorhersehen könnte, der am Ende erreicht wird. Man kommt mit dem Staunen über diese großartige Erfindung Gottes, die der Glaube darstellt, an kein Ende. Die Herrlichkeit des Himmels ist wie ein ma-

jestätischer Baum mit vielen Ästen und zahlreichen Früchten, aber er
sprießt aus einem kleinen Samenkorn hervor, das auf der Erde ausge-
sät wird, und dieser Same ist der Glaube. Stellen wir uns einmal vor,
was wir tun würden, wenn uns eines Tages von jemandem, den wir als
Fachmann auf diesem Gebiet kennen, in einer Schachtel ein winziges
Samenkorn gegeben würde, von dem er uns versichern würde, daß es
sich um einen weltweit einzigartigen Samen eines äußerst begehrten
Baumes handelt, der seinen Besitzer reich machen kann: Wie sorgsam
würden wir doch diesen Samen hüten und ihn vor den Winden schützen ...! Dasselbe müssen wir mit unserem Glauben tun; er ist ein
Same, der »Früchte des ewigen Lebens« hervorbringt!

4. »Jetzt ist sie da, die Zeit der Gnade!«

Die Ausführungen des hl. Paulus über die Gerechtmachung durch den
Glauben beginnen mit einem zeitlichen Umstandswort: »*Jetzt
aber ...*«. Dieses Adverb »jetzt« bezeichnet drei Ebenen, hat drei Bedeutungen: eine historische, eine sakramentale und eine moralische.
Tatsächlich bezieht es sich vor allem auf die »Stunde«, in der Christus
für uns am Kreuz starb, auf das historische Ereignis also, in dem unsere Erlösung bewirkt wurde; an zweiter Stelle bezieht es sich dann auf
den Moment der Taufe, in der der Christ »reingewaschen, geheiligt
und gerecht gemacht« worden ist (vgl. 1 Kor 6, 11); und schließlich bezieht es sich auf den gegenwärtigen Augenblick, auf das Heute unserer Existenz. Diese dritte Bedeutung hebt der Apostel hervor, wenn er
sich an die Korinther wendet mit dem Ausruf: »*Jetzt* ist sie da, die Zeit
der Gnade, *jetzt* ist er da, der Tag des Heils!« (2 Kor 6, 2). Auf dieser
Ebene bedeutet das »Jetzt« ganz konkret den gegenwärtigen Augenblick, in dem wir leben.

Es gibt also in bezug auf die Gerechtmachung durch den Glauben
etwas, das jetzt sofort getan werden muß; etwas, das ich – und nicht
ein anderer an meiner Stelle – tun muß und ohne das auch die besten
und tiefgehendsten Überlegungen zu diesem Problem gleichsam im

luftleeren Raum hängenbleiben. Die Gerechtmachung durch den Glauben ist der Anfang des übernatürlichen Lebens, aber nicht ein Anfang, der schon bald überholt wird durch die rasche Aufeinanderfolge anderer Ereignisse, sondern ein ständig aktueller Anfang, der immer wieder von neuem gesetzt und gefestigt werden muß. In dieser Kontinuität kann es jedoch auch Beschleunigungen wie ein plötzliches inneres Aufgerütteltsein geben, die einem Erwachen des Glaubens und der Dankbarkeit des Menschen entsprechen. Und genau das ist hier und jetzt unser Ziel: nicht nur *im nachhinein* zu begreifen, was einst in unserer Taufe in uns geschah, sondern es *jetzt* noch einmal neu zu erleben: um unserem Glauben »auf die Sprünge« zu helfen, ihn einen wahren Qualitätssprung machen zu lassen.

Ein Kirchenvater des 4. Jahrhunderts hat die folgenden außerordentlich modernen und – man könnte sagen – existentiellen Worte geschrieben:

> »Für jeden Menschen ist der Ursprung des Lebens jener Moment, von dem an Christus für ihn geopfert worden ist. Christus ist aber für ihn geopfert worden in dem Moment, da er die Gnade erkennt und sich des Lebens bewußt wird, das ihm durch diese Opferung verschafft worden ist.«[7]

Der Tod Christi wird in dem Moment für uns aktuell und wahr, in dem wir uns seiner bewußt werden, ihn anerkennen, uns über ihn freuen und für ihn danken. Das war es, was John Wesley am Abend des 24. Mai 1738 erfuhr und was über die methodistische Kirche und das von ihm gegründete *Holiness Movement* nachhaltigen Einfluß auf die folgende Entwicklung der protestantischen, evangelikalen und pfingstlerischen Spiritualität ausübte. Er schreibt in seinem Tagebuch:

> »An jenem Abend begab ich mich widerwillig zu einem Treffen in London, bei dem jemand Luthers Vorwort zum Römerbrief kommen-

---

7 *Osterhomilie aus dem Jahre 387* (SCh 36, 59f).

tieren sollte. Gegen ein viertel vor neun Uhr, während gerade die Beschreibung der Verwandlung vorgelesen wurde, die Gott durch den Glauben an Christus im Herzen bewirkt, spürte ich, wie mein Herz in merkwürdiger Weise entbrannte; ich spürte, daß ich auf Christus, einzig und allein auf Christus, die zuversichtliche Hoffnung auf mein Heil setzte, und es wurde mir die Gewißheit geschenkt, daß er meine Sünden, meine ureigenen Sünden getilgt und mich persönlich aus dem Gesetz der Sünde und des Todes gerettet hatte.«[8]

All das kann auch in uns geschehen, wenn wir es wollen. Der Zöllner stieg an jenem Tage zum Tempel hinauf, um zu beten, und während seines kurzen Gebetes geschah das, weswegen er »als Gerechter nach Hause zurückkehrte« (vgl. Lk 18, 14). Es genügte, daß er aus ganz wahrhaftigem Herzen sagte: »Gott, sei mir Sünder gnädig!« Auch wir können als Gerechte nach Hause zurückkehren, nach einem Moment intensiven Gebetes oder nach einer Beichte, in der es uns gelingt, aus tiefer, ehrlicher Überzeugung jene selben Worte zu sagen: »Gott, sei mir Sünder gnädig!«

Ich kann also nach Hause zurückkehren mit der größten Beute, die es nur geben kann: »gerechtfertigt« durch den Glauben, d. h. als jemand, der gerecht gemacht wurde, der Verzeihung erlangt hat, der gerettet ist, als eine neue Schöpfung. Das sichert mir das Wort Gottes zu, das nicht lügen kann. Ich kann einen solchen Coup landen, daß ich mich dafür in Ewigkeit selbst beglückwünschen kann. Ich kann meine Sünden Christus am Kreuz in die Arme werfen. Und dann kann ich vertrauensvoll vor dem Vater erscheinen und zu ihm sagen: »Nun schau mich an, Vater, schau mich nur an, denn jetzt bin ich dein Jesus! Seine Gerechtigkeit liegt auf mir; er hat mich ›in Gewänder des Heils gekleidet und mich in den Mantel der Gerechtigkeit gehüllt‹ [vgl. Jes 61, 10]. Da Christus ›meine Schuld auf sich geladen‹ hat [vgl. Jes 53, 11], habe ich seine Heiligkeit angelegt. Ich habe mich bekleidet mit Christus!« So kann sich Gott von neuem an seinen Geschöpfen freuen.

---

8 J. und C. Wesley, *Selected Writings and Hymns*, New York 1981, S. 107.

Gott betrachtet seine Schöpfung und sieht, daß sie dank des Opfers Christi, seines Sohnes, wieder »sehr gut« ist. Das stolze Sich-Rühmen des Menschen ist ausgeschlossen, und doch gibt es etwas, dessen der Mensch sich rühmen kann: Er kann sich des Herrn rühmen. »Wer sich rühmen will, der rühme sich des Herrn« (1 Kor 1, 31). Sich Gottes rühmen können! Welcher Ruhm könnte schöner sein als dieser? Wer wird da noch so dumm sein, diesen Gegenstand des Ruhmes gegen die eigene Gerechtigkeit eintauschen zu wollen? Oh ja, nur deiner wollen wir uns rühmen, Herr. In alle Ewigkeit!

»Wegen unserer Verfehlungen wurde er hingegeben«

Eine Meditation über das Leiden Christi

Es gibt geistliche Themen, die der Prediger am liebsten hat, Themen, die die Zuhörer am liebsten haben, und Themen, die Gott Vater am liebsten hat. Das Thema dieser Meditation ist das Thema, das Gott Vater am liebsten hat.

Das vierte Kapitel des Briefes an die Römer ist der Darstellung dessen gewidmet, was Paulus (für die Zeit vor Christus) als das Musterbeispiel einer Gerechtmachung durch den Glauben ansieht, nämlich den Fall Abrahams. Es gipfelt in einem feierlichen Bekenntnis des Glaubens an Jesus, den Herrn, das mit den Worten schließt:

> »Wegen unserer Verfehlungen wurde er hingegeben, wegen unserer Gerechtmachung wurde er auferweckt« (Röm 4, 25).

Wir stehen hier vor einer der klassischsten Formulierungen des *Kerygmas*, die sich im gesamten Neuen Testament finden. Diesem ursprünglichen Glaubenskern begegnen wir in leicht abgewandelter Form auch an verschiedenen anderen Stellen des Briefes. Er erscheint wie ein Fels unter dem Erdreich, der da und dort zutage tritt: im sechsten Kapitel, wo von der Taufe die Rede ist (Röm 6, 3f), im achten Kapitel, wo es heißt: »Christus Jesus, der gestorben ist, mehr noch: der auferweckt worden ist, sitzt zur Rechten Gottes« (Röm 8, 34), und gegen Ende in der Aussage: »Christus ist gestorben und lebendig geworden, um Herr zu sein über Tote und Lebende« (Röm 14, 9). Es ist der ursprüngliche Inhalt der Überlieferung, von dem der Apostel sagt, daß er selbst ihn von anderen empfangen hat (vgl. 1 Kor 15, 3), und der uns daher in die allerersten Lebensjahre der Kirche zurückversetzt.

Dieses ist im eigentlichen jenes »Evangelium«, auf das der Apostel zu Beginn anspielte, als er das Thema des gesamten Briefes umriß und sagte:

> »Ich schäme mich des Evangeliums nicht: Es ist eine Kraft Gottes, die jeden rettet, der glaubt« (Röm 1, 16).

Das Evangelium ist für Paulus nämlich im wesentlichen die heilbringende Botschaft, in deren Zentrum das Kreuz und die Auferstehung Christi stehen.

Wir sind also an einen neuralgischen Punkt unseres Weges der Neuevangelisierung gelangt. Bis jetzt hat der Apostel uns gezeigt, wie wir aus unserer Situation der Sünde und des Verlustes der Herrlichkeit Gottes, in der wir uns befinden, in den Besitz des Heiles kommen können, nämlich gratis, völlig ohne eigene Gegenleistung, durch den Glauben. Aber über das Heil an sich und über das Ereignis, das es ermöglichte, hat er noch nicht ausdrücklich gesprochen. Die Gerechtmachung – das wissen wir jetzt – kommt aus dem Glauben, woher aber kommt der Glaube? Woher kann man die Kraft schöpfen, um jenen »kühnen Handstreich« zu vollbringen, und gibt es für den, der feststellt, daß er ihn bisher nicht ausgeführt hat, noch Hoffnung, es zu tun? Die folgenden Kapitel des Römerbriefes helfen, diese Fragen zu beantworten. Sie haben die Aufgabe,

> »diese Verkündigung von der Rechtfertigung aus Glauben aufgrund der Heilstat Jesu Christi zu entfalten, und zwar in einer bestimmten Hinsicht, nämlich dahin, daß sie aufhellen, was das aus Glauben Gerechtfertigtwerden alles in sich schließt, m. a. W. das Geschehen der Rechtfertigung aus Glauben hinsichtlich der damit gegebenen Gaben zu klären.«[1]

---

1 H. Schlier, *Der Römerbrief*, Freiburg i. Br. 1977, S. 137.

Wir müssen nun dem Apostel auf diesem entscheidenden Abschnitt des Weges folgen. Wenn wir uns wirklich dem Evangelium stellen oder uns einer Neuevangelisierung unterziehen wollen, dann ist jetzt der Moment gekommen, es zu tun, indem wir den zentralen Kern des Evangeliums, den Tod und die Auferstehung Christi, in all seiner Kraft und Neuheit in uns aufnehmen. Dieser Kern ist bekanntlich nicht eine durch Zusammenfassung und fortschreitende Konzentrierung erreichte Synthese des gesamten Evangeliums, sondern der anfängliche Same, aus dem alles andere aufgekeimt ist. Zu Beginn gab es das *Kerygma*, so wie wir es in jenen kurzen Formulierungen lesen, die da und dort in die apostolischen Schriften eingegliedert sind. Die Evangelien, wie wir sie heute kennen, existierten noch nicht. Sie wurden in der Folgezeit geschrieben, eben gerade um jene wesentliche Botschaft zu untermauern und ihren geschichtlichen Hintergrund aufzuzeigen, der aus den Worten und dem Wirken Jesu auf Erden besteht.

In diesem Geist wollen wir uns nun anschicken, zuerst den Tod Christi und dann seine Auferstehung zu meditieren. Wie die Neugetauften sich in der Woche nach Ostern festlich gestimmt und in weißen Kleidern wieder zu Füßen des Bischofs einfanden, um von ihm die mystagogische Katechese (die Erklärung der großen Glaubensgeheimnisse) zu hören, so kehren auch wir – nicht eine Woche nach unserer Taufe, sondern vielleicht viele Jahre danach – zurück und lassen uns zu Füßen der heiligen Mutter Kirche nieder, um ebenfalls in die großen Geheimnisse eingeführt zu werden. Bei einer solchen Gelegenheit wie dieser jetzt richtete der Verfasser des 1. Petrusbriefes an die Neugetauften jene Worte, die nun auch für uns gelten:

»Verlangt, gleichsam als neugeborene Kinder, nach der unverfälschten, geistigen Milch, damit ihr durch sie heranwachst und das Heil erlangt« (1 Petr 2, 2).

1. Das Leiden der Seele Christi

Es steht geschrieben, daß »keiner die Geheimnisse Gottes je erkannt hat – nur der Geist Gottes« (vgl. 1 Kor 2, 11). Nun ist das Leiden Christi eines der abgründigsten dieser Geheimnisse Gottes. Allein der Geist, der »in ihm war«, niemand anders, weder auf Erden noch im Himmel, kennt dieses Geheimnis, denn dieses Leiden ist so geartet, daß nur der es wirklich kennt und darüber sprechen kann, der es selbst durchlitten hat. Jedem anderen, der sich anmaßte, es zu tun, könnte man entgegnen: »Bist etwa du es, der gelitten hat?« Wenn das wirklich durchlittene Leiden in Begriffe oder Worte gefaßt wird, ist es bereits kein Leiden mehr. Deshalb wenden wir uns vertrauensvoll an den Heiligen Geist und bitten ihn demütig, er möge uns wenigstens etwas vom Leiden Christi, einige Tropfen aus seinem Kelch, kosten lassen.

Die Botschaft vom Tod Christi, die am Ende des vierten Kapitels in Kurzform erscheint, wird sofort darauf im fünften Kapitel mit folgenden Worten wieder aufgegriffen und entfaltet:

> »Christus ist schon zu der Zeit, da wir noch schwach und gottlos waren, für uns gestorben. Dabei wird nur schwerlich jemand für einen Gerechten sterben; vielleicht wird er jedoch für einen guten Menschen sein Leben wagen. Gott aber hat seine Liebe zu uns darin erwiesen, daß Christus für uns gestorben ist, als wir noch Sünder waren« (Röm 5, 6–8).

In welcher Weise spricht der Apostel in diesem Text und allgemein im Römerbrief über die Passion? Auf den ersten Blick könnte es scheinen, als spreche er rein objektiv, gleichsam als Außenstehender darüber wie über eine Tatsache, die man vor Augen hat und die man mit einigen nahezu konventionell gewordenen Worten wie »Kreuz«, »Tod«, »Blut« zusammenfaßt. Wir – sagt er – sind gerecht gemacht »durch sein *Blut*«, mit Gott versöhnt »durch den *Tod* seines Sohnes« (Röm 5, 9f), der »*Friede* gestiftet hat am *Kreuz* durch sein *Blut*« (Kol 1, 20). Christus starb »für die Gottlosen«, »für uns«, sagt der Apostel lakonisch (vgl. Röm 5, 6.8), ohne lang und breit zu erklären, wie und unter welchen Umständen er starb und was dieser Tod für ihn als Menschen bedeutete. Aber eine solche Art und Weise, über die Passion zu sprechen, ist nur scheinbar distanziert; sie entspricht dem nüchternen *kerygmatischen* Stil, an den sich der Apostel bewußt hält, wenn er von der Passion spricht. In Wirklichkeit ist gerade er es, der beginnt, die »harte äußere Schale« der reinen Fakten und Ereignisse aufzubrechen und die mehr subjektiven und dramatischen Aspekte des Leidens Christi zu beleuchten. Ein wenig später erklärt er, daß Gott »an seinem [Christi] Fleisch die Sünde verurteilte« (vgl. Röm 8, 3) und zeigt auf diese Weise sofort, welches die wahren Protagonisten und die wirklichen Elemente der Passion sind: Gott, die Sünde und – mittendrin – Jesus! Jesus erscheint als der Verurteilte, der Verfluchte: »Gott hat den, der keine Sünde kannte, für uns zur Sünde gemacht« (2 Kor 5, 21); Christus ist selbst »für uns zum Fluch geworden« (Gal 3, 13).

Diese Aussagen versetzen uns schlagartig in eine andere Dimension; sie öffnen in bezug auf die Passion neue und unergründliche Horizonte. Es gibt eine Passion der Seele Christi, die »die Seele der Passion Christi« ist, das, was ihr ihren einzigartigen und transzendenten Wert verleiht. Die körperlichen Qualen, die Christus durchmachen mußte, und vielleicht sogar noch schlimmere, haben auch andere durchlitten. Sicher ist jedenfalls, daß – rein physisch gesehen – die Gesamtheit der erlittenen Schmerzen aller Menschen durch alle Jahrhunderte hindurch mehr ausmacht als das, was Jesus allein ertragen hat, während hingegen alle Angst und Pein der Menschen zusammengenommen niemals an das Ausmaß des Leidens der Seele des Erlösers heranreichen kann, ja sogar in diesem Leiden als ein Teil des Ganzen mit enthalten ist. Denn

»er hat unsere Krankheit getragen und unsere Schmerzen auf sich geladen« (Jes 53, 4).

Die christliche Frömmigkeit hat sich in der Vergangenheit weit mehr mit den körperlichen Qualen Christi befaßt als mit den seelischen, und das aufgrund einiger ganz bestimmter Faktoren, die von Anfang an die Entwicklung des Glaubens und der Frömmigkeit entscheidend beeinflußt haben. Gegen die doketistische Häresie, die die reale Leiblichkeit und Leidensfähigkeit Christi leugnete, mußten die Kirchenväter energisch auf den realen körperlichen Leiden Christi bestehen. Andererseits mußten sie gegen die arianische Häresie, die die Göttlichkeit Christi leugnete, auf der Hut sein, die Leiden seiner Seele (wie das Nichtwissen hinsichtlich der Parusie, seine Angst und Furcht) zu sehr zu betonen, denn das schien die volle Göttlichkeit des inkarnierten Wortes zu kompromittieren, die als eng mit der Seele verbunden angesehen wurde und gelegentlich sogar als das, was die Seele Christi überhaupt ausmachte. So wurde über die erschütterndsten Aspekte der Passion gleichsam ein Schleier gebreitet. Um sie zu erklären, bedienten sich einige der Vorstellung des »Zugeständnisses« oder der göttlichen Pädagogik, der zufolge Christus über das Herannahen der Passion nicht wirklich erschreckt war, sondern sich vor allem darum sorgte zu zeigen, wie wir uns in solchen Situationen verhalten sollen.[2]

Heute sind wir imstande, das Neue Testament mit Augen zu lesen, die frei von diesen Sorgen sind, und so neue Einblicke in das Geheimnis der Passion zu gewinnen. Die Heiligen und die Mystiker – speziell die westlichen – sind uns darin vorausgegangen. Indem sie in sich selbst die Passion Christi nachlebten, haben sie begriffen – nicht durch Analyse, sondern durch Erfahrung –, was das Leiden des Erlösers bedeutete, und deshalb sind sie unsere verläßlichsten Führer bei der Entdeckung des Schmerzes Gottes.

Die Bibel berichtet, daß es in Jerusalem einen wundersamen Teich gab, und daß der erste, der sich hineinwarf und untertauchte, wenn die Wasser aufwallten, geheilt wurde. Wir müssen uns jetzt im Geiste in diesen Teich oder in diesen Ozean, der das Leiden Christi ist, hineinwerfen. In der Taufe sind wir »auf seinen Tod getauft« und »mit ihm begraben« worden (vgl. Röm 6, 3f): Das, was einst symbolhaft ge-

2 Vgl. Augustinus, *Enarrationes in Psalmos*, 93, 19 (CCL 39, 1320).

schah, muß nun in der Realität geschehen. Wir müssen ein heilsames Bad in der Passion Christi nehmen, um durch sie erneuert, gestärkt und verwandelt zu werden. Eine dieser mystischen Seelen, auf die ich oben anspielte, schreibt:

> »Ich begrub mich in der Passion Christi, und mir wurde die Hoffnung gegeben, daß ich in ihr meine Befreiung finden würde.«[3]

Beginnen wir also unseren Kreuzweg durch die Passion der Seele Christi und machen auf ihm drei »Stationen«, legen drei Aufenthalte ein: einen in Getsemani, einen im Prätorium und einen auf dem Kalvarienberg. Füllen wir die »formalen« oder prinzipiellen Aussagen des Apostels mit den »realen« Inhalten, die uns durch die Evangelien belegt sind.

2. Jesus in Getsemani

Die Todesangst Jesu in Getsemani ist ein Faktum, das in den Evangelien gleichsam auf vier Säulen steht, also durch alle vier Evangelisten bezeugt ist. In der ihm eigenen Weise spricht nämlich auch Johannes darüber, wenn er Jesus die Worte in den Mund legt: »Jetzt ist meine Seele erschüttert« (was an das »Meine Seele ist zu Tode betrübt« der Synoptiker erinnert) und: »Vater, rette mich aus dieser Stunde« (was dem »Laß diesen Kelch an mir vorübergehen« der Synoptiker entspricht) (Joh 12, 27). Ein Nachklang davon läßt sich auch noch im Hebräerbrief vernehmen, wo über Christus gesagt wird:

> »Als er auf Erden lebte, hat er mit lautem Schreien und unter Tränen Gebete und Bitten vor den gebracht, der ihn aus dem Tod retten konnte« (Hebr 5, 7).

---

3   *Il libro della B. Angela da Foligno* (vgl. Anm. 13 zu I), S. 148.

Es ist ganz außergewöhnlich, daß ein für die Apologetik so wenig geeignetes Faktum einen so herausragenden Platz in der Überlieferung eingenommen hat. Nur ein nachhaltig bezeugtes historisches Ereignis erklärt das Gewicht, das diesem Moment aus dem Leben Jesu beigemessen wird.

In Getsemani sahen sich die Apostel einem Jesus gegenüber, der nicht wiederzuerkennen war. Derjenige, auf dessen Wink die Winde sich legten, der mit Autorität die Dämonen austrieb, der alle Gebrechen heilte, dem die Volksscharen tagelang zuhörten, ohne dessen überdrüssig zu werden, der bietet jetzt ein erbärmliches Schauspiel und kommt selbst mit einer Bitte um Hilfe zu ihnen:

> »Da ergriff ihn Furcht und Angst«, berichtet der Evangelist, »und er sagte zu den Jüngern: Meine Seele ist zu Tode betrübt. Bleibt hier und wacht!« (vgl. Mk 14, 33f).

Die im griechischen Text an dieser Stelle verwendeten Verben *ekthambeisthai* und *ademonein* erwecken die Vorstellung von einem Menschen, der in tiefe innere Verlorenheit gestürzt, von einer Art einsamem Schrecken gepackt ist, wie jemand, der sich aus der menschlichen Gesellschaft fortgerissen fühlt. Jesus ist einsam und allein; allein wie einer, der sich an einem abgelegenen, isolierten Punkt des Universums befindet, wo jeder Schrei ins Leere geht und wo es nirgendwo auch nur irgend etwas gibt, an das man sich klammern könnte: weder oben noch unten, weder rechts noch links. Seine Gesten sind die eines Menschen, der sich in Todesangst windet: Er wirft sich »der Länge nach« auf die Erde nieder, steht auf, um zu seinen Jüngern zu gehen, kehrt um und fällt auf die Knie, dann erhebt er sich wieder ... Und von seinen Lippen kommt die flehentliche Bitte (Mk 14, 36):

> »Abba, Vater, alles ist dir möglich. Nimm diesen Kelch von mir!«

Das Bild des Kelches ruft in der Bibel fast immer den Gedanken an den Zorn Gottes gegen die Sünde wach. Der »betäubende Becher«

wird er bei Jesaja genannt (Jes 51, 22); von ihm wird gesagt, daß er von den Frevlern »bis zur Neige« ausgetrunken werden muß (Ps 75, 9). Auch die Apokalypse spricht vom »Wein des Zornes Gottes, der unverdünnt in den Becher seines Zornes gegossen ist« (Offb 14, 10). Am Anfang des Briefes hat der hl. Paulus ein Faktum festgehalten, das als allgemeiner Grundsatz gelten kann: »Der Zorn Gottes wird vom Himmel herab offenbart wider alle Gottlosigkeit« (Röm 1, 18). Wo es die Sünde gibt, da kann das Urteil Gottes gegen sie unmöglich ausbleiben, andernfalls würde Gott ja einen Kompromiß mit der Sünde eingehen, und damit würde die Unterscheidung zwischen Gut und Böse selbst hinfällig werden. Jetzt, in Getsemani, verkörpert Jesus die Gottlosigkeit, ist er die ganze Gottlosigkeit der Welt. Er ist der Mensch, der »zur Sünde gemacht« wurde (vgl. 2 Kor 5, 21). Christus – heißt es – »starb für die Gottlosen« (vgl. Röm 5, 6), an ihrer Stelle, nicht nur zu ihren Gunsten. Er hat es auf sich genommen, für alle Antwort zu geben; so ist er also der »Verantwortliche« für alles, der Schuldige vor Gott! Er ist es, gegen den der Zorn Gottes »offenbart« wird, und das bedeutet, er muß »den Kelch trinken«. Das rechte Verständnis der Passion Christi wird durch eine veräußerlichende Sichtweise der Dinge behindert, in der man meint, auf der einen Seite seien die Menschen mit ihren Sünden und auf der anderen Jesus, der leidet und die Strafe für jene Sünden verbüßt, aber von ihnen distanziert, unangetastet bleibt. Statt dessen ist aber die Beziehung zwischen Jesus und den Sünden durchaus nicht distanziert, indirekt oder bloß juridisch, sondern hautnah und real. Mit anderen Worten: die Sünden lagen auf ihm, er hatte sie »am Halse«, denn er hatte sie sich freiwillig aufgebürdet, mehr noch: »Er trug unsere Sünden in seinem Leib« (1 Petr 2, 24), d. h. in seiner Person. In gewisser Weise empfand er sich als die Sünde der Welt. Geben wir dieser Realität der Sünde endlich einmal ein Gesicht und einen Namen, damit sie für uns nicht eine abstrakte Idee bleibt. Jesus hat den ganzen menschlichen Hochmut auf sich geladen, alle Auflehnung gegen Gott, alle Unzucht, alle Heuchelei, alle Ungerechtigkeit, alle Gewalt, alle Lüge und allen Haß, der etwas so Schreckliches ist. (Wer einmal von diesem Hauch des Todes, den der Haß darstellt, befallen wurde und an sich selbst dessen Auswirkungen erfahren hat, denke an jenen Moment zurück, und er wird verstehen.)

Jesus tritt in die »dunkle Nacht des Geistes« ein, die darin besteht, daß man gleichzeitig und in unerträglicher Weise die Nähe der Sünde und – konsequenterweise – die Ferne Gottes erlebt. Wir haben zwei objektive Mittel, um wenigstens einen Blick in diesen Abgrund zu werfen, in dem sich der Erlöser nun befindet. Das eine sind die Worte der Schrift, speziell der Psalmen, die die Leiden des Gerechten in prophetischer Weise beschreiben und die sich nach den Aussagen der Apostel und Jesu selbst auf ihn bezogen. Das andere sind die Erfahrungen der Heiligen, und besonders der Mystiker, denen die Gnade zuteil wurde, die Passion Christi schmerzlich nachzuleben. Die eine Erkenntnis erwächst aus den Prophezeiungen, die andere »aus den Früchten«.

»Wegen unserer Sünden wurde er zermalmt; zu unserem Heil lag die Strafe auf ihm ...« (Jes 53, 5).

Diese Worte des Propheten Jesaja finden in Jesus im Garten Getsemani ihre volle Erfüllung. Und hier bewahrheiten sich auch die geheimnisvollen Worte so vieler Psalmen, wie jene von Psalm 88:

»Schwer lastet dein Grimm auf mir, all deine Wogen stürzen über mir zusammen ... Über mich fuhr die Glut deines Zorns dahin, deine Schrecken vernichten mich« (Ps 88, 8.17).

Sie rufen im Innern das Bild einer Insel wach, über die ein Orkan hinweggefegt ist, der sie verwüstet und öde zurückläßt. Was wäre, wenn das ganze physische Universum mit seinen Milliarden und Abermilliarden Himmelskörpern auf einem einzigen Punkt aufliegen würde wie eine auf den Kopf gestellte Pyramide? Welchen Druck müßte jener Punkt aushalten? Nun, das gesamte moralische Universum der Schuld, das nicht weniger unendlich ist als das physische, lastete in jenem Moment auf der Seele Jesu. »Der Herr *lud auf ihn* die Schuld von uns allen« (Jes 53, 6); er ist das Lamm Gottes, »das die

Sünde der Welt auf sich wegträgt« (vgl. Joh 1, 29). Das eigentliche Kreuz, das Jesus auf seine Schultern nahm, das er bis auf den Kalvarienberg trug und an das er schließlich genagelt wurde, war die Sünde!

Da Jesus die Sünde in sich trägt, ist Gott fern. Mehr noch: Gott ist die Ursache seiner größten Qual. Nicht in dem Sinne, daß er daran schuld wäre, sondern durch seine bloße Existenz bringt er die Sünde ans Licht und macht sie unerträglich. Die unendliche Anziehung, die zwischen Vater und Sohn besteht, ist jetzt durchkreuzt von einer ebenso unendlichen Abstoßung. Die höchste Heiligkeit Gottes stößt auf die äußerste Bosheit der Sünde und provoziert so in der Seele des Erlösers ein unbeschreibliches Gewitter, wie wenn in den Alpen eine kalte Luftmasse aus dem Norden auf warme Luft aus dem Süden trifft und die Atmosphäre erschüttert wird von Donnerschlägen und Blitzen, die sogar die Berge erbeben lassen. Wundern wir uns da noch über den Aufschrei Jesu: »Meine Seele ist zu Tode betrübt!« und über seinen Blutschweiß? Jesus hat die absolute »Grenzsituation« durchlebt.

3. Jesus im Prätorium

Von Getsemani begeben wir uns nun zum Prätorium des Pilatus. Es handelt sich um ein kurzes Intermezzo zwischen der Verurteilung und der Hinrichtung, das als solches bei der Lektüre der Passionsberichte leicht unbeachtet bleibt, obwohl es doch so bedeutungsvoll ist. Die Evangelien erzählen, daß die Soldaten, nachdem Jesus ihnen zur Kreuzigung übergeben worden war, ihn in den Hof führten und die ganze Kohorte zu einem Schauspiel zusammenriefen:

> »Sie legten ihm einen Purpurmantel um und flochten einen Dornenkranz; den setzten sie ihm auf und grüßten ihn: Heil dir, König der Juden! Sie schlugen ihm mit einem Stock auf den Kopf und spuckten ihn an, knieten vor ihm nieder und huldigten ihm« (Mk 15, 16–19).

Danach rissen sie ihm den alten Purpurlumpen vom Leib, zogen ihm seine Kleider wieder an und führten ihn hinaus, um ihn zu kreuzigen.

Es gibt ein Gemälde eines flämischen Malers aus dem 16. Jahrhundert (J. Mostaert), das mich immer wieder tief beeindruckt, vor allem weil es nichts anderes tut, als die Angaben der verschiedenen Evangelisten zu diesem Moment der Passion zusammenzufassen und so die Szene sichtbar und nachvollziehbar vor Augen zu stellen. Jesus hat auf dem Kopf ein Dornengeflecht aus frisch abgerissenen Ranken, wie die noch grünen Blätter zeigen, die von den Zweiglein herabhängen. Von seiner Stirn fallen Blutstropfen hinab und mischen sich mit den Tränen, die ihm aus den Augen rinnen. Es ist ein Weinen aus tiefstem Herzen; aber wenn man ihn so ansieht, begreift man augenblicklich, daß er nicht über sich selbst weint, sondern über seinen Betrachter; er weint über mich, der ich immer noch nicht verstehe. Er selbst sagt im übrigen bald darauf zu den Frauen am Weg: »Weint nicht über mich!« (Lk 23, 28). Er hat den Mund halb geöffnet wie jemand, der nur mühevoll atmet und von Todesangst ergriffen ist. Über seinen Schultern hängt ein schwerer, abgenutzter Mantel, der mehr nach Metall als nach Stoff aussieht. Läßt man den Blick weiter sinken, fällt er auf Jesu Handgelenke, die mit einem groben Strick mehrmals umwunden übereinander zusammengebunden sind; in die eine Hand haben sie ihm ein Schilfrohr gesteckt, in die andere ein Rutenbündel, Spottsymbole seines Königtums. Vor allem die Hände sind es, deren Anblick den Betrachter erschauern lassen. Jesus kann nicht einmal mehr auch nur einen Finger bewegen: der in die totale Ohnmacht gezwungene Mensch, jeglicher Bewegungsmöglichkeit beraubt ... Wenn ich betrachtend vor diesem Bild verweile, besonders kurz vor der Abreise, wenn ich aufbreche, um das Wort Gottes zu predigen, werde ich innerlich von Scham erfüllt, denn ich ermesse den ganzen Abstand, der zwischen mir und ihm besteht: Ich, der Knecht, kann frei tun und lassen, was ich will; er, der Herr, gefesselt und gefangen. Das Wort Gottes in Fesseln und der Überbringer der Botschaft in Freiheit!

Jesus im Prätorium ist das Bild des Menschen, der »Gott seine

Macht zurückgegeben hat«. Er hat all den Mißbrauch gesühnt, den wir mit unserer Freiheit getrieben haben und immer noch treiben; diese Freiheit, die wir von niemandem antasten lassen wollen und die nichts anderes ist als eine Versklavung unter unser eigenes Ego. Wir sollten uns diese Episode von Jesus im Prätorium gut einprägen, denn auch für uns wird einmal der Tag kommen, an dem wir durch Menschen oder wegen des Alters körperlich oder geistig in ähnlicher Weise eingeschränkt sein werden, und dann kann nur er, Jesus, uns helfen, unsere neue Freiheit zu begreifen und unter Tränen zu besingen. Es gibt eine Intimität mit Christus, die man einzig dadurch erlangen kann, daß man ihm zur Seite steht, Wange an Wange in der Stunde seiner und unserer Schande, indem auch wir »seine Schmach auf uns nehmen« (Hebr 13, 13). Es gibt viele Menschen, die durch Krankheit oder Behinderung zu ähnlicher Bewegungslosigkeit gezwungen sind wie Christus im Prätorium und die ihr Leben im Rollstuhl oder im Bett verbringen. Jesus offenbart die geheime Größe, die in einem solchen Leben verborgen ist, wenn es in Vereinigung mit ihm gelebt wird.

4. Jesus am Kreuz

Nun halten wir unsere dritte Station auf diesem Kreuzweg durch das Leiden der Seele des Erlösers: Versetzen wir uns im Geist auf den Kalvarienberg. Auch hier gibt es ein sichtbares Leiden – die Nägel, der Durst, der Essig, der Lanzenstoß –, und wir tun gut daran, es nie aus den Augen zu verlieren, und es gibt ein unsichtbares, viel tieferes Leiden, das sich im Innern Christi abspielt und auf das wir jetzt, vom Wort Gottes geleitet, einen Blick zu werfen versuchen.

In seinem Brief an die Galater schreibt der hl. Paulus, er habe ihnen »Jesus Christus als den Gekreuzigten deutlich vor Augen gestellt« (vgl. Gal 3, 1). Wie dieser Gekreuzigte aussah, gibt er gleich anschließend in demselben Kapitel des Briefes an die Galater zu verstehen. Mit Sicherheit war es kein Gekreuzigter in geschönter, verharmloster Gestalt.

»Christus hat uns vom Fluch des Gesetzes freigekauft, indem er für uns zum Fluch geworden ist; denn es steht in der Schrift: Verflucht ist jeder, der am Pfahl hängt« (Gal 3, 13).

Fluch *(katára)* ist in der Bibel ein Synonym für Verlassenheit, Leere, Einsamkeit, Trennung von Gott und Ausschluß aus der Volksgemeinschaft. Es war eine Art radikaler Exkommunikation. An einem gewissen Punkt des Römerbriefes, als der Apostel von seinen jüdischen Blutsbrüdern spricht, formuliert er die grauenvolle Hypothese, »selber verflucht und von Christus getrennt« zu werden »um seiner Brüder willen« (vgl. Röm 9, 3). Was er als das schlimmste aller Leiden erahnte, ohne jedoch gezwungen zu sein, es zu ertragen, hat Jesus am Kreuz wirklich erlebt, und zwar bis zum Grunde: Er ist wahrhaftig zum Fluch geworden, von Gott getrennt, um seiner Brüder willen! Am Kreuz hat er ausgerufen:

»Mein Gott, mein Gott, warum hast du mich verlassen?« (Mt 27, 46).

Die Erfahrung des Schweigens Gottes, das der moderne Mensch so intensiv empfindet, hilft uns ebenfalls, die Passion Christi neu und tiefer zu verstehen, vorausgesetzt, man berücksichtigt, daß für den biblischen Menschen das Schweigen Gottes nicht dasselbe bedeutet wie für den Menschen von heute. Wenn Gott nicht zu ihm spricht, ist der Mensch der Bibel »denen gleich, die längst begraben sind« (Ps 28, 1), ist er tot, denn er lebt durch das Wort Gottes. Lebendig ist in der Bibel definitionsgemäß derjenige, an den Gott sein Wort richtet. Das Schweigen Gottes mißt sich an der Intensität, mit der man an ihn glaubt und ihn anruft. Es bedeutet fast nichts für den, der nicht an Gott glaubt oder in diesem Glauben nur eine laue Beziehung zu ihm unterhält. Je größer das Vertrauen ist, das man in ihn setzt, und je brennender die flehentliche Bitte, desto schmerzlicher wird das Schweigen Gottes. Daraus können wir erahnen, was das Schweigen des Vaters für Jesus gewesen sein muß. Die Feinde unter dem Kreuz verschlimmern diesen Schmerz noch weiter, indem sie das Schweigen Gottes zum Be-

weis dafür erheben, daß Gott nicht mit ihm ist: »Er hat auf Gott vertraut«, sagen sie zueinander, aber so, daß er es hören soll, »der soll
ihn jetzt retten, wenn er an ihm Gefallen hat« (Mt 27, 43). Auch Maria
unter dem Kreuz weiß, was das Schweigen Gottes bedeutet. Niemand
könnte sich den Ausruf eines Kirchenvaters beim Gedanken an einen
Moment grausamer Kirchenverfolgung mehr zu eigen machen als sie:
»Wie hart war es, o Gott, damals dein Schweigen zu ertragen!«[4]

Jesus hat am Kreuz die fundamentale Konsequenz der Sünde,
nämlich den Verlust Gottes, bis zum Grunde erfahren. Er ist der Gottlose, der Atheist, geworden. Das Wort »Atheist« kann sowohl einen ak-
tiven als auch einen passiven Sinn haben. Es kann jemanden bezeichnen, der Gott *verwirft*, oder aber jemanden, der von Gott *verworfen* ist.
In diesem zweiten Sinn kann der Begriff auf Jesus am Kreuz bezogen
werden. Sein »Atheismus« war natürlich ganz offensichtlich nicht
schuldhaft, sondern er war eine Strafe, ein Abbüßen. Er sühnte nämlich all den schuldhaften Atheismus, der in der Welt und in jedem von
uns in Form von Auflehnung gegen Gott oder Gleichgültigkeit gegenüber ihm besteht. Wahrlich, »zu unserem Heil lag die Strafe auf ihm«.
Jesus hat auf geheimnisvolle Weise in sich die Strafe der Verdammten
erlebt – sagen einige Kirchenlehrer und Mystiker –, die im Verlust
Gottes besteht, in der plötzlichen Entdeckung, daß Gott alles ist, daß
man ohne ihn weder leben noch sterben kann, und daß du ihn für immer verloren hast.

Was Jesus empfunden hat, als er ans Kreuz geschlagen wurde und
in den Stunden, die noch folgten, können wir – zumindest teilweise –
von denen erfahren, denen er gewährt hat, seine Wundmale an ihrem
Leib oder in ihrem Herzen zu tragen. Wir sind leicht geneigt, die
Wundmale, die einige Heilige empfangen haben, als Zeichen eines besonderen Wohlwollens Gottes zu betrachten, als ein einzigartiges Privileg und eine Art Ruhmeszeichen, und das sind sie auch. Aber wer sie
empfängt, erlebt sie als das, was sie in Wirklichkeit für Christus waren,
als er sie auf dem Kalvarienberg empfing, nämlich als das Zeichen des

---

4 Vgl. Gregor von Nazianz, *Adversus Julianum, oratio prima*, 87 (PG 35, 616).

schrecklichen Gerichtes Gottes gegen die Sünde, als ein buchstäbliches Durchbohrtwerden aufgrund der Vergehen. Es bleibt mir immer in wacher Erinnerung, wie tief ich beeindruckt war, als ich in der Chorkapelle von S. Giovanni Rotondo den in einem kleinen Schaukasten ausgestellten Bericht las, in dem Pater Pio da Pietrelcina seinem geistlichen Vater das Faktum seiner Stigmatisierung beschrieb, das sich genau dort ereignet hatte. Er schloß, indem er sich die Worte des Psalmisten zu eigen machte, der sagt:

> »Herr, strafe mich nicht in deinem Zorn, und züchtige mich nicht in deinem Grimm!« (Ps 38, 2).

Und man kann sich vorstellen, in welchem Geist er wohl den Rest dieses Psalms rezitiert hat, wo es heißt:

> »Deine Pfeile haben mich durchbohrt, schwer lastet deine Hand auf mir. Nichts blieb gesund an meinem Leib, weil du mir grollst ...
> Kraftlos bin ich und ganz zerschlagen, ich schreie in der Qual meines Herzens.«

Beim Lesen dieses Berichtes erfaßt man intuitiv etwas vom Drama des Kalvarienberges und überwindet eine oberflächliche Sichtweise der Ereignisse; man erahnt, was hinter jenen Worten des Psalmisten steht, die wir bereits erwähnt haben: »Deine Schrecken vernichten mich«, und die auf Christus bezogen werden.

All das war notwendig, »damit der Leib der Sünde vernichtet werde« (Röm 6, 6) und anstelle des Fluches der Segen über uns käme (vgl. Gal 3, 13f). Seit ältester Zeit haben die Väter das biblische Bild des »bitteren« Wassers von Mara, das sich durch den Kontakt mit dem Holz, das Mose hineinwarf, in süßes Wasser verwandelte (vgl. Ex 15, 23f), auf Christus am Kreuz bezogen. Christus hat am Holz des Kreuzes selbst das bittere Wasser der Sünde getrunken und es in süßes Wasser der Gnade verwandelt. Er hat das gewaltige »Nein« der Menschen zu Gott in ein »Ja«, in ein »Amen« verwandelt, das noch viel gewaltiger ist, so daß wir nun »durch ihn zu Gottes Lobpreis auch das Amen rufen« (vgl. 2 Kor 1, 20). Doch was das alles für die menschliche Seele des Erlösers bedeutete, wird niemand je wissen noch beschreiben können. Niemand kennt das Leiden des Sohnes, nur der Vater ...

Verweilen wir nun ein wenig unter dem Kreuz, um in einer Gesamtschau die ganze Passion der Seele Christi zu umfassen und zu sehen, was dieses Leiden der Welt an Neuem gebracht hat. Jesus hat in seiner Passion das große »Geheimnis der Gottesfurcht« verwirklicht (vgl. 1 Tim 3, 16): Mit seiner *eusebeia*, seiner Gottesfurcht, hat er die *asebeia*, die Gottlosigkeit, umgekehrt und jene neue Situation des Menschen vor Gott geschaffen, die wir das Heil nennen.

Nach dem Sündenfall besteht die Größe eines Geschöpfes vor Gott darin, von der Sünde selbst so wenig wie möglich an *Schuld* und so viel wie möglich an *Strafe* auf sich zu nehmen. Mit anderen Worten darin, »Lamm«, d. h. Opfer, und »makellos«, d. h. unschuldig, zu sein. Sie besteht nicht so sehr in dem einen oder dem anderen für sich genommen – also entweder in der Unschuld oder im Leiden – als vielmehr in der Synthese und im gleichzeitigen Vorhandensein von beidem in ein und derselben Person. Der höchste Wert ist also das Leiden der Unschuldigen. An der Spitze dieser neuen Größenskala steht einsam Jesus von Nazaret, er, den die Schrift eben deshalb das »Lamm ohne Fehl und Makel« nennt (vgl. 1 Petr 1, 19). Er hat tatsächlich *keinerlei* Schuld auf sich geladen und *alle* Strafe für die Sünde auf sich genommen: »Er hat keine Sünde begangen ... aber unsere Sünden getragen« (vgl. 1 Petr 2, 22.24).

Wenn man sagt, daß Jesus die Strafe für die Sünde auf sich genommen hat, so bedeutet das nicht, daß er nur die *Bestrafung* ertrug, sondern daß er auch etwas noch viel Schrecklicheres angenommen hat, nämlich die Anrechnung der *Schuld* selbst. Er hat die Schuld auf sich geladen, ohne sich schuldig gemacht zu haben. Der Mensch ist für die Unschuld erschaffen; die Schuld ist das, was ihm mehr als alles andere zuwider ist, mehr noch als das Leiden. Niemand will schuldig sein; wenn sich bisweilen jemand tatsächlich seiner Schuld rühmt, dann

weil er vorher nach eigenem Gutdünken die Werte auf den Kopf gestellt oder andere Rechtfertigungen gefunden hat, so daß er das, was
die anderen als Schuld ansehen, als Verdienst betrachtet. Wir alle haben mehr oder weniger deutlich schon die bittere Erfahrung gemacht,
für schuldig erklärt zu werden, und das vielleicht gerade vor den Augen
jenes Menschen, dessen Wertschätzung und Zuneigung uns am meisten bedeutete, und haben gesehen, was das alles im Herzen auslöst.
Jeden Tag stellen wir fest, welche Überwindung es uns kostet, offen
eine auch nur kleine und wirklich vorhandene Schuld einzugestehen,
ohne daß wir versuchen, uns zu rechtfertigen. Darum können wir begreifen, welch ein Abgrund sich hinter der Tatsache verbirgt, daß Jesus
vor seinem Vater »für schuldig erklärt« war für alle Sünde, die in der
Welt existiert. Jesus hat in höchstem Grad die schrecklichste, am tiefsten eingewurzelte und allgemeinste Ursache menschlichen Leidens
erfahren, das »Schuldgefühl«. Darum ist auch sie von Grund auf erlöst.

Das Größte in der Welt ist also nicht, wenn man aus berechtigtem
Grund Leiden erträgt, sondern wenn man »zu Unrecht leidet«, wie es
der 1. Petrusbrief ausdrückt (vgl. 1 Petr 2, 19). Dieses Leiden ist so groß
und wertvoll, weil es das einzige ist, das der Weise nahekommt, in der
Gott leidet. Allein Gott kann, wenn er leidet, ausschließlich unschuldig, ungerechterweise leiden. Alle Menschen müssen, wenn sie leiden,
wie der reumütige Schächer am Kreuz sagen: »Uns geschieht recht,
wir erhalten den Lohn für unsere Taten«, zumindest aufgrund der Solidarität, die sie an den Rest der sündigen Menschheit bindet. Allein von
Jesus muß in absolutem Sinn gesagt werden, was der reumütige Schächer hinzufügte: »Dieser aber hat nichts Unrechtes getan« (vgl. Lk
23, 41).

Das ist auch der grundsätzliche Unterschied, den der Hebräerbrief
erblickt zwischen dem Opfer Christi und dem eines jeden anderen
Priesters:

>»Er hat es nicht nötig ... zuerst für die eigenen Sünden Opfer darzu-
>bringen und dann für die des Volkes« (vgl. Hebr 7, 27).

Wenn ein Leidender keine eigenen Sünden zu sühnen hat, verwandelt sich sein Leiden in reine Sühnekraft; da es nicht das traurige Schandmal der Sünde in sich trägt, ruft die Stimme dieses Leidens »mächtiger als das Blut Abels« (vgl. Gen 4, 10; Hebr 12, 24), und ihr Klang ist reiner. Was in den Augen der Welt der größte Skandal ist – das Leiden der Unschuldigen –, ist vor Gott die größte Weisheit und Gerechtigkeit. Das ist ein Geheimnis, aber es ist so, und Gott scheint uns in diesem Zusammenhang zu wiederholen, was Jesus einmal im Evangelium sagte: »Wer es fassen kann, der fasse es!«

5. »Für uns«

Die Meditation der Passion darf sich nicht auf eine objektive, historische Rekonstruktion des tatsächlichen Geschehens beschränken, wie wir sie bisher versucht haben – selbst dann nicht, wenn diese verinnerlicht ist. Das würde bedeuten, auf halbem Wege stehenzubleiben. Das *Kerygma*, die Verkündigung der Passion besteht immer, auch in den kürzesten Formulierungen, aus zwei Elementen: aus einem Faktum – »er hat gelitten«, »er ist gestorben« – und aus der Motivation des Faktums – »für uns«, »für unsere Sünden«. Er wurde hingegeben, sagt der Apostel, »wegen unserer Verfehlungen« (Röm 4, 25); er starb »für die Gottlosen«, ist gestorben »für uns« (Röm 5, 6.8). Immer ist es so. Dieser zweite Punkt ist auch in unseren bisherigen Überlegungen immer wieder aufgetaucht, aber eher beiläufig. Jetzt ist der Moment gekommen, ihn voll ins Licht zu rücken und sich auf ihn zu konzentrieren. Die Passion bleibt einem unweigerlich fremd, solange man nicht durch jene kleine und gar enge Pforte des »für uns« in sie eingetreten ist, denn nur der versteht die Passion wirklich, der erkennt, daß sie sein Werk ist. Ohne das ist alles übrige nur eine Ablenkung vom Wesentlichen.

Wenn Christus »für mich« und »wegen meiner Sünden« gestorben ist, dann will das heißen – wenn man den Satz einfach ins Aktiv kehrt –, daß *ich* Jesus von Nazaret getötet habe, daß *meine* Sünden ihn zermalmt haben. Das ist es, was Petrus am Pfingsttag mit Nachdruck vor den dreitausend Zuhörern erklärt: »Ihr habt Jesus von Nazaret umgebracht!«, »Ihr habt den Heiligen und Gerechten verleugnet!« (vgl. Apg 2, 23; 3, 14). Der hl. Petrus mußte wissen, daß jene Dreitausend und die anderen, denen er denselben Vorwurf macht, nicht alle auf dem Kalvarienberg anwesend waren, um wirklich die Nägel einzuschlagen, und ebensowenig vor Pilatus persönlich die Kreuzigung gefordert hatten. Und doch wiederholt er dreimal diese schreckliche Behauptung, und unter der Einwirkung des Heiligen Geistes erkennen die Zuhörer, daß sie auch auf sie zutrifft, denn es heißt: »Als sie das hörten, traf es sie mitten ins Herz, und sie sagten zu Petrus und den übrigen Aposteln: Was sollen wir tun, Brüder?« (Apg 2, 37).

Das wirft ein neues Licht auf das, was wir bisher meditiert haben. In Getsemani war es auch *meine* Sünde – jene Sünde, die ich genau kenne –, die schwer auf dem Herzen Jesu lag; im Prätorium war es auch der Mißbrauch, den *ich* mit meiner Freiheit getrieben habe, der Jesus gefesselt hielt; am Kreuz war es auch *mein* Atheismus, den er sühnte. Jesus wußte das, zumindest als Gott wußte er es, und vielleicht war da auch noch ein anderer, der es ihm in diesem Moment vor Augen hielt in dem verzweifelten Versuch, ihn zurückzuhalten und davon abzubringen. In der Schrift steht, daß der Satan nach den Versuchungen in der Wüste Jesus verließ, um zu bestimmter Zeit zurückzukehren (vgl. Lk 4, 13), und man kann davon ausgehen, daß für den Evangelisten diese »bestimmte Zeit« die Zeit der Passion ist, die »Stunde der Finsternis«, wie Jesus selbst sie im Moment seiner Gefangennahme nennt (vgl. Lk 22, 53). »Es kommt der Herrscher der Welt«, sagte Jesus, als er den Abendmahlssaal verließ, um seinem Leiden entgegenzugehen (vgl. Joh 14, 30f). In der Wüste zeigte ihm der Versucher alle Reiche der Welt, hier zeigt er ihm alle Generationen der Geschichte, einschließlich der unseren, und er schreit ihm ins Herz: »Da sieh dir an, für wen du leidest! Sieh nur, was sie aus all deinem Leiden machen werden! Sie werden weiter sündigen wie immer und sich keinerlei Gedanken machen. Es ist alles umsonst!« Und leider ist es wahr, daß unter dieser Menschenmenge, die sich keine Gedanken macht, auch ich mich befinde, ich, der ich sogar imstande bin, über diese Aspekte der Passion zu schreiben und dabei ungerührt zu bleiben, während man darüber eigentlich nur unter Tränen schreiben sollte. Es klingen mir noch die Worte und die Melodie jenes so glaubensvollen Negro Spirituals in den Ohren, das sagt: »Warst du dabei, warst du dabei, als sie den Herrn kreuzigten?«, und jedesmal muß ich antworten: »Ja, auch ich war dabei, auch ich war dabei, als sie den Herrn kreuzigten!« »Manchmal müßte man zittern, zittern und nochmals zittern«, fährt derselbe Gesang fort ...

Es ist notwendig, daß im Leben eines jeden Menschen einmal ein Erdbeben geschieht und daß sich in seinem Herzen etwas von dem wiederholt, was sich im Augenblick des Todes Christi als Warnung in der Natur abspielte, als der Vorhang im Tempel von oben bis unten entzwei riß, die Felsen sich spalteten und die Gräber sich öffneten. Es ist notwendig, daß die heilige Gottesfurcht endlich einmal unser hochmütiges Herz, das trotz allem so selbstsicher ist, zum Bersten bringt. Alle Frommen, die Zeugen der Passion waren, geben uns ein Beispiel und spornen uns dazu an: der reumütige Schächer, der rief: »Denk an mich!«, der Hauptmann, der Gott pries, die herbeigeströmten Menschen, die sich an die Brust schlugen (vgl. Lk 23, 39ff).

Der Apostel Petrus hatte selbst eine ähnliche Erfahrung gemacht, und wenn er am Pfingsttag diese schrecklichen Worte der Volksmenge entgegenschleudern konnte, so darum, weil er sie zuerst zu sich selbst gesagt hatte: »Du, du hast den Gerechten und Heiligen verleugnet!« An einer bestimmten Stelle des Passionsberichtes lesen wir:

»Da wandte sich der Herr um und blickte Petrus an ... und Petrus ging hinaus und weinte bitterlich« (vgl. Lk 22, 61f).

Der Blick Jesu drang ihm bis ins Herz und verwandelte ihn. Diese Worte des Evangelisten Lukas lassen mich an eine Szene denken. Stelle dir zwei Gefangene in einem Konzentrationslager vor. Einer der beiden bist du. Du hast versucht zu fliehen, obwohl du wußtest, daß darauf die Todesstrafe steht. Dein Kamerad wird in deinem Beisein statt deiner beschuldigt und schweigt; er wird vor deinen Augen gefoltert und schweigt. Während man ihn schließlich zum Ort der Hinrichtung führt, wendet er sich nur für einen kurzen Augenblick um und sieht dich schweigend an, ohne auch nur den leisesten Schimmer eines Vorwurfs. Wirst du wohl, wenn du wieder zu Hause bist, noch derselbe sein können wie vorher? Wirst du diesen Blick jemals vergessen können? Wie oft habe ich, wenn ich über die Passion Christi sprechen hörte oder selber sprach oder wenn ich jenes Bild von Jesus im Prätorium betrachtete, zu mir selbst jene Worte aus der Göttlichen Komödie von Dante gesagt: »Und wenn du jetzt nicht weinst, worüber weinst du dann überhaupt?«

Das Mißverständnis liegt darin, daß wir die Passion unbewußt als ein vor zweitausend Jahren geschehenes und für immer abgeschlossenes Faktum betrachten. Wie kann man innerlich ergriffen werden und weinen über etwas, das sich vor zweitausend Jahren ereignet hat? Das Leiden wirkt auf uns ein in seiner realen Gegenwärtigkeit, nicht in der Erinnerung. Die Passion Christi kann man nur dann wirklich nachempfinden, wenn man sich ihr als »Zeitgenosse« nähert. Nun haben aber maßgebliche Persönlichkeiten gesagt, daß »die Passion Christi sich bis ans Ende aller Zeiten fortsetzt« und daß »Christus bis zum Ende der Welt in Agonie sein wird«.[5] Die Schrift selbst sagt, daß diejenigen, die sündigen, »den Sohn Gottes jetzt noch einmal ans Kreuz schlagen und ihn zum Gespött machen« (vgl. Hebr 6, 6).

Das alles ist nicht nur ein Gerede, sondern es entspricht der Wahrheit. Im Geist ist Jesus auch jetzt in Getsemani, im Prätorium, am Kreuz, und das nicht nur in seinem mystischen Leib – in denen, die leiden, die gefangen sind, die getötet werden –, sondern in einer für uns unerklärlichen Weise auch in seiner Person. Das ist wahr, und zwar nicht »trotz« der Auferstehung, sondern im Gegenteil gerade »wegen« der Auferstehung, durch die der Gekreuzigte »in Ewigkeit lebt«. Die Apokalypse zeigt uns das Lamm im Himmel, es »steht«

---

5   Vgl. Leo der Große, *Sermo* 70, 5 (PL 54, 383); B. Pascal, *Pensées*, Nr. 553 (Brunschvicg).

aufrecht da, d. h. es ist auferstanden und lebt, sieht aber aus »wie ge-
schlachtet« (vgl. Offb 5, 6).

Dank seinem Geist, den er uns gegeben hat, werden wir Christi Zeit-
genossen, seine Passion ereignet sich »heute«, wie die Liturgie es ausdrückt. Wenn wir die Passion betrachten, befinden wir uns in der Lage
eines Sohnes, der nach langer Zeit plötzlich seinen Vater wiedersieht,
der durch sein Verschulden einst verurteilt, weit fort verschleppt und allen möglichen Mißhandlungen ausgesetzt gewesen war und der nun
mit den sichtbaren Zeichen dieser Mißhandlungen an seinem Körper
schweigend vor ihm steht. Es stimmt, daß nun ja alles vorüber ist, daß
der Vater nach Hause zurückgekehrt ist und daß das Leid ihm nichts
mehr anhaben kann. Wird aber der Sohn etwa deswegen bei diesem
Anblick ungerührt bleiben, oder wird er nicht vielmehr in heftiges Weinen ausbrechen und sich dem Vater zu Füßen werfen, jetzt, da er endlich mit eigenen Augen sieht, was er angerichtet hat? Im Evangelium
nach Johannes steht: »Sie werden auf den blicken, den sie durchbohrt
haben« (Joh 19, 37), und das Prophetenwort, das er zitiert, sagt weiter:

> »Sie werden um ihn klagen, wie man um den einzigen Sohn klagt; sie
> werden bitter um ihn weinen, wie man um den Erstgeborenen weint«
> (Sach 12, 10).

Hat sich diese Prophezeiung in meinem Leben schon erfüllt, oder
wartet sie noch darauf? Habe ich jemals auf den geblickt, den ich
durchbohrt habe?

Es wird Zeit, daß sich auch in unserem Leben jenes »Getauftsein
auf den Tod Christi« verwirklicht, daß etwas vom alten Menschen von
uns abfällt, sich löst und für immer in der Passion Christi begraben
bleibt. Der alte Mensch mit seinen fleischlichen Begierden muß »mit
Christus gekreuzigt« werden. Ein anderes, stärkeres Prinzip ist an
seine Stelle getreten und hat ihn zu Tode erschreckt und veranlaßt (wie
durch Elektroschock-Therapie), all seine »Fixierungen« und Eitelkei-
ten aufzugeben. Der hl. Paulus beschreibt seine diesbezügliche Erfahrung so:

»Ich bin mit Christus gekreuzigt worden; nicht mehr ich lebe, sondern Christus lebt in mir« (Gal 2, 20).

Nicht mehr ich lebe, das heißt, mein »Ich« lebt nicht mehr. Kannte Paulus etwa keine Regungen oder Versuchungen des alten Menschen mehr? Befand er sich bereits im eschatologischen Frieden, frei von allen Kämpfen? Nein, denn er selbst gesteht seinen inneren Kampf zwischen dem Gesetz des Fleisches und dem Gesetz des Geistes (vgl. Röm 7, 14ff), und außerdem sehen wir es selbst, wenn wir seine Briefe lesen. Etwas Unwiderrufliches aber war geschehen, aufgrund dessen er sagen kann, daß sein »Ich« nicht mehr »lebt«. Schon liegen die Interessen des »Ich« auf der Verliererseite; er hat frei akzeptiert, sein »Ich« aufzugeben, sich selbst zu verleugnen, und deshalb ist das »Ich«, selbst wenn es lebt und gelegentlich aufbegehrt, bereits unterjocht. Was für Gott auf diesem Gebiet zählt, ist das Wollen, denn die Angelegenheit betrifft eben gerade den Willen. Und das ist es, was auch wir tun müssen, um »mit Christus gekreuzigt« zu werden.

Die Frucht der Meditation der Passion ist also, den alten Menschen sterben zu lassen und die Geburt des neuen, der Gott gemäß lebt, zu bewirken; vor allem aber kommt es auf ersteres an, denn das zweite – im »neuen Leben« voranzuschreiten – ist unmittelbarer an die Auferstehung Christi gebunden. In ihr wird jenes »Innehalten« und jener Richtungswechsel bewirkt, die durch das Taufbegräbnis symbolisiert wurden. Der hl. Basilius schreibt:

»Die Wiedergeburt ist der Anfang eines zweiten Lebens. Um aber das zweite beginnen zu können, muß man zunächst dem vorausgehenden ein Ende machen. Wie bei denen, die auf der Doppelbahn im Stadion umwenden, ein kurzes Einhalten und Ruhen die entgegengesetzten Bewegungen trennt, so steht auch notwendigerweise an der Wende des Lebens offenbar ein Tod zwischen den Leben, der das vorangehende endigt und dem folgenden den Anfang gibt.«[6]

6   Basilius der Große, *De Spiritu Sancto*, 15, 35 (PG 32, 129).

6. »Ich aber will mich allein des Kreuzes rühmen«

Nachdem wir durch eine neue Taufe auf den Tod Christi hindurch-
gegangen sind, die gleichzeitig ein Sehnen und eine Entscheidung
beinhaltet, sehen wir, wie Kreuz und Tod Christi die diametral entgegengesetzte Bedeutung annehmen: Anstatt einen Anklagepunkt
darzustellen und Ursache von Schrecken und Traurigkeit zu sein, verwandeln sie sich in einen Grund zur Freude und zur Sicherheit. »Jetzt
gibt es keine Verurteilung mehr für die, welche in Christus Jesus
sind«, ruft der Apostel aus (Röm 8, 1): Die Verurteilung hat in Christus
ihren Lauf vollendet und ist dem Wohlwollen und der Vergebung ge-
wichen.

Nun erscheint das Kreuz als der »Ruhm«, als die »Herrlichkeit«,
d. h. im paulinischen Sprachgebrauch als eine jubelnde, von dankbarer
Erschütterung erfüllte Gewißheit, zu der der Mensch sich im Glauben
erhebt und die sich in Lobpreis und Danksagung Ausdruck verschafft:

»Ich aber will mich allein des Kreuzes Jesu Christi, unseres Herrn,
rühmen« (Gal 6, 14).

Wie kann man sich einer Sache rühmen, die nicht die eigene ist?
Der Grund ist, daß die Passion jetzt »unsere« geworden ist. Das
»wegen mir« ist von einer Kausalbestimmung zu einem Dativobjekt
(im Sinne von »für mich«) geworden, das einen Gunsterweis bezeichnet. Es steht geschrieben, daß Gott den, der keine Sünde kannte, für
uns zur Sünde gemacht hat, damit wir in ihm »Gerechtigkeit Gottes«
würden (2 Kor 5, 21). Das ist die Gerechtigkeit, von der der Apostel
sprach, als er sagte: »Jetzt ist die Gerechtigkeit Gottes offenbart worden« (Röm 3, 21). Das ist es, was die Möglichkeit geschaffen hat – und
immer noch schafft –, jenen »kühnen Handstreich« auszuführen.
Wenn sich nämlich zur Passion Christi unsererseits der Glaube ge-
sellt, werden wir tatsächlich die Gerechten Gottes, die Heiligen, die
Lieblinge Gottes. Gott wird für uns, wie er es vorausgesagt hatte, »der
Herr, der unsere Gerechtigkeit ist« (Jer 23, 6).

Jetzt können wir uns ohne Furcht jener frohmachenden und geist-erfüllten Dimension öffnen, in der das Kreuz nicht mehr als »Torheit und Ärgernis« erscheint, sondern im Gegenteil als »Kraft Gottes und Weisheit Gottes«. Wir können aus ihm unseren Grund unerschütter-licher Gewißheit machen, den höchsten Beweis für Gottes Liebe zu uns, das unerschöpfliche Thema der Verkündigung, und gemeinsam mit dem Apostel sagen:

»Ich aber will mich allein des Kreuzes Jesu Christi, unseres Herrn, rühmen!«

V

»Wegen unserer Gerechtmachung wurde er auferweckt«

Die Auferstehung Christi als Quelle unserer Hoffnung

Der Engel, der am Ostermorgen den Frauen erschien, sagte zu ihnen:

> »Erschreckt nicht! Ihr sucht Jesus von Nazaret, den Gekreuzigten. Er ist auferstanden!« (Mk 16, 6).
> »Was sucht ihr den Lebenden bei den Toten?« (Lk 24, 5).

Er ist auferstanden, er lebt! Die Verkündigung der Auferstehung erweist sich als um so wirksamer und überzeugender, je mehr sie sich an diese ursprüngliche kerygmatische, äußerst schlichte Form annähert.

Wir können uns leicht vorstellen, was unmittelbar danach geschah. Die Frauen eilten Hals über Kopf den Hügel hinab und schürzten sich mit den Händen ihre Kleider, um schneller laufen zu können. Atemlos stolperten sie in den Abendmahlssaal. Noch bevor sie den Mund auftaten, hatte jeder bei ihrem bloßen Anblick schon aus ihren Augen gelesen, daß etwas Unerhörtes geschehen sein mußte. Dann begannen sie alle gleichzeitig keuchend durcheinanderzurufen: »Der Meister, der Meister!«. – »Was ist mit dem Meister?« – »Auferstanden, auferstanden! Das Grab, das Grab!« – »Was ist mit dem Grab?« – »Leer, leer!« Die Nachricht war zu überwältigend, als daß die armen Frauen sie hätten zurückhalten oder ruhig und geordnet vortragen können. Es war der neue Wein, der die alten Schläuche platzen läßt und ausläuft. Wahrscheinlich mußten die Apostel mit strenger Stimme eingreifen und sie zurechtweisen, damit sie sich beruhigten und der Reihe nach erzählten, was geschehen war. Aber inzwischen war ihnen allen ein Schauer über den Rücken gelaufen, eine Empfindung des Übernatürlichen hatte den Raum und jeden der Anwesenden erfüllt. Von jenem Moment an sollte die Welt nicht mehr dieselbe sein wie vorher. Die gute Nachricht von der Auferstehung Christi trat ihre Reise durch die Geschichte an, wie eine weite, ruhige, majestätische Welle, die niemand und nichts mehr würde aufhalten können.

Der beim russischen Volk beliebteste Heilige, Seraphim von Sarow, der ungefähr zehn Jahre lang in einem Wald gelebt hatte, ohne auch nur ein einziges Wort zu sprechen, nicht einmal mit dem Bruder, der ihm ab und zu etwas zu essen brachte, wurde am Ende dieses langen Schweigens von Gott wieder unter die Menschen gesandt, und den Leuten, die immer zahlreicher zu seinem Kloster pilgerten, ging er entgegen und rief ihnen mit großer Begeisterung zu: »Meine Lieben, Christus ist auferstanden!« Dieses schlichte Wort aus seinem Munde genügte, um das Herz des so angesprochenen Menschen und seine ganze Welt zu verwandeln. Seine Stimme hatte den Klang der Worte jenes Engels am Ostermorgen. Auch ich mache mir jetzt die Worte dieses Heiligen zu eigen und sage zu dir, der du bis hierher diesen Weg mitgegangen bist, der dich durch die dunkle Nacht der Passion geführt hat: »Meine Liebe, mein Lieber, Christus ist auferstanden!«

Die Auferstehung Christi ist für die Welt des Geistes dasselbe, was nach einer neueren Theorie der »Urknall« für das physische Universum war, als ein »Atom« begann, sich aus Materie in Energie zu verwandeln und damit die ganze Bewegung der Expansion des Alls auslöste, die nach Milliarden von Jahren immer noch andauert. Tatsächlich bezieht alles, was in der Kirche existiert und in Bewegung ist – Sakramente, Worte, Institutionen – seine Kraft aus der Auferstehung Christi. Sie ist der Augenblick, in dem sich der Tod in Leben und die Geschichte in Eschatologie verwandelte. Sie ist die neue Schöpfung – wie uns auch die Liturgie einprägsam nahebringt, indem sie als erste Lesung in der Osternacht die Erzählung aus Genesis 1 wählt. Sie ist das neue »Fiat lux! – Es werde Licht!«, das Gott spricht. Der Apostel Thomas berührte mit dem Finger diese Quelle jeglicher geistiger Energie, die der Leib des Auferstandenen darstellt, und bekam dadurch einen solchen »Schlag«, daß all seine Zweifel augenblicklich in sich zusammenfielen und er voller Gewißheit ausrief: »Mein Herr und mein Gott!« Jesus selbst sagte bei dieser Gelegenheit zu Thomas, daß es eine noch beseligendere Art gibt, ihn zu berühren, nämlich durch den Glauben:

»Selig sind, die nicht sehen und doch glauben« (Joh 20, 29).

Der »Finger«, mit dem auch wir den Auferstandenen berühren können, ist also der Glaube, und diesen Finger müssen wir nun ausstrecken in dem brennenden Verlangen, aus dieser Berührung Licht und Kraft zu empfangen.

1. »Wenn du mit dem Herzen glaubst ...«

Angesichts der Verkündigung der Auferstehung Christi tun sich zwei Wege auf: der Weg der Interpretation (oder – wie die Gelehrten sagen – der Hermeneutik) und der Weg des Glaubens. Der erste basiert auf dem Prinzip: *verstehen, um zu glauben*, der zweite auf dem Prinzip: *glauben, um zu verstehen*. An und für sich sind diese beiden Wege nicht miteinander unvereinbar, der Unterschied ist jedoch erheblich und kann in gewissen Extremfällen dazu führen, daß sie sich de facto gegenseitig ausschließen und in entgegengesetzte Richtungen führen. Ein großer Teil dessen, was in der letzten Zeit, nach dem Aufkommen der Theorie der Entmythologisierung, über die Auferstehung geschrieben wurde, ist auf der Ebene der Interpretation angesiedelt. Es versucht zu klären, was es bedeutet, wenn gesagt wird: »er ist auferstanden« oder : »er ist erschienen« – ob es eine historische, ein mythologische oder eine eschatologische Aussage ist; ob Christus in der Geschichte oder im *Kerygma* auferstanden ist; ob heute in der Kirche die *Person* des Auferstandenen lebt oder nur seine *Sache*. Wenn sie im Glauben und in Demut angestellt werden, sind diese Bemühungen wertvoll; sie helfen nämlich, gewisse plumpe Darstellungen der Auferstehung zu überwinden, die für den Menschen von heute unannehmbar sind, und begünstigen damit eine Läuterung des Glaubens selbst.

Aber die Gefahr, die man auf diesem Weg eingeht, ist groß, und sie besteht darin, daß man nie dahin gelangt, den nächsten Schritt zu tun, nämlich den Sprung in den Glauben. Wenn man verstehen will, um glauben zu können, wird man, da man die Auferstehung niemals ganz verstehen wird – sie ist schließlich ein geheimnisvolles Werk der göttlichen Allmacht und nicht des Menschen – diesen Schritt immer und ewig verschieben und niemals zum Glauben gelangen. Kierkegaard sagt:

>»Der Glaube will das Absolute einsetzen, während die Vernunft ständig die Reflexion fortsetzen möchte.«

Und das erklärt so vieles im Hinblick auf den gegenwärtigen Stand der theologischen Diskussion über die Auferstehung Christi. Solange er sich auf der Suche nach der Wahrheit befindet, ist der Mensch, der sucht, der Protagonist, ist er selbst es, der das Spiel bestimmt; unter diesen Bedingungen ist der Rationalist bereit, sogar sein ganzes Leben damit zu verbringen, über Gott zu reden. Wenn man aber die Wahrheit erkannt hat, dann ist sie es, die den Thron besteigt, und derjenige, der sie auf diesen Platz erhoben hat, muß der erste sein, der vor ihr auf die Knie fällt. Dazu aber sind nur wenige bereit.

Der sicherere und gewinnbringendere Weg ist der andere: zu glauben und dann zu verstehen ... daß man nicht verstehen kann! Am Ende des Johannes-Evangeliums, unmittelbar nach dem Bericht über die Erscheinungen des Auferstandenen, steht: »Diese [Zeichen] sind aufgeschrieben, damit ihr glaubt« (Joh 20, 31); es heißt nicht: damit ihr sie interpretiert, sondern: damit ihr glaubt. Wir wollen also von vornherein den Weg des Glaubens wählen, den Weg, den uns auch der Apostel in seinem Brief nahelegt. Auf diesem Weg geschah es, daß die Verkündigung von der Auferstehung Christi am Anfang die Völker bekehrte, die Welt veränderte und die Kirche entstehen ließ: nicht durch Interpretation und wissenschaftliche Beweise, sondern weil sie in der Kraft des Geistes verkündigt war. Das ist eine unbestreitbare Tatsache, die man nie genug berücksichtigt.

Die Botschaft: »Wegen unserer Gerechtmachung wurde er auferweckt« (Röm 4, 25) wird von Paulus vor allem im zehnten Kapitel seines Briefes wieder aufgegriffen und weiter ausgeführt:

> »Wenn du mit deinem Mund bekennst: »Jesus ist der Herr« und in deinem Herzen glaubst: »Gott hat ihn von den Toten auferweckt«, so wirst du gerettet werden« (Röm 10, 9).

Vom Glauben an die Auferstehung hängt also das Heil ab. Auch der Mensch kann auferstehen – sagt der Apostel an anderer Stelle – »wenn er an die Kraft Gottes glaubt, der Jesus von den Toten auferweckt hat« (vgl. Kol 2, 12). Und der hl. Augustinus kommentiert:

> »Durch sein Leiden ist der Herr vom Tod zum Leben übergegangen und hat damit uns, die wir an seine Auferstehung glauben, den Weg freigemacht, um ebenfalls vom Tod zum Leben überzugehen.«

Ostern als wahres Pascha zu er-leben, d. h. vom Tod zum Leben überzugehen, bedeutet, an die Auferstehung zu glauben. Und so sagt der hl. Augustinus weiter:

> »Es ist nichts Besonderes, zu glauben, daß Jesus gestorben ist; ... alle glauben das. Das wirklich Große ist jedoch, zu glauben, daß er auferstanden ist. Der Glaube der Christen ist der Glaube an Christi Auferstehung.«[1]

Der Tod Christi ist – für sich genommen – noch kein ausreichendes Zeugnis für die Wahrheit seiner Sache, sondern nur für die Tat-

---

1 Augustinus, *Enarrationes in Psalmos*, 120, 6 (CCL 40, 1791).

sache, daß er an diese Wahrheit glaubte. Es hat Menschen gegeben, die
für eine irrige oder sogar für eine ungerechte Sache gestorben sind,
weil sie zu Unrecht, aber im guten Glauben, überzeugt waren, es sei
eine gute Sache. Der Tod Christi ist unzweifelhaft das größte Zeugnis
seiner *Liebe* (denn »es gibt keine größere Liebe, als wenn einer sein Leben hingibt für seine Freunde« [vgl. Joh 15, 13]), nicht aber seiner *Wahrheit*. Diese ist in angemessener Weise nur durch die Auferstehung bezeugt. Und tatsächlich sagt Paulus vor dem Areopag, daß Gott Jesus
vor allen Menschen dadurch »ausgewiesen« hat, daß er ihn von den
Toten auferweckte (Apg 17, 31) – wörtlich: Gott hat Jesus »Glauben verschafft«, d. h. er hat ihn glaubwürdig gemacht, er bürgt für ihn. Die
Auferstehung ist wie ein göttliches Siegel, das der Vater auf Jesu Leben
und Tod, auf seine Worte und seine Taten drückt. Es ist sein »Amen«,
sein »Ja«. Im Sterben hat Jesus »Ja« zum Vater gesagt, indem er gehorsam war bis zum Tod; in der Auferweckung hat der Vater »Ja« zum
Sohn gesagt, indem er ihn als Herrn einsetzte.

2. »Der Glaube kommt vom Hören«

Wenn der Glaube an die Auferstehung eine solche Bedeutung hat, daß
von ihm alles im Christentum abhängt, fragen wir uns sofort: Wie
kommt man zu diesem Glauben und woher nimmt man ihn? Die Antwort des hl. Paulus ist klar und eindeutig: »Der Glaube kommt vom
Hören!« (vgl. Röm 10, 17). Der Glaube an die Auferstehung keimt auf
in der unmittelbaren Begegnung mit dem Wort, das sie verkündigt.
Das ist etwas Einzigartiges, das sonst nirgendwo vorkommt. Die Kunst
entsteht durch Inspiration, die Philosophie entwächst der vernunftge-
mäßen Überlegung, die Technik geht aus der Berechnung oder dem
Experiment hervor. Nur der Glaube kommt vom Hören. Bei allem, was
vom Menschen ausgeht, existiert zuerst der Gedanke und dann das
Wort, das ihn ausdrückt. Bei dem aber, was außerhalb des Menschen,
in Gott, seinen Ursprung hat, ist es umgekehrt: Zuerst ist da das Wort
und dann folgt der Gedanke, mit dem der Mensch glaubt und Theolo-

gie betreibt.[2] Darum kann der Mensch sich nicht selbst den Glauben geben; er ist grundlegend von einem Ereignis, von einer Gabe abhängig. Abhängig von einem ganz bestimmten Hören auf das in ganz bestimmter Weise verkündete Wort: »Er ist auferstanden!«

Doch woher kommt die Kraft, die die Verkündigung: »Er ist auferstanden!« besitzt, Glauben zu zeugen und in eine neue Welt einzuführen, wenn sie weder auf historischer Beweisführung beruht noch aus irgendeiner anderen menschlichen Leistung hervorgeht? Sie entspringt aus dem *Faktum* selbst, denn das, was verkündet wird, hat sich wirklich ereignet. Die Geschichte ist in ihr auf eine viel stärkere und unmittelbarere Weise wirksam als in der historischen *Beweisführung* für das Faktum durch einen Menschen. Das Geschehene ist in ihr, in den Worten, die es erzählen, gegenwärtig, leuchtet in ihr auf und überzeugt von selbst. Für den, der Augen hat, zu sehen, und Ohren, zu hören, *erweist* sich seine Geschichtlichkeit und hat es daher nicht nötig, daß man sie noch *beweist*.

Wenn aber der Glaube vom Hören kommt, warum glauben dann nicht alle, die hören? Der hl. Paulus stellt in unserem Text selbst traurig fest: »Doch nicht alle sind dem Evangelium *gehorsam* geworden« (Röm 10, 16). Indem er die Tatsache feststellt, gibt er implizit bereits die Erklärung dazu. Diese liegt nämlich gerade im Gehorsam, in der Tatsache, daß nicht alle bereit sind, zu gehorchen und sich vor Gott auf die Knie zu werfen. Damit dringen wir bis an die Wurzeln des Problems vor, die im unebenen Gelände der menschlichen Freiheit gründen, die sich dem souveränen Handeln Gottes öffnen oder verschließen kann. Es gibt graduelle Unterschiede der Verantwortlichkeit in diesem Nicht-Gehorchen gegenüber dem Evangelium. Manche glauben nicht, weil sie die Verkündigung nicht gehört haben oder weil diejenigen, die die Botschaft überbracht haben, sie durch ihren eigenen Mangel an Glauben oder an Kohärenz entstellt oder ausgehöhlt haben; in diesem Fall verzweigt sich die Verantwortung, so daß nur Gott sie

---

2 Vgl. J. Ratzinger, *Einführung in das Christentum*, München 1968, S. 61f
(Einführung, Kap. II, § 4).

kennt und darüber richten kann. Doch wir wollen auf diejenigen schauen, denen eine »gute« Verkündigung zuteil wurde, wie jene, denen die Botschaft von den Aposteln persönlich überbracht wurde. Warum kamen unter ihnen nicht alle zum Glauben? Der hl. Petrus macht diesbezüglich eine erhellende Aussage. Nachdem er erklärt hat, daß der Gott der Väter Jesus auferweckt und ihn zum Herrn und Erlöser gemacht hat, fügt er hinzu:

»Zeugen dieser Ereignisse sind wir und der Heilige Geist, den Gott allen verliehen hat, die ihm gehorchen« (Apg 5, 32; vgl. auch Joh 15, 26f).

Jetzt sehen wir, wie der Glaube an die Auferstehung aufkeimt! Da ist zunächst ein äußeres, sichtbares, apostolisches Zeugnis, das sozusagen waagerecht in der Kirche weitergegeben wird, und dann gibt es noch ein inneres, unsichtbares und unwiederholbares Zeugnis, das sozusagen senkrecht auf jeden herabfällt, der hört. Versuchen wir, uns vom einen wie vom anderen Zeugnis ein Bild zu machen.

Das apostolische Zeugnis bietet, für sich allein genommen, bereits alles, was nötig und ausreichend ist, um »vernunftgemäß« zu glauben, d. h. um dem Glauben auch ein für den Menschen annehmbares historisches Fundament zu geben. Es handelt sich nämlich um ein äußerst ernsthaftes und glaubwürdiges Zeugnis. Selbst die Diskrepanzen hinsichtlich der Anzahl, der Reihenfolge und des Ortes der Erscheinungen des Auferstandenen sind – wenn man es recht bedenkt – eher dazu angetan, den Eindruck der Wahrhaftigkeit zu bestärken, als dazu, ihn zu schwächen, denn sie zeigen, daß es sich nicht um einen am Schreibtisch konstruierten Beweis handelt, der um jeden Preis überzeugen will. Die Apostel konnten sich nicht irren, denn sie waren bereits während des Lebens des Meisters alles andere als leichtgläubig, und die Texte geben uns sichere Beweise, daß sie bis zuletzt zweifelten und sich dagegen sträubten, zu glauben, er sei auferstanden. Andererseits kann man auch nicht annehmen, sie hätten die anderen täuschen wollen, obwohl sie wußten, wie die Dinge lagen, denn ihre vitalsten Interessen standen dem entgegen, und gerade sie

wären die ersten gewesen, die irregeführt worden wären und draufge-
zahlt hätten. Der hl. Johannes Chrysostomus bemerkt dazu:

>»Wie konnte es zwölf armen und noch dazu ungebildeten Männern,
die ihr Leben an Seen und Flüssen verbracht hatten, in den Sinn kommen, ein solches Werk zu unternehmen? Sie, die vielleicht nie zuvor in
eine Stadt oder auf einen großen Platz gekommen waren, wie konnten
sie daran denken, in die ganze Welt hinauszugehen? Als Christus ge-
fangengenommen wurde, flohen sie alle, die Apostel – und das, nachdem er so viele Wunder gewirkt hatte –, und der Erste unter ihnen ver-
leugnete ihn. Wie erklärt sich also, daß sie, die nicht einmal wenigen
Juden widerstehen konnten, als Christus noch lebte, später, als er –
nach Aussage seiner Feinde – tot und begraben lag, nicht auferstanden
war und folglich nicht sprechen konnte, von ihm einen solchen Mut
empfingen, daß sie sich siegreich der ganzen Welt entgegenstellten?
Hätten sie nicht vielmehr sagen müssen: Und nun? Er konnte sich
selbst nicht retten, wie sollte er da uns verteidigen können? In seinem
Leben konnte er nicht eine einzige Nation für sich einnehmen, und
wir sollten allein mit seinem Namen die ganze Welt gewinnen? Wäre
es nicht ein Narrenstück, ein solches Unterfangen zu beginnen oder
auch nur in Erwägung zu ziehen? Es ist darum offenbar, daß sie, wenn
sie ihn nicht auferstanden gesehen und einen unwiderlegbaren Beweis seiner Macht gehabt hätten, sich nie einem solchen Risiko ausgesetzt hätten.«3

Es gibt also zunächst einmal ein äußeres und historisches Zeugnis,
das die Auferstehung bestätigt, nämlich das der Apostel, die unermüd-
lich wiederholen:»Gott hat ihn von den Toten auferweckt. Dafür sind
wir Zeugen« (Apg 3, 15). Aber ein solches Zeugnis allein ist noch nicht
ausreichend. Im Extremfall kann man sogar zugeben, daß dieses Zeugnis glaubwürdig ist, und trotzdem nicht glauben. Es kann einem gehen
wie den Jüngern, die sich am Ostermorgen zum Grab begaben und

---

3 Johannes Chrysostomus, *Homilien zum ersten Korintherbrief*, 4, 4 (PG 61, 35f).

»alles so fanden, wie die Frauen gesagt hatten; ihn selbst aber sahen sie nicht« (Lk 24, 24). Zum äußeren Zeugnis muß jenes innere des Heiligen Geistes hinzukommen. Nun, ein solches Zeugnis – sagt der hl. Petrus – verweigert Gott niemandem, sondern gibt es »allen, die ihm gehorchen«, d. h. allen, die ein gelehriges Herz haben, das bereit ist, auf ihn zu hören. Mit anderen Worten: der Glaube setzt einen grundsätzlichen Willen zum Gehorsam voraus. Ja, der Glaube ist selbst Gehorsam (vgl. Röm 1, 5)! Es geht darum, zu wissen, ob der Mensch bereit ist, dem sich offenbarenden Gott Ehrfurcht entgegenzubringen, ihm das Recht zuzuerkennen, Gott zu sein. Genau auf dieser Ebene spielt sich die »Trennung der Geister« in Gläubige und Ungläubige ab.

Es gibt also Menschen, die nicht an die Auferstehung glauben, weil sie nichts oder nicht in geeigneter Weise davon gehört haben; aber es gibt auch solche, die aus Stolz nicht daran glauben, weil sie dem Absoluten keinen Platz einräumen wollen, oder aber aus Trägheit bzw. Feigheit, weil sie begreifen, daß sie als Glaubende ihr Leben ändern müßten und dazu nicht bereit sind. Pascal schreibt:

> »Der Ungläubige sagt: Ich hätte die Vergnügungen aufgegeben, wenn ich den Glauben besäße. Ich aber antworte ihm: Du besäßest den Glauben, wenn du die Vergnügungen aufgegeben hättest.«[4]

Zu einigen Schriftgelehrten und Pharisäern seiner Zeit sagte Jesus einmal: »Wie könnt ihr zum Glauben kommen, wenn ihr eure Ehre voneinander empfangt?« (Joh 5, 44). Einige Gelehrte glauben nicht an die Auferstehung aus genau diesem selben fundamentalen Grund: weil sie nach der Ehre trachten, die sie voneinander empfangen; sie wollen lieber Originelles sagen, als Wahres wiederholen. Das ist eine Mahnung an alle, auch an mich selbst, der ich das schreibe.

Was der Apostel über die Menschen sagt, die nicht an die Schöpfung geglaubt haben (vgl. Röm 1, 18f), gilt in gewissem Sinn auch für jene, die nicht an die Auferstehung glauben. Sie sind »unentschuld-

---

4   B. Pascal, *Pensées*, Nr. 240 (Brunschvicg).

bar«, denn was man von der Auferstehung erkennen kann (und tatsächlich kann man nicht alles erkennen!), ist ihnen offenbar; Gott selbst hat es ihnen offenbart. Seit der Auferstehung Christi kann nämlich die Wirklichkeit und die Gegenwart des Auferstandenen in den von ihm in der Kirche vollbrachten Werken mit der Vernunft wahrgenommen werden.

Zusammenfassend sehen wir, wie der hl. Paulus im zehnten Kapitel des Briefes an die Römer ein vollständiges Bild des Weges skizziert, den das Wort zurücklegt. Dieser Weg geht von den Ohren zum Herzen und vom Herzen zu den Lippen. Der Glaube – sagt er – kommt vom Hören. Das Wort »Er ist auferstanden!« dringt an das Ohr eines Menschen; von den Ohren geht es weiter zum Herzen, und hier geschieht das immer neue Wunder des Glaubens, das geheimnisvolle Zusammentreffen von Gnade und Freiheit. Es ereignet sich die hochzeitliche Umarmung, in der die Braut »Freiheit« sich ihrem Herrn hingibt ... Und siehe da, nun ergibt sich die dritte Etappe: Aus dem Herzen steigt dieses Wort wieder auf und wird auf den Lippen zu einem frohen Bekenntnis des Glaubens an die Herrschaft Christi:

> »Denn wenn du mit deinem Mund bekennst: ›Jesus ist der Herr‹ und in deinem Herzen glaubst: ›Gott hat ihn von den Toten auferweckt‹, so wirst du gerettet werden. Wer mit dem Herzen glaubt und mit dem Mund bekennt, wird Gerechtigkeit und Heil erlangen« (Röm 10, 9f).

3. Die Auferstehung, ein Werk des Vaters

Bisher haben wir die Auferstehung fast nur in ihrer Beziehung zu uns betrachtet. Aber das Wort Gottes zeigt uns noch eine andere, intimere Dimension, aus der das Geheimnis der Auferstehung seine Kraft schöpft.

Die Auferstehung Christi ist nicht nur ein apologetisches Faktum, das dazu bestimmt ist, Jesus »glaubwürdig zu machen«; sie ist nicht in erster Linie ein Nachweis für die Wahrheit oder eine Demonstration der Kraft; sie ist nicht bloß der Beginn der Kirche und einer neuen

Welt. All das kommt sozusagen nachher, als Konsequenz. Man darf die Auferstehung nicht auf ein nur öffentliches, äußeres, auf die Geschichte oder auf die Kirche bezogenes Faktum reduzieren, so als ob Gott Jesus für die anderen auferweckt hätte und nicht vielmehr um Jesu selbst willen. Die Auferstehung ist vor allem der Akt unendlicher Zärtlichkeit, mit dem der Vater nach dem ungeheuren Leiden der Passion seinen Sohn durch den Heiligen Geist vom Tod auferweckt und ihn als Herrn einsetzt. Sie ist also ein trinitarisches Ereignis, und als solches wollen wir sie jetzt betrachten. Sie ist der absolute Gipfel von Gottes Handeln in der Geschichte, sein größter Ruhmestitel. Fortan wird Gott erkannt als derjenige, »der Jesus Christus von den Toten auferweckt hat« (vgl. 2 Kor 4, 14; Gal 1, 1; Kol 2, 12).

Die Auferstehung ist also zunächst einmal die Gabe des Vaters an seinen geliebten Sohn, an dem er sein Wohlgefallen hat, seine neuerliche Umarmung nach der grausamen »Trennung« am Kreuz, ein Akt unendlicher väterlicher Zärtlichkeit. Er »hatte sehr lange geschwiegen, war still und hielt sich zurück, jetzt aber schreit er« (vgl. Jes 42, 14). Die Auferweckung Jesu ist der Schrei, mit dem Gott sein »Schweigen« bricht. Auch im Ablauf der Ereignisse kommen die menschlichen Zeugen erst in einer zweiten Phase dazu; das ursprüngliche und eigentliche Geschehen der Auferstehung spielte sich ausschließlich zwischen Jesus und dem Vater ab, im Heiligen Geist, in innigster Intimität. Kein menschliches Wesen war im Moment der Auferstehung zugegen. Die christliche Tradition hat vom 2. Jahrhundert an dem auferstandenen Christus diesen Ausruf der Freude an seinen Vater in den Mund gelegt, der den Psalmen 3 und 138 entnommen ist:

»Ich bin erstanden und bin immer bei dir! *Resurrexi et adhuc tecum sum.* Du hast deine Hand auf mich gelegt!«

Der Vater seinerseits ruft – wie die Schrift selbst bezeugt – dem auferstandenen Jesus zu: »Mein Sohn bist du, heute habe ich dich gezeugt« (Apg 13, 33; vgl. Röm 1, 4), gleichsam als verdopple die Auferstehung Christi in ihm die Freude der urewigen Zeugung des Wortes.

Diese intime und »väterliche« Dimension der Auferstehung ist bereits in der Schrift enthalten, nicht erst in der Liturgie und in der Frömmigkeit; sie ist Realität, nicht bloß fromme Einbildung. Gott hat Jesus auferweckt und ihn »von den Wehen des Todes befreit«, sagt Petrus am Pfingsttag; er bezieht die Psalmworte: »Ich hatte den Herrn beständig vor Augen ...« (vgl. Ps 16, 8ff) auf Christus. Es ist Jesus – betont der Apostel –, der in Wirklichkeit in diesem Psalm spricht, nicht David; er bringt seine unerschütterliche Zuversicht zum Ausdruck, vom Vater nicht im Grab und in der Unterwelt allein gelassen und der Verwesung preisgegeben zu sein. Jesus ist es, der sagt: »Du erfüllst mich mit Freude durch deine Gegenwart« (vgl. Apg 2, 24ff). In der Auferstehung hat der Vater feierlich zum Sohn gesagt: »Setze dich mir zur Rechten« (Apg 2, 34); er hat ihn »zu seiner Rechten erhöht« (vgl. Apg 5, 31) und ihn »neben sich auf seinem Thron Platz nehmen lassen« (vgl. Offb 3, 21).

Das bevorzugte Wort, mit dem die Autoren des Neuen Testaments das Ereignis der Auferstehung beschreiben, ist das Verb *egeiro*, das ursprünglich »wieder aufwecken« bedeutet und erst dann in diesem Zusammenhang mit »auferwecken« übersetzt wird. Auch in unserem Text in Röm 4, 25 ist es gebraucht, der demnach wörtlich übersetzt lautet: »Wegen unserer Gerechtmachung wurde er (wieder) aufgeweckt.« Der Vater hat sich – um es menschlich auszudrücken – Jesus im Grab genähert, wie man sich behutsam der Wiege eines schlafenden Kindes nähert, und hat ihn aus dem Schlaf des Todes geweckt. Im Evangelium wird erzählt, daß Jesus eines Tages an die Bahre eines Jünglings trat, der gestorben war, und rief: »Junge, ich bin es, der zu dir spricht: Steh auf!«, und der Jüngling richtete sich auf, und Jesus gab ihn seiner Mutter zurück (vgl. Lk 7, 14). Jetzt ist es der himmlische Vater, der an das Grab Jesu herantritt und ruft: »Junge, mein Sohn, ich bin es, der zu dir spricht: Steh auf!«, und Jesus richtet sich auf und ersteht von den Toten. In einem Psalm, der unwillkürlich an die Auferstehung Christi denken läßt, beschreibt der Beter seine Befreiung mit folgenden Worten:

»Er griff aus der Höhe herab und faßte mich,
zog mich heraus aus gewaltigen Wassern.
Er entriß mich meinen mächtigen Feinden ...
Er führte mich hinaus ins Weite,
er befreite mich, denn er hatte an mir Gefallen« (Ps 18, 17–20).

Von all den Auserwählten, die aus der großen Bedrängnis kommen, heißt es in der Schrift, daß Gott sie erwartet, um »alle Tränen von ihren Augen abzuwischen« (vgl. Offb 7, 14.17; 21, 4). Was also wird sich erst abgespielt haben, als Jesus vor ihm erschien? Er kam ja wahrhaftig »aus der großen Bedrängnis«!

Der Tag der Auferstehung ist wahrlich – wie die Osterliturgie ihn besingt – »der Tag, den der Herr gemacht hat, ein Wunder vor unseren Augen« (vgl. Ps 118, 23f). Jesus ist »der Stein, den die Bauleute verwarfen, der aber von Gott auserwählt und geehrt worden ist« (vgl. Ps 118, 22; 1 Petr 2, 4). Der Vater hat ihn zum »Eckstein« der neuen Welt gemacht. Und damit hat er gezeigt, daß er das Opfer des Sohnes angenommen und an seinem Gehorsam Wohlgefallen gefunden hat. In diesem Sinne ist die Auferstehung die Krönung des Kreuzesopfers, und in jeder Eucharistiefeier können wir sagen: »Deinen Tod, o Herr, verkünden wir, und deine Auferstehung preisen wir ...« Das Handeln des Vaters in der Auferstehung ist für uns die Quelle der größten Hoffnung, denn es besagt, daß er eines Tages auch an uns so handeln wird.

4. Durch den Heiligen Geist

Die Hand, die der Vater auf Jesus »gelegt« hat, war nichts anderes als der Heilige Geist. Und tatsächlich sagt Paulus gleich zu Beginn des Römerbriefes, daß Jesus in der Auferstehung als Sohn Gottes in Macht eingesetzt worden ist »durch den Geist der Heiligkeit«, d. h. den Heiligen Geist (vgl. Röm 1, 4). Die Aussage, wonach Christus »durch die Herrlichkeit des Vaters« von den Toten auferweckt wurde (Röm 6, 4), bedeutet dasselbe. Anderswo lesen wir, daß Jesus »gerechtfertigt wurde im Geist« (vgl. 1 Tim 3, 16), d. h. für gerecht erklärt, verherrlicht im Geist. Jesus, der dem Fleisch nach getötet worden war, wurde »im Geist lebendig gemacht«, und so – nämlich »im Geist« – ging er auch in die Unterwelt, um dort das Heil zu verkünden (vgl. 1 Petr 3, 18f).

Im Credo bekennt die Kirche: »Ich glaube an den Heiligen Geist, der Herr ist und lebendig macht.« Die Auferstehung Christi ist die höchste Verwirklichung dieser charakteristischen Eigenschaft, die Tat des Heiligen Geistes als des Lebensspenders schlechthin. Wir stellen uns die Auferstehung infolge gewisser Darstellungen in der Kunst manchmal recht materiell und äußerlich vor: Jesus, der aus dem Grab steigt, eine Art Banner in der Hand haltend, während die Wächter der Länge nach zu Boden stürzen. Doch die wirkliche Auferstehung ist ein völlig innerliches, »geistliches« Geschehen. Der Heilige Geist, der in seiner ganzen Fülle dem menschlichen Sein der Person Christi innewohnte und der sich niemals von seiner Seele getrennt hatte (auch nicht, als diese sich vom Leib trennte), drang auf einen Wink des Vaters in den leblosen Leib Christi ein, machte ihn lebendig und ließ ihn in die neue Existenz eingehen, die das Neue Testament eben die Existenz »im Geist« nennt. Die Auferstehung Christi hat sich so vollzogen, wie es vorausgesagt war in der Prophetie von den ausgetrockneten Gebeinen, die in ihm ihre exemplarische und normative Verwirklichung findet:

> »Ich öffne eure Gräber und hole euch, mein Volk, aus euren Gräbern herauf … Ich hauche euch meinen Geist ein, dann werdet ihr lebendig« (Ez 37, 12.14).

Der Vater hat Jesus seinen Geist eingehaucht, und er ist zu neuem Leben erwacht, und das Grab hat sich geöffnet, weil es eine solche Lebensfülle nicht zurückhalten konnte.

Auch dieses Handeln des Heiligen Geistes in der Auferstehung Christi ist für uns Quelle der Freude und der Hoffnung, denn es besagt, daß mit uns einst dasselbe geschehen wird:

»Wenn der Geist dessen in euch wohnt, der Jesus von den Toten auferweckt hat, dann wird er, der Christus Jesus von den Toten auferweckt hat, auch euren sterblichen Leib lebendig machen, durch seinen Geist, der in euch wohnt« (Röm 8, 11).

Ein großer geistlicher Lehrmeister des Ostens sagt:

»Die Auferstehung aller wird durch den Heiligen Geist vollbracht. Und ich meine damit nicht nur die Auferstehung der Leiber am Ende der Zeiten, sondern auch das geistliche Wiederaufleben und die Auferstehung der abgestorbenen Seelen, die sich in geistiger Weise täglich vollzieht. Diese Auferstehung wird durch den Heiligen Geist von Christus geschenkt, der – einmal gestorben – auferstanden ist und in all denen aufersteht, die dementsprechend leben.«[5]

5. »Die Macht seiner Auferstehung«

Die Auferstehung ist also das Ereignis, in dem der Vater durch den Heiligen Geist Jesus vom Tod erweckt und ihn als Herrn und Christus einsetzt (vgl. Apg 2, 36). Das letzte Resultat von allem, in dem alles zusammengefaßt ist und das die Auferstehung von einem Akt in einen Zustand verwandelt, ist die Herrschaft Christi:

»Christus ist gestorben und lebendig geworden, um Herr zu sein über Tote und Lebende« (Röm 14, 9).

Der nächste Schritt, den man tun muß, nachdem man im Herzen zu dem Glauben gekommen ist, daß Gott ihn von den Toten auferweckt hat, besteht darin, mit dem Mund zu bekennen: »Jesus ist der Herr« (Röm 10, 9).

5 Symeon der Neue Theologe, *Katechesen*, 6 (SCh 104, 44f).

In der Auferstehung ist Jesus – wie der Apostel sagt – eingesetzt als »Sohn Gottes in Macht« (Röm 1, 4). Dieses letzte Wort eröffnet uns einen neuen Glaubenshorizont im Hinblick auf die Auferstehung Christi, der gerade denen zukommt, die durch Gnade bereits an das *Faktum* der Auferstehung glauben. Im Brief an die Philipper sagt der hl. Paulus, er habe alles aufgegeben und es als Unrat betrachtet, und zwar um »Christus zu erkennen und die Macht seiner Auferstehung« (vgl. Phil 3, 10). Paulus wußte sehr wohl um die Auferstehung Christi; er hatte sie in seiner Rede auf dem Areopag und im Brief an die Korinther tapfer verteidigt; er hatte den Auferstandenen sogar gesehen (vgl. 1 Kor 15, 8). Was ist es also, das ihm in seiner Erkenntnis noch fehlte und das er so sehnlich begehrt? Die innere Macht der Auferstehung! – antwortet er. *Erkennen* hat hier offensichtlich die Bedeutung von *erfahren* oder *besitzen*. Der Apostel war überwältigt von diesem Empfinden der Macht der Auferstehung Christi. Im Brief an die Epheser spricht er von der »überragenden Größe seiner Macht« und vom »unwiderstehlichen Wirken seiner Kraft«, die Gott an Christus erwiesen hat, indem er ihn von den Toten auferweckte (vgl. Eph 1, 18ff). In einem einzigen Satz vereint er alle Worte, die die griechische Sprache ihm bot, um Kraft, Energie und Macht auszudrücken, und wendet sie auf das Ereignis der Auferstehung an.

Man muß also, wenn es um die Auferstehung Christi geht, über einen rein intellektuellen Glauben hinausgehen, um aus ihr eine lebendige Erfahrung zu machen: ein Unterfangen, das niemals ein Ende findet, es sei denn im Himmel. Man kann sein ganzes Leben lang geforscht und viele Bücher über die Auferstehung Christi geschrieben haben und doch die Auferstehung Christi nicht »kennen«! Wo aber können wir diese neue und lebendige Kenntnis der Auferstehung erlangen? Die Antwort lautet: In der Kirche! Die Kirche ist aus dem Glauben an die Auferstehung hervorgegangen und ist ganz und gar von ihm erfüllt. »In der Kirche«, das bedeutet: in der Liturgie, in der Lehre, in der Kunst, in der Erfahrung der Heiligen. Das österliche *Exultet*, das in dem Ruf: »*O felix culpa!* – O glückliche Schuld!« gipfelt, vermittelt – besonders wenn man es gesungen hört – den Schauder

der Auferstehung, indem es ihn wie durch Ansteckung unmittelbar überträgt. Eine sehr frühe Oration aus der Osternachts-Liturgie der lateinischen Kirche lautet:

»Die ganze Welt soll sehen und erkennen, daß das, was zerstört ist, wiederhergestellt wird, was veraltet ist, sich erneuert und alles zu seiner ursprünglichen Unversehrtheit zurückkehrt.«

Vor allem aber die Ostkirche ist reich an diesbezüglichen Zeugnissen und leuchtenden Beispielen. Im Geheimnis der Trinität ist der Ostkirche ein stärkeres Empfinden für die Dreifaltigkeit der Personen gegeben, während die westliche Kirche mehr die Einheit der Natur im Blick hat; im Geheimnis der Erlösung fiel es der Ostkirche zu, mehr die Inkarnation hervorzuheben, während die besondere Gabe der Kirche des Westens in der Betonung des Pascha-Mysteriums liegt, und innerhalb dieses Pascha-Mysteriums wiederum stellt die Ostkirche mehr die Auferstehung in den Vordergrund und die Westkirche die Passion. Das bewirkt eine gegenseitige Abhängigkeit und läßt den Appell zur ökumenischen Einheit aus den Tiefen des Mysteriums selbst entspringen, das wir gemeinsam feiern. Für den Zugang zu jedem großen Mysterium hat Gott gleichsam zwei »Schlüssel« geschaffen, die gemeinsam gebraucht werden müssen, und hat den einen der Ostkirche, den anderen der Kirche des Westens anvertraut, damit keine der beiden ohne die andere öffnen und zur Fülle der Wahrheit gelangen kann. »Man kann nicht über einen einzigen Weg zu einem so großen Geheimnis gelangen«, sagten die Alten im Hinblick auf Gott.

Wir sehen zum Beispiel, daß das Phänomen der Gleichgestaltung mit dem Gekreuzigten durch die Wundmale Christi eine Eigenheit allein der lateinischen Heiligkeit ist, während bei den Orthodoxen das Phänomen der Gleichgestaltung mit dem auferstandenen Christus verbreitet ist. Es begegnet uns unter anderem im Leben des hl. Symeon des Neuen Theologen und des hl. Seraphim von Sarow, die beide zu den beliebtesten Heiligen der orthodoxen Christenheit gehören. Auf dem Gipfel der westlichen Heiligkeit begegnen wir dem hl. Franz von Assisi, der auf dem Berg La Verna auch sichtbar dem Gekreuzigten gleichgestaltet wird, und auf dem Gipfel der östlichen Heiligkeit dem hl. Seraphim von Sarow, der sich an einem Wintertag draußen im Schnee während eines Gespräches mit einem seiner Schüler auch sichtbar in das Bild des Auferstandenen verwandelt und uns dadurch eine Vorstellung davon vermittelt, welchen Anblick Christus seinen Jüngern geboten haben mag, wenn er ihnen nach Ostern erschien.[6]

Der deutlichste Ausdruck für das Gespür, das die orthodoxe Spiritualität für die Macht der Auferstehung besitzt, ist die Auferstehungs-Ikone. Sie zeigt uns Christus, wie er, göttliche Energie ausstrahlend, in großer Entschlossenheit in den Hades hinabsteigt, Adam und Eva bei der Hand nimmt und sie mit sich aus der Unterwelt herauszieht, während sich hinter den beiden Stammeltern die unendliche Reihe der Gerechten des Alten Bundes formiert, die ihnen folgen, dem Licht entgegen. Mit diesen ausgestreckten Händen Christi bekräftigt die Ikone stillschweigend, daß wir uns vor dem neuen, universalen Exodus befinden: Gott ist persönlich gekommen, um sein Volk »mit starker Hand und ausgestrecktem Arm« zu befreien. Auch heute noch erfüllt uns der Anblick dieser Ikone mit Glauben. Ich selbst gestehe, daß ich von ihr mehr gelernt habe als aus dicken Büchern über die Auferstehung. Sie ist ein *Kerygma* »in Farben«; auch in ihr wird die Auferstehung nicht bewiesen, sondern gezeigt. Sie lüftet den Schleier und stellt den Kontakt mit der unsichtbaren Wirklichkeit her. Bei jeder anderen Darstellung ist es der Mensch, der das Bild betrachtet, bei der Ikone hingegen ist es das Bild, das den Menschen ansieht und ihn völlig in seinen Bann zieht.

---

6 Vgl. Nikolai Motowilow, *Unterweisungen zum Erwerb des Heiligen Geistes*, in *Der letzte Heilige. Seraphim von Sarow und die russische Religiosität*, Stuttgart 1994, S. 206–230.

6. Neu geboren zu einer lebendigen Hoffnung durch die Auferstehung Christi von den Toten

Wie die Botschaft vom Tode, so besteht auch die von der Auferstehung immer aus zwei Elementen: aus dem Faktum – »er ist auferstanden« – und der Bedeutung des Faktums für uns: »wegen unserer Gerechtmachung«. Über diesem Wort »Gerechtmachung«, das das vierte Kapitel des Römerbriefes beschließt, öffnet sich wiederum – in einer Art Anapher – das folgende Kapitel. Darin zeigt der Apostel zu Beginn, wie aus dem Pascha-Mysterium Christi die drei theologalen Tugenden entspringen: Glaube, Hoffnung und Liebe:

> »Gerecht gemacht aus *Glauben* haben wir Frieden mit Gott ... und rühmen uns unserer *Hoffnung* auf die Herrlichkeit ... Die Hoffnung aber läßt nicht zugrunde gehen; denn die *Liebe* Gottes ist ausgegossen in unsere Herzen ...« (Röm 5, 1–5).

Von diesen drei theologalen Tugenden bringt der 1. Petrusbrief in besonderer Weise die Hoffnung mit der Auferstehung in Verbindung, indem er sagt:

> Gott, der Vater »hat uns ... neu geboren, damit wir durch die Auferstehung Jesu Christi von den Toten eine lebendige Hoffnung haben« (1 Petr 1, 3).

Indem der Vater Jesus auferweckte, hat er uns also nicht nur einen »Glaubwürdigkeitsnachweis« für ihn gegeben, sondern uns auch eine »lebendige Hoffnung« geschenkt; die Auferstehung ist nicht bloß ein Argument, das die Wahrheit des Christentums begründet, sondern auch eine Kraft, die im Innern die christliche Hoffnung nährt.

Ostern ist der »Geburts-Tag« der christlichen Hoffnung. In der Predigt Jesu kommt das Wort »Hoffnung« nicht vor. Die Evangelien überliefern viele Aussagen von ihm über den Glauben und über die Liebe, aber keine über die Hoffnung. Dafür sehen wir, wie sich nach Ostern in der Predigt der Apostel der Gedanke und das Gefühl der Hoffnung geradezu explosionsartig ausbreiten und wie die Hoffnung neben Glaube und Liebe zu einer der drei konstitutiven Komponenten der neuen christlichen Existenz wird (vgl. 1 Kor 13, 13). Gott selbst wird als »der Gott der Hoffnung« definiert (vgl. Röm 15, 13). Und man versteht auch, warum das so ist: Christus hat durch seine Auferstehung die Quelle der Hoffnung selbst entsiegelt, er hat den Gegenstand der theologalen Hoffnung – ein Leben mit Gott auch über den Tod hinaus – geschaffen. Was im Alten Bund nur einige wenige Psalmisten erahnt und ersehnt hatten, nämlich »immer bei Gott zu bleiben« (vgl. Ps 73, 23) und »sich zu sättigen an der Freude über seine Gegenwart« (vgl. Ps 16, 11 und Ps 17, 15), das ist nun in Christus Wirklichkeit geworden. Er hat in die schreckliche Mauer des Todes eine Bresche geschlagen, durch die alle ihm folgen können.

In unserer Zeit wird diese Beziehung zwischen Auferstehung und Hoffnung sehr stark empfunden, doch wird sie bisweilen auf den Kopf gestellt: Nicht die Auferstehung begründet die Hoffnung, sondern die Hoffnung begründet die Auferstehung. Mit anderen Worten, man geht von den Hoffnungen im Herzen des Menschen aus, nicht gänzlich dem Tod verfallen zu sein und nicht für immer der Ungerechtigkeit zu unterliegen, und versucht mit ihnen die Auferstehung Christi zu rechtfertigen und zu beweisen. In einigen Extremfällen geschieht es sogar, daß das »für uns« oder »zu unserer Hoffnung« den Platz des Faktums »er ist erstanden« einnimmt. Die *Bedeutung* des Ereignisses ersetzt das *Ereignis* selbst. Es gibt nicht eine göttliche Tat, aus der unsere Hoffnung entspringt oder die sie begründet, sondern unsere Hoffnung ist es, die den Gedanken an die Auferstehung postuliert. An die Auferstehung zu glauben bedeutet dann, unseren Hoffnungen ein Fundament zu geben und ihre Stichhaltigkeit zu behaupten. So verwandelt sich die Auferstehung aus einem realen und göttlichen *Faktum* in ein menschliches *Postulat*; es ist nicht mehr die Autorität und Allmacht Gottes, die sie begründet, sondern die praktische Vernunft oder die religiöse Erfordernis des Menschen. Das widerspricht jedoch der Aussage des Apostels, daß nämlich, wenn Christus nicht wirklich und tatsächlich auferstanden wäre, unsere Hoffnung wie unser Glaube »sinnlos« wären, d. h. leer, ohne Fundament (vgl. 1 Kor 15, 12ff), oder zumindest kein anderes Fundament besäßen als das menschliche Verlangen, ihnen ein solches zu geben. Ein solches Denken wäre anmaßend. Wie es eine Art und Weise gibt, das Kreuz Christi »auszuhöhlen«, es um seine Kraft zu bringen (vgl. 1 Kor 1, 17), so gibt es also auch eine Methode, die Auferstehung Christi ihres Sinnes zu entleeren, sie zu säkularisieren, und dieser Versuch geht wieder einmal von der »Weisheit« aus, davon, daß man die Interpretation über den Glauben bzw. an seine Stelle setzen will.

Nach dieser Klärung der wahren Perspektive des Glaubens können wir nun unser Herz der lebendigen Hoffnung öffnen, die aus der Auferstehung Christi entspringt, und uns von ihr durchströmen lassen wie von einem erneuernden Hauch. Der hl. Petrus spricht in diesem Zusammenhang von einer Neuzeugung, von einem Gefühl, »neu geboren« zu werden. Und so erging es den Aposteln tatsächlich. Sie erfuhren die Kraft und den Zauber der Hoffnung. Es war die eben erst ganz neu aufkeimende Hoffnung, die sie gemeinsam zurückkehren und einander voll Freude zurufen ließ: »Er ist auferstanden, er lebt, er ist erschienen, wir haben ihn erkannt!« Die Hoffnung war es, die die trostlos betrübten Emmausjünger auf ihrem Weg umkehren ließ und sie nach Jerusalem zurückführte.

Die Kirche entsteht aus einer Bewegung der Hoffnung, und diese Bewegung muß heute wieder erweckt und angefacht werden, wenn wir dem Glauben neuen Schwung verleihen und ihn in die Lage versetzen wollen, die Welt aufs neue zu erobern. Nichts geht ohne die Hoffnung. Charles Péguy hat eine Dichtung über die theologale Hoffnung geschrieben. Er sagt, die drei theologalen Tugenden seien wie drei Schwestern: zwei von ihnen seien schon groß, die dritte dagegen noch ein kleines Mädchen. Gemeinsam gehen sie voran, indem sie sich gegenseitig an der Hand halten und das kleine Mädchen Hoffnung in die Mitte nehmen. Wenn man sie so sieht, hat es den Anschein, als seien es die großen Schwestern, die das kleine Mädchen mitnehmen, statt dessen ist aber das genaue Gegenteil der Fall: das kleine Mädchen zieht die beiden großen. Die Hoffnung ist es, welche den Glauben und die Liebe mitreißt. Ohne die Hoffnung käme alles zum Stillstand.7

Dasselbe beobachten wir auch im täglichen Leben. Wenn ein Mensch so weit kommt, daß er wirklich gar nichts mehr erhofft, daß er am Morgen aufsteht und sich absolut nichts mehr erwartet, dann ist er wie tot. Oft bringt er sich dann tatsächlich selber um, oder er überläßt sich einem langsamen Hinsterben. Wie man jemandem, der im Begriff ist, ohnmächtig zu werden, schnell einen starken Duftstoff zu riechen gibt, damit er sich erholt, so muß man einem, der im Begriff ist, sich gehen zu lassen und den Kampf aufzugeben, einen Grund zur Hoffnung bieten, ihm zeigen, daß es für ihn noch eine Chance gibt, dann wird er wieder Mut fassen und zu Kräften kommen. Jedesmal, wenn im Herzen eines Menschen wieder ein Hoffnungskeim aufbricht, ist es wie ein Wunder: alles wird anders, auch wenn sich nichts geändert hat. Ebenso ergeht es auch einer Gemeinschaft, einer Pfarrei, einem Orden: Wenn in ihnen die Hoffnung neu erblüht, überwinden sie ihre Krise und werden wieder attraktiv für neue Berufungen. Keine Propaganda kann das erreichen, was die Hoffnung zustande bringt. Sie ist es, die die Jugend bewegt. Auch innerhalb der Familie ist es so: Gern ist man zusammen oder kommt wieder nach Hause, wenn in ihr die Hoffnung lebt. Hoffnung schenken ist das Schönste, was man tun kann. Wie einst die Gläubigen beim Verlassen der Kirche einander das Weihwasser von Hand zu Hand weitergaben, so müssen die Christen von Hand zu Hand, von Generation zu Generation, die christliche Hoffnung weitergeben. Wie in der Osternacht die Gläubigen ihre Kerzen entzünden, jeder die seine an der des Nachbarn, ausgehend vom Priester, der sie an der Osterkerze entzündet, so müssen wir einander die theologale Hoffnung weitergeben, damit sie im Herzen des christlichen Volkes niemals erlischt. Nie ist so viel von Eschatologie gesprochen worden wie in unseren Tagen, und nie ist sie so wenig gelebt wor-

---

7   *Le porche du mystère de la deuxième vertu*, in *Œuvres poétiques complètes*, Paris 1975, S. 538f [dt. Ausg.: *Das Tor zum Geheimnis der Hoffnung*, Einsiedeln ²1980].

den wie heute. Die Eschatologie – d. h. die Öffnung auf die Zukunft hin, aber auf eine letzte und ewige Zukunft – ist aus Angst, sie könne das Engagement lähmen oder Entfremdung erzeugen, aus dem Leben verdrängt und in die theologischen Bücher verbannt worden. In gewissen Fällen hat sie sich in eine Ideologie verwandelt, indem sie sich auf eine beschränkte Zukunft zurückzog, die ganz und gar innerhalb der Geschichte liegt.

Der Gegenstand der christlichen Hoffnung ist – wie gesagt – die Auferstehung aus dem Tode: »Der, welcher Jesus, den Herrn, auferweckt hat, wird auch uns auferwecken« (vgl. 2 Kor 4, 14). Christus war »der Erste« – wörtlich: »die Erstlingsfrucht« (vgl. 1 Kor 15, 20); die »Erstlingsfrucht« kündigt die volle Ernte an, ja kann als solche nur bezeichnet werden, wenn ihr die volle Ernte folgt. Es gibt aber nicht nur eine Auferstehung des Leibes; es gibt auch eine Auferstehung des Herzens, und wenn die Auferstehung des Leibes dem »Jüngsten Tag« vorbehalten ist, so muß sich die des Herzens tagtäglich vollziehen. Sie ist es, auf die wir vor allem unser Augenmerk richten sollten, denn sie hängt ganz konkret hier und jetzt von uns selbst ab. Der hl. Leo der Große sagte:

> »Schon jetzt sollen in der Heiligen Stadt die Zeichen der künftigen Auferstehung sichtbar werden, und was sich am Leib verwirklichen soll, muß sich jetzt im Herzen vollziehen.«[8]

Wir haben mit diesem Buch einen Weg der geistlichen Erneuerung eingeschlagen. Um ihn zu Ende zu gehen, müssen wir uns von dem kleinen Mädchen Hoffnung bei der Hand nehmen lassen. Wir müssen hoffen, daß sich auch in unserem Leben etwas ändern kann, daß es einfach nicht stimmt, daß alles unvermeidlich so weitergehen wird wie bisher und es für uns niemals etwas Neues geben wird unter der Sonne. Hoffen heißt glauben, daß es diesmal anders sein wird, auch wenn du das schon hundertmal geglaubt hast und jedesmal nicht

---

8 Leo der Große, *Sermo* 66, 3 (PL 54, 366).

Recht behalten hast. Vielleicht hast du dich in der Vergangenheit schon viele Male zu »der heiligen Reise« der Umkehr entschlossen; anläßlich des Osterfestes, bei einem Exerzitienkurs oder nach einer bedeutungsvollen Begegnung hast du gleichsam Anlauf genommen, um den Graben zu überspringen, und hast gesehen, wie der Schwung nachließ und dahinschwand, je näher du dem Grabenrand kamst, und mit Bitterkeit hast du jedesmal feststellen müssen, daß du »in Ägypten« geblieben warst. Wenn du trotz alledem hoffst, wirst du das Herz Gottes rühren, und er wird dir zu Hilfe kommen. Gott ist angesichts der Hoffnung seiner Geschöpfe gerührt:

»Der Glaube, der mir am liebsten ist – sagt Gott – ist die Hoffnung. Der Glaube erstaunt mich nicht ... Auch die Liebe erstaunt mich nicht ... Aber die Hoffnung – sagt Gott –, die erstaunt mich. Daß diese armen Kinder sehen, wie die Dinge gehen, und glauben, morgen früh werde es besser gehen, das ist erstaunlich. Und ich selbst bin darüber erstaunt. Meine Gnade muß wirklich von einer unglaublichen Kraft sein.«[9]

Kein Versuch, selbst wenn er fehlgeschlagen sein sollte, ist vergeblich und sinnlos, wenn er ernst gemeint war. Gott nimmt jeden einzelnen wahr, und seine Gnade wird eines Tages den vielen Malen entsprechen, die wir den Mut hatten, von vorn anzufangen, als ob hundert Fehlschläge nicht zählten.

»Die aber, die dem Herrn vertrauen, schöpfen neue Kraft, sie bekommen Flügel wie Adler. Sie laufen und werden nicht müde, sie gehen und werden nicht matt« (Jes 40, 31).

Wir müssen hoffen, daß es keine Fessel gibt, und sei sie auch noch so fest und dauerhaft, die nicht gesprengt werden könnte. Jener Jesus, der »im Geist« all die besuchte, die in der Finsternis der Unterwelt

---

9 Ch. Péguy, *Le porche du mystère de la deuxième vertu* (vgl. Anm. 7), S. 531f.

darniederlagen, der »die ehernen Tore zerbrochen und die eisernen Riegel zerschlagen hat« (Ps 107, 16), er kann aus jedweder Situation geistiger Gefangenschaft und Leblosigkeit befreien. Er kann mir zurufen – und er ruft tatsächlich –, hier und jetzt, was er Lazarus im Grab zurief: »Komm heraus!«

Klammern wir uns also an die ausgestreckte Hand des Erlösers, wie Adam und Eva es auf der Ikone tun, damit auch wir mit Jesus auferstehen. Rufen wir einander, wenn wir uns begegnen – besonders in der Osterzeit – jene heiligen Wort zu: »Meine Lieben, Christus ist auferstanden!«

»Gott hat seinen eigenen Sohn nicht verschont«

Das Geheimnis des Leidens Gottes

Der nun folgende Abschnitt unseres Weges ist dem Vater gewidmet. Man spricht immer, oder zumindest sehr oft, von Jesus Christus und seit einiger Zeit auch vom Heiligen Geist. Aber der Vater? Wer spricht jemals vom Vater? Ich habe gespürt, wie wahr auch heute jenes Wort Christi ist: »Niemand kennt den Vater ...« (Mt 11, 27), und habe geradezu ungeduldig auf den Moment gewartet, endlich vom Vater sprechen zu können. Es ist etwas so Großes, daß mich schon der Gedanke traurig stimmt, daß ich diese Gelegenheit nicht richtig nutzen werde, daß bei dem Versuch, vieles über den Vater zu sagen, fast unvermeidlich die Kraft dieses Namens verlorengeht und daß ich mich von der lebendigen, in höchstem Maße einfachen und unaussprechlichen Wirklichkeit, die der Vater darstellt, entfernen werde. Darum wollte ich sogleich seinen Namen aussprechen, ihn sozusagen in eurem Herzen in Sicherheit bringen und euch »das Ganze« übergeben, ehe ich ihn in so viele Fragmente zersplittere, wie es Worte für ihn gibt. Dieses ist der Name, »nach dem jede Vaterschaft im Himmel und auf Erden benannt wird« und vor dem der hl. Paulus seine Knie beugt (vgl. Eph 3, 14) und alle auffordert, zusammen mit ihm das gleiche zu tun.

Ich möchte in diesem Moment das Herz und die Zunge Jesu besitzen, um in angemessener Weise vom Vater zu sprechen. Jeder Prediger hat ein Lieblingsthema, ein Thema nach seinem Herzen, über das zu sprechen er nie müde wird und in dem er seine Kunst am besten zum Ausdruck bringt. Jesus hat den »Vater«! Wenn Jesus über den Va-

ter spricht, blicken ihn die Jünger mit großen Augen an, und es überkommt sie eine tiefe Sehnsucht, so daß Philippus ruft: »Zeig uns den
Vater; das genügt uns!« (Joh 14, 8). Aber für Jesus ist der Vater nicht
ein »Thema«, er ist sein *Abba*, sein »Papa«, derjenige, der ihm seine
Herrlichkeit und seinen Namen gegeben hat, »vor der Erschaffung der
Welt«, zu dem er sich auch als Mensch hingezogen fühlt mit einer unendlichen Anziehungskraft. Seine ganze Sendung auf Erden besteht
darin, den Menschen den Vater bekannt zu machen, deshalb beschließt er seine Verkündigung vom Reich mit den Worten:

> »Ich habe ihnen deinen Namen bekannt gemacht und werde ihn be-
> kannt machen, damit die Liebe, mit der du mich geliebt hast, in ihnen
> ist und damit ich in ihnen bin« (Joh 17, 26).

Selbst die Passion soll dazu dienen, die Menschen seine Liebe zum
Vater erkennen zu lassen: »Die Welt soll erkennen, daß ich den Vater
liebe«, sagte er, als er seinem Leiden entgegenging, »darum steht auf,
wir wollen gehen!« (vgl. Joh 14, 31).

Doch versuchen wir zu sehen, wie sich an dieser Stelle unseres Weges die Ausführungen über den Vater eingliedern. Die zentralen Kapitel des Römerbriefes (5–8) haben als Grundthema das von Christus
durch seinen Tod und seine Auferstehung erwirkte Heil. So erhebt
sich spontan die Frage: Ist denn unser Heil einzig und allein ein Werk
des Sohnes, oder ist es ein Werk der ganzen Trinität? Im Römerbrief –
und sogar genau im fünften Kapitel, bei dem wir mit unserer Lektüre
angekommen sind – finden wir eine Antwort auf diese Fragen, die uns
eine neue, trinitarische Dimension des Heils und selbst der Passion
Christi erschließt. Wir hatten bereits Gelegenheit, das Handeln des Vaters deutlich zu machen, als wir von der Auferstehung Christi sprachen, aber angesichts der Bedeutung und der Aktualität der Sache wollen wir jetzt das ganze Thema noch einmal gründlicher behandeln.

1. Die Ablehnung des Vaters

In Röm 5, 6–11 und dann – zum Schluß des Abschnittes – in Röm 8, 32 spricht der Apostel über die Liebe Gottes des Vaters zu uns als dem Urquell, aus dem die Erlösung hervorgegangen ist. Beachten wir genau, was er sagt:

>»Gott aber hat seine Liebe zu uns darin erwiesen, daß Christus für uns gestorben ist, als wir noch Sünder waren.« – »Gott hat seinen eigenen Sohn nicht verschont, sondern ihn für uns alle hingegeben« (Röm 5, 8; 8, 32).

Gott Vater erweist seine Liebe zu uns, indem er seinen eigenen Sohn in den Tod schickt! Für das menschliche Denken ist das eine überraschende, ja geradezu skandalöse Behauptung; es sieht in der Tatsache, daß Christus gestorben ist, nicht einen Beweis für die Liebe des Vaters, sondern allenfalls für seine Grausamkeit, oder zumindest für seine unbeugsame Gerechtigkeit. Tatsächlich ist die Erkenntnis des Vaters in der heutigen Kultur gleichsam verbarrikadiert durch einen Wald von Vorurteilen. Betrübt muß Jesus wiederholen, was er einstmals sagte: »Gerechter Vater, die Welt hat dich nicht erkannt!« (Joh 17, 25).

Die Schwierigkeiten der Menschen von heute, die Güte des Vaters mit dem qualvollen Tod Christi am Kreuz in Einklang zu bringen, haben zwei Hauptursachen. Die erste hat ihren Ursprung in der Kirche selbst und besteht in einer unangemessenen Art der Darstellung des Geheimnisses (unangemessen zumindest für das heutige Empfinden). Ich spreche nicht von den Interpretationen der großen Glaubenslehrer (wie jener des hl. Thomas), die im allgemeinen ziemlich nüchtern gehalten sind und das Geheimnis als solches respektieren, sondern von den Erklärungen, die durch so manche Handbücher und eine gewisse Art, über die Passion zu predigen, verbreitet wurden und die dazu geführt haben, ein Zerrbild des Dramas der Erlösung zu entwerfen. So stellte zum Beispiel Bossuet in einer Predigt am Karfreitag

1662 vor dem Hofstaat des Königs von Frankreich die Figur des Vaters folgendermaßen dar:

> »Die heilige Seele meines Erlösers ist von dem Entsetzen ergriffen, das ein drohender Gott einflößt, und während Jesus sich angezogen fühlt, sich diesem Gott in die Arme zu werfen, um dort Trost und Erleichterung zu suchen, sieht er, wie dieser das Gesicht verzieht, ihn zurückstößt, ihn verläßt und ihn ganz und gar der Wut seiner verärgerten Gerechtigkeit preisgibt. Du wirfst dich, o Jesus, in die Arme des Vaters und fühlst dich zurückgestoßen, spürst, daß gerade er es ist, der dich verfolgt, der dich schlägt, er, der dich verläßt, ausgerechnet er, der dich unter dem ungeheuren und unerträglichen Gewicht seiner Rache zermalmt ... Der Zorn eines verärgerten Gottes: Jesus betet und der erzürnte Vater hört nicht auf ihn. Es ist die Gerechtigkeit eines Gottes, der sich für die Beleidigungen rächt, die er einstecken mußte. Jesus leidet, und der Vater läßt sich nicht besänftigen!«[1]

Wenn einer der berühmtesten und tiefsinnigsten Redner, den die Geschichte kennt, sich so ausdrückte, können wir uns vorstellen, wozu sich wohl die anderen Prediger haben hinreißen lassen!

Es ist klar, daß eine solche, auf dem juridischen Konzept der Sühne beruhende Sichtweise auf die Dauer unweigerlich einen verborgenen Widerwillen gegen diesen »unversöhnlichen« Vater erzeugen mußte, der – selbst leidensunfähig – vom Himmel aus darauf wartet, daß vor ihm das Blut der Erlösung vergossen wird, und zwar von seinem eigenen Sohn. Eine derartige Interpretation berücksichtigt außerdem auch nicht gebührend eine fundamentale Wahrheit, nämlich die göttliche Willenseinheit von Vater, Sohn und Heiligem Geist, kraft derer das, was der Vater will, gleichermaßen auch der Sohn will. Wenn es also in Gott eine »Grausamkeit« gab, dann war sie nicht vom Vater gegen den Sohn gerichtet, sondern von Gott gegen sich selbst. Gott ist gegen sich selbst grausam gewesen aus Liebe zum Menschen.

---

1   J.B. Bossuet, *Œuvres complètes*, IV, Paris 1836, S. 365.

Die zweite Motivation für die Ablehnung des Vaters hat außerhalb der Kirche und der Theologie ihren Ursprung und geht aus der Wolke von Vorurteilen und Verdächtigungen hervor, die gegenüber der Vaterfigur aufgehäuft worden sind. Die moderne Psychologie hatte ein leichtes Spiel, all die Verzerrungen des Vaterbildes im menschlichen Bereich hervorzuheben: Paternalismus, Autoritarismus, Männlichkeitswahn ... Die moderne Psychoanalyse hat dann mit Freud auch noch den sogenannten Ödipuskomplex entdeckt, demzufolge im Unbewußten eines jeden Sohnes der mehr oder weniger verborgene Wunsch besteht, den eigenen Vater zu töten. Solange diese Beobachtungen auf den Bereich der menschlichen Pathologie beschränkt blieben, aus dem sie stammten, konnten sie durchaus gut und befreiend wirken. Die Schwierigkeit entstand erst, als man diesen Entdeckungen eine allgemeine und absolute Gültigkeit beimessen wollte, indem man sie sogar auf Gott anwandte, ja mit ihnen selbst den Glauben an die Existenz eines Vatergottes zu erklären suchte.

Aber ganz offensichtlich hat die Psychoanalyse all diese negativen Voraussetzungen nicht aus dem Nichts geschaffen. Viele von ihnen haben ihre Wurzeln im Leben der Menschen selbst. Man kann auf verschiedensten Wegen und durch ganz unterschiedliche Erfahrungen dahin gelangen, Ressentiments gegen den Vater zu nähren: Manche lehnen den himmlischen Vater ab, weil sie einen despotischen irdischen Vater hatten, andere tun es, obwohl sie nie einen eigenen Vater gekannt haben. Ein junges Mädchen erklärte ihre Ablehnung Gottes als Vater aufgrund folgender Erfahrung: Sie war ohne Vater aufgewachsen, und bei jeder Verfehlung erhob die Mutter vorwurfsvoll den Zeigefinger und sagte: »Wenn dein Vater noch lebte, würdest du aber so etwas nicht tun!« Sehr bald war sie soweit gekommen, in ihrem Herzen froh darüber zu sein, daß ihr Vater nicht mehr lebte. Der Vater war für sie ein Synonym für Verbote geworden, für einen, der Freiheit nimmt, nicht für einen, der Freiheit gibt.

2. Das Leiden Gottes

Einer der Beweggründe, der das menschliche Denken am meisten in diese Ablehnung des Vaters hineingetrieben hat, ist das Leid der Unschuldigen. Man sagt: »Wir können nicht einen Gott akzeptieren, der das Leid so vieler unschuldiger Kinder zuläßt.« Und wenn man versucht, ihnen vor Augen zu halten, daß auch Jesus gelitten hat, dann antworten sie: »Gerade Jesus ist unser Hauptargument. Warum hat sogar er leiden müssen? Zumindest er war doch mit Sicherheit unschuldig!« Im Urgrund des menschlichen Ressentiments gegenüber Gott Vater steht also das Leiden der Welt, die Tatsache, daß er – der Mensch – leidet und Gott nicht; daß der Sohn gelitten hat, während der Vater gleichmütig blieb. Darum wollen wir mit Hilfe des Heiligen Geistes versuchen, uns genau darüber Klarheit zu verschaffen.

Betrachten wir zunächst *das Verhalten des Vaters gegenüber dem Leiden im allgemeinen.* Als die Bibel mit der griechischen Philosophie in Berührung kam, waren es die »Leidenschaften« Gottes, die am meisten Anstoß erregten, die Tatsache, daß der Gott der Bibel »leidet«. Und wirklich lesen wir im Alten Testament, daß es Gott »in seinem Herzen weh tat« (vgl. Gen 6, 6), daß er in der Wüste »gekränkt« wurde (vgl. Ps 78, 40). Und das sind nicht nur einige vereinzelte Sätze. Die ganze Bibel ist vom einen Ende bis zum anderen durchzogen von einer Art trauriger Wehklage Gottes, die sich in jenem Ruf ausdrückt: »Mein Volk, mein Volk ...!«

> »Mein Volk, was habe ich dir getan, oder womit bin ich dir zur Last gefallen? Antworte mir!« (Mi 6, 3).

Der innerste Grund dieser Klage ist die verratene Vaterliebe:

> »Ich habe Söhne großgezogen und emporgebracht, doch sie sind von mir abgefallen« (Jes 1, 2).

Aber Gott betrübt sich nicht um seinetwillen, so als ob ihm etwas fehlte; er trauert um den Menschen, der sich auf diese Weise verliert. Er betrübt sich also aus reiner Liebe. Die Bibel scheut sich nicht, eine gewisse »Ohnmacht« Gottes aufzudecken, deren Ursache in seiner Liebe zum Menschen liegt. Die Menschen tun alles, um Gott mit ihren Götzen und ihrer Rebellion zu provozieren. Gerechterweise müßte Gott sie vernichten – aber da werden wir Zeugen eines inneren Widerstreits, eines gewissen Dramas in Gott selbst, das sich durch den Mund des Propheten Hosea offenbart:

> »Wie könnte ich dich preisgeben, Efraim, wie dich aufgeben, Israel? ... Mein Herz ist erschüttert in mir, mein Inneres bebt vor Mitleid. Ich will meinen glühenden Zorn nicht vollstrecken« (Hos 11, 8f).

Selbst wenn Gott »gezwungen« ist, zum Mittel der Bestrafung zu greifen, um sein Volk zur Besinnung zu bringen und von seiner Frevelhaftigkeit zu läutern (wie zum Beispiel während des Exils), heißt es in der Schrift, daß er »gegen seinen Willen die Menschen demütigt und betrübt« (vgl. Klgl 3, 33). Wenn der Mensch leidet, leidet also auch Gott, weil er »gegen seinen Willen« handeln muß.

Ich habe bereits angedeutet, daß diese unerhörte Offenbarung über Gott den Anstoß der Philosophen erregte. Für sie war Gott eine Idee, die Idee des Guten, nicht eine lebendige Person; eine Idee leidet nicht, sie besitzt keine »Gefühle«. Tatsächlich wird über ihren Gott gesagt, daß er »nicht mit Menschen verkehrt«[2], daß er höchstens geliebt werden, niemals aber selber lieben kann: er »bewegt die Welt, insofern er geliebt wird«, als Zielursache – sagt Aristoteles –, nicht insofern er liebt und zuerst liebt.[3] Er würde sich selbst disqualifizieren, wenn er es täte, denn er würde sich dem unterwerfen, was veränderlich und partikular ist. Gott ist der »unbewegte Beweger«, also der, welcher alles bewegt, in sich selbst jedoch unbewegt und leidensunfähig bleibt. So ist es verständlich, daß den Philosophen der Zorn, das Leiden und all die

2 Platon, *Symposion*, 203 a.
3 Aristoteles, *Metaphysik* 1072 b (XII, 7).

anderen »Leidenschaften« des biblischen Gottes untragbar erscheinen mußten. Bei einem dieser Denker liest man:

»Gott darf nicht einem zeitlichen Gefühl des Hasses oder der Liebe unterworfen werden. Darum kann er weder dem Zorn noch dem Mitleid zugänglich sein. Er darf weder vor Schmerz die Fassung verlieren noch sich von Ungeduld hinreißen lassen, sondern frei von jeglicher Leidenschaft kann er weder Schmerz noch Freude empfinden, noch kann er etwas Bestimmtes plötzlich wollen oder es nicht wollen.«4

Das war die herrschende Gottesvorstellung zu der Zeit, da die christliche Theologie ihre ersten Schritte tat. Die stoischen Philosophen sahen darin sogar stolz ein Zeichen einer gewissen Überlegenheit des Menschen über Gott: »Gott kennt den Schmerz nicht, der Mensch überwindet ihn.«5

Mehrere Jahrhunderte lang gab es den hartnäckigen Versuch einiger Gelehrter (der Gnostiker), all diese Dinge aus der Bibel zu entfernen und den Gottesbegriff dem der Philosophen anzugleichen, um aus dem »Gott Abrahams, Isaaks und Jakobs« den »Gott der Philosophen« zu machen. Wie aber reagierte der Glaube der Kirche? Hören wir dazu eine der entschlossensten und mutigsten Stimmen. Tertullian schreibt:

»Um zu wissen, wer Gott ist, gehen wir nicht bei den Philosophen oder bei Epikur in die Schule, sondern bei den Propheten und bei Christus. Wir, die wir an einen Gott glauben, der sogar auf die Erde herabgekommen ist, der zu unserem Heil die Niedrigkeit der menschlichen Bedingtheit mit uns hat teilen wollen, sind weit entfernt von der Ansicht derer, die einen Gott wollen, der sich um nichts kümmert. Aus ihr geht die Argumentation der Häretiker hervor, die sagen: Aber wenn Gott zornig wird, streitet, die Stimme erhebt und sich betrübt, dann

4   Apuleius, *De Deo Socratis*, 12.
5   Vgl. Seneca, *De Providentia*, 6, 6.

bedeutet das, daß er entartet und stirbt! Tatsächlich, das Besondere der Christen ist zu glauben, daß Gott sogar gestorben ist, auch wenn er in Ewigkeit lebt. Diese Narren! Sie beurteilen die göttlichen Dinge nach dem Maß der menschlichen, und da beim Menschen diese Leidenschaften Verderbnis mit sich bringen, meinen sie, dasselbe geschehe auch bei Gott. Während jedoch die Vergänglichkeit der menschlichen Natur bewirkt, daß solche Leidenschaften bei uns ein Zeichen der Verderbnis sind, bewirkt bei Gott die göttliche Unsterblichkeit, daß auch sie frei sind von jeder Verderbnis.«[6]

Auch jene Denker, die für die Faszination der griechischen Philosophie am empfänglichsten waren, blieben in diesem Punkt der Bibel treu. Der bekannteste unter ihnen, Origenes, kommt gerade beim Kommentieren der Bibel zu der Aussage, daß in Gott die Passion in gewissem Sinne selbst der Inkarnation vorausgegangen ist und daß die irdische und geschichtliche Passion Christi die Offenbarung und die Konsequenz einer vorausgegangenen Passion ist, die der Vater selbst für uns erlitten hat. Er schreibt:

»Der Erlöser ist auf die Erde herabgestiegen aus Erbarmen mit dem Menschengeschlecht. Er hat unsere Leiden ertragen, noch bevor er das Kreuz durchlitten hat, noch bevor er sich herabließ, unser Fleisch anzunehmen. Denn wenn er sie nicht schon vorher ertragen hätte, wäre er nicht gekommen, um teilzuhaben an unserem menschlichen Leben. Was für eine Passion ist diese, die er von Anbeginn für uns durchlitten hat? Es ist die Passion der Liebe. Der Vater selbst, der Gott des Universums, er, der voll Langmut und Erbarmen und reich an Güte ist, sollte etwa nicht leiden in gewisser Weise? Oder weißt du etwa nicht, daß er, wenn er sich um die menschlichen Dinge kümmert, ein menschliches Leiden durchmacht? Er erleidet eine Passion der Liebe.«[7]

6   Tertullian, *Adversus Marcionem*, II, 16 (CCL 1, 493).

7   Origenes, *Homilie über Ezechiel*, 6, 6 (GCS 33, 384); vgl. auch *Kommentar zum Matthäus-Evangelium* 10, 23 (GCS 40, 33).

Origenes führt die Debatte auf ihre wahre Wurzel zurück, nämlich auf die Frage, ob man an einen Gott glaubt, der Liebe ist, oder nicht. Die heidnischen Philosophen wußten genau, daß Gott, wenn er die Menschen liebt und sich für ihr Schicksal interessiert, in gewisser Weise in ihren Strudel hineingezogen wird und nicht mehr »leidensunfähig und ruhig« ist. Darum verneinten sie ausdrücklich, daß er liebt, indem sie sagten, er könne nur »geliebt werden«, nicht aber »lieben«. Diesen Schluß konnten jedoch die Christen nicht akzeptieren, ohne damit auf einen Schlag in Widerspruch zur gesamten Bibel zu geraten; darum öffneten sie sich dem Geheimnis eines Gottes, der »leidet«. Paulus selbst spricht von der Möglichkeit, den Heiligen Geist zu »beleidigen«, d. h. ihn leiden zu lassen (vgl. Eph 4, 30). Für einen Gott, der »Liebe ist«, sind sicher das Leiden und die Passion passender als ihr Gegenteil, die Leidensunfähigkeit. Gott leidet »eine Passion der Liebe«, d. h. eine Passion, die aus der Tatsache herrührt, daß er liebt, und zwar wirklich liebt. Das Wort »Passion« selbst drückt in unserem Sprachgebrauch diese geheimnisvolle Verbindung von Schmerz und Liebe aus: es dient nämlich sowohl dazu, eine große, leidenschaftliche Liebe, als auch einen großen Schmerz zu bezeichnen. »Man kann nicht in der Liebe leben ohne Schmerz.«[8]

Sicher, die Wörter »Passion« und »Leiden« haben, wenn sie auf Gott angewandt werden, eine analoge Bedeutung, die anders ist als jene, die sie im menschlichen Bereich besitzen. Bei ihm handelt es sich um ein unendlich freies Leiden, das keinerlei Notwendigkeit oder Schicksal unterliegt und das die anderen göttlichen Attribute nicht aufhebt, sondern bestätigt, auch wenn wir nicht einsehen, wie. Es ist »das Leiden des Leidensunfähigen«[9]. Im Gegenteil, eine radikale Unfähigkeit zu leiden würde für Gott eine Beschränkung darstellen und wäre damit Zeichen eines Mangels an Freiheit. Gott kann, wenn er will, auch leiden, und da er liebt, will er es. Die Passion Gottes ist nicht

---

8 *Nachfolge Christi*, 3, 5.

9 Gregor der Wundertäter, *Ad Theopompum*, in J. B. Pitra, *Analecta sacra*, IV, Venedig 1883, S. 363.

weniger als seine anderen Vollkommenheiten Zeichen einer uneinge-
schränkten Souveränität und Macht.

3. Das Mitleiden des Vaters

Nun wollen wir den anderen Aspekt des Problems betrachten, der mit
dem Christentum aufkommt, und zwar infolge der Offenbarung der
Trinität und der neuen »Vaterschaft« Gottes des Vaters: *die Haltung des
Vaters gegenüber der Passion seines Sohnes Jesus Christus*. Ist es wahr, daß
Gott Vater nur derjenige ist, der den Sohn leiden »läßt« oder seinem
Leiden zuschaut? Wenn es in der Schrift heißt, daß Gott »gegen seinen
Willen die Menschen demütigt und betrübt«, was soll man dann von
diesem Sohn sagen, dem über alles geliebten Sohn, der ganz aus Liebe
und Gehorsam gegenüber dem Vater besteht? Der hl. Paulus bekräf-
tigt, daß Gott »seinen eigenen Sohn nicht verschont, sondern ihn für
uns alle hingegeben« hat (Röm 8, 32). Wenn wir diesen Text in einer
Bibelausgabe lesen, die mit entsprechenden Querverweisen ausgestattet ist, finden wir am Rande dieses Abschnittes aus dem Römerbrief
den Verweis auf Gen 22, 16. Von wem ist dort die Rede? Von Abraham.
Gott sagt zu Abraham:

»Weil du das getan hast und deinen Sohn, *deinen einzigen Sohn, mir
nicht vorenthalten hast,* will ich dir Segen schenken in Fülle.«

Origenes schreibt dazu:

»Vergleichen wir diese Worte mit denen des Apostels, als er von Gott
sagt: Er hat seinen einzigen Sohn nicht verschont, sondern ihn für uns
alle hingegeben.«[10]

---

10 Origenes, *Homilien über das Buch Genesis*, 8, 12 (GCS 29, 84). Paulus verwendet
in Röm 8, 32 dasselbe Verb *pheidomai*, das die Septuaginta in Gen 22, 16 verwendet.

Abraham, der schweigend zum Berg Morija wandert, um dort seinen Sohn Isaak zu opfern, war also Sinnbild für einen anderen Vater.

Das ist uns hilfreich, um uns eine genauere Vorstellung von der Haltung des Vaters im Geheimnis der Erlösung zu bilden. Er war nicht abwesend, im Himmel droben, während der Sohn zum Kalvarienberg ging, sondern im Gegenteil, er war bei ihm: »Ihr werdet mich allein lassen«, sagte Jesus zu seinen Jüngern, »aber ich bin nicht allein, denn der Vater ist bei mir« (vgl. Joh 16, 32). Wer kann die Gefühle im Herzen Abrahams beschreiben, als er seinen Sohn zum Ort der Opferung führte? Origenes sagt, der Augenblick der größten Versuchung für Abraham sei gewesen, als der Sohn sich unterwegs an ihn wandte und nichtsahnend fragte, wo denn das Lamm für das Brandopfer sei, und ihn dabei mit »mein Vater« anredete. Bei diesen Worten: »Mein Vater!« fuhr Abraham zusammen wie jemand, der auf frischer Tat ertappt ist, und antwortete: »Ja, mein Sohn!« Wie hätte er dem Sohn sagen können: »Das Opferlamm bist du!«? Das war für Abraham wirklich die Stimme der Versuchung; sein Vaterherz bebte vor Erschütterung beim Klang jener Worte: »Mein Vater!« Wer kann sagen, was im Herzen des himmlischen Vaters vor sich ging, als Jesus in Getsemani sich mit denselben Worten an ihn wendete: »Mein Vater!«: »Abba, Vater, alles ist dir möglich. Nimm diesen Kelch von mir!« (Mk 14, 36). Abraham wäre sicher lieber tausendmal selbst gestorben, als den Sohn zu töten.

Vater und Sohn durchlitten also gemeinsam die Passion, und der Augenblick, in dem Jesus den Vater am weitesten entfernt glaubt und ruft: »Warum hast du mich verlassen?«, ist in Wirklichkeit der Moment, in dem der Vater ihm am nächsten ist und ihn in einer Umklammerung der Liebe an sich drückt – noch fester, wenn das überhaupt noch möglich ist –, denn es ist der Moment, in dem der menschliche Wille des Sohnes am tiefsten mit seinem göttlichen Willen vereinigt ist.

Jetzt verstehen wir, was der hl. Paulus mit dem Satz: »Gott hat seinen eigenen Sohn nicht verschont, sondern ihn für uns alle hingegeben« sagen will: Er will sagen, daß er ihn sich nicht vorbehalten hat, d. h. daß er ihn nicht für sich behalten hat »wie einen eifersüchtig gehüteten Schatz«. Der Vater ist nicht nur derjenige, der das Opfer des Sohnes entgegennimmt, sondern auch derjenige, der das Opfer des Sohnes »bringt«: Er hat das große Opfer gebracht, uns seinen Sohn zu geben!

»Wie sehr hast du uns geliebt, o guter Vater, daß du deinen eigenen Sohn nicht verschontest, sondern ihn für uns Gottlose hingabst! Wie sehr hast du uns geliebt!«[11]

In der ältesten Theologie der Kirche sprach man in aller Einfachheit und mit Selbstverständlichkeit über dieses Leiden Gottes in Christus. Von einem Zeugen dieser archaischen Theologie, die vor allem in Kleinasien zur Blüte kam, stammen die folgenden Worte, die uns durch Tertullian überliefert sind: »Wenn der Sohn gelitten hat, dann hat der Vater mitgelitten«, und weiter: »Wie hätte der Sohn leiden können, ohne daß der Vater mitgelitten hätte?«[12] Sehr bald jedoch kam eine Häresie auf, die diesen einfachen, von der Bibel inspirierten Glauben verunsicherte. (Es ist nicht gesagt, daß die eben zitierten Aussagen bereits zu dieser Häresie gehörten, wie Tertullian unterstellt, als er sie wiedergibt.) Sie leugnete die Unterscheidung zwischen Vater und Sohn und damit die Trinität; in der Perspektive dieser Häresie, nach der es in Gott nur eine einzige Person gibt, bedeutet die Aussage, daß der Sohn gelitten hat, dasselbe wie die Aussage, daß der Vater gelitten hat. Es wechseln die Namen, nicht aber die Person. Darum wurden sie von ihren Gegnern »Patripassianer« genannt: diejenigen, welche die Passion dem Vater zuschreiben. Diese Vorstellung unterschied sich aber erheblich von der orthodoxen, wonach der Vater als Vater an der Passion des Sohnes teilnahm, der wiederum der Sohn, also eine eigene Person, blieb. Wie es gewöhnlich in solchen Fällen geschieht, brachte die Ablehnung der Häresie auch die Ablehnung der vorangegangenen Wahrheit mit sich, gleichsam um der Häresie jeglichen An-

---

11 Augustinus, *Confessiones*, X, 43.
12 Tertullian, *Adversus Praxean*, 29 (CCL 2, 1203).

haltspunkt zu entziehen. Das Thema des Mitleidens des Vaters verschwindet aus dem Sprachgebrauch und aus dem Bewußtsein der Kirche; es wird zu einem versunkenen Relikt. So wird es üblich, deutlich
zu unterscheiden zwischen der Passion, die, insofern sie *gewollt* ist,
dem Vater und dem Sohn gemeinsam zuzuschreiben ist, und der Passion, die, insofern sie *erlitten* ist, allein Sache des Sohnes sei. Der allgemeine und unabwendbare Prozeß der Angleichung an die Kultur der
Zeit führte dazu, daß die biblische Vorstellung vom Leiden Gottes der
griechischen Idee der Leidensunfähigkeit Gottes geopfert wurde. Dazu
trug auch noch die Tatsache bei, daß die Leidensunfähigkeit (*apatheia*)
in einigen monastischen Kreisen zum höchsten asketischen Ideal
wurde, zum absoluten Gipfel der Heiligkeit, weshalb man sich veranlaßt fühlte, sie in höchstem Grade Gott selbst zuzuschreiben.

Wie dem auch sei – im Dogma der Kirche ist ein Fixpunkt erhalten
geblieben, von dem wir erneut ausgehen können: Durch unendliche
Auseinandersetzungen hindurch hat der Glaube der Kirche trotz allem
an dem Bekenntnis zum *Theopaschismus* festgehalten, d. h. an der Lehre vom Leiden Gottes in Christus, indem sie die alte Aussage aufrech-
terhielt, daß »Gott gelitten hat«[13]. Der Sinn dieser dogmatischen Feststellung ist, daß Gott »im Fleisch« gelitten hat, doch wir wissen aus der
Theologie, daß »derjenige«, der im Fleisch gelitten hat – das Subjekt –,
die Person des Sohnes ist, d. h. Gott. »Einer aus der Trinität hat gelitten«, und wenn einer gelitten hat, dann hat – wegen der gegenseitigen
Durchdringung der drei göttlichen Personen – die ganze Trinität gelitten. Im Leib Christi, der die Kirche ist, gilt: »Wenn ein Glied leidet, leiden alle Glieder mit« (1 Kor 12, 26), und wie könnte das, was für die
kirchliche Gemeinschaft gilt, für die trinitarische Gemeinschaft keine
Gültigkeit haben, die doch ihre Quelle und ihr Vorbild ist? Natürlich
handelt es sich im Falle des Vaters um ein anderes Leiden als das des
menschgewordenen Sohnes, um ein indirektes Leiden oder ein Mitleiden. Jene ersten Theologen hatten es gut formuliert: »Wenn der Sohn
gelitten hat, hat der Vater mit-gelitten.«

13 Vgl. Denzinger-Schönmetzer, *Enchiridion Symbolorum*, Nr. 201, Nr. 222.

In unseren Tagen erleben wir nach dem langen Schweigen über das Leiden Gottes – einem Schweigen, in dem jene seltsame Idee vom »unversöhnlichen« Vater Raum finden konnte – ein Wiedererblühen dieser Wahrheit im Bewußtsein der Kirche.[14] Das ist eine der stets unvorhersehbaren, aber von der Vorsehung geleiteten Überraschungen des Heiligen Geistes, ein authentisches Zeichen der Zeit. Mehrere Theologen aus verschiedenen Ländern und von unterschiedlicher Ausrichtung haben begonnen, wieder über dieses geheimnisvolle Thema zu sprechen. Einige haben behauptet, die Tat, »den eigenen Sohn hinzugeben«, verursache für Gott ein tieferes Leiden als jegliches Leiden der erschaffenen Welt, und die Aufgabe des Gekreuzigten habe darin bestanden, das Leiden des Vaters offenbar zu machen. Unsere Auffassung – bemerkt Karl Barth – wonach Gott im Gegensatz zu jedem Leiden nur absolut aktiv sein kann, erweist sich als falsch und heidnisch im Lichte der Tatsache, daß er in Jesus Christus gerade anders *ist* und anderes *tut* (d. h. sich erniedrigt, solidarisch wird mit der Welt und selbst leidet); es steht uns nicht zu, klüger sein zu wollen als Gott und festlegen zu wollen, was mit der göttlichen Natur vereinbar ist und was nicht, sondern wir müssen es aus dem ersehen, was er tut; seine Herrlichkeit besteht in der Freiheit seiner Liebe.[15]

Johannes Paul II. hat diese »Wiederentdeckung« des wahren Antlitzes des biblischen Gottes aufgegriffen. In seiner Enzyklika über den Heiligen Geist steht:

»Der Begriff von Gott als des unbedingt vollkommensten Wesens schließt ganz gewiß jeden Schmerz von Gott aus, der aus einem Mangel oder einer Verletzung käme; aber es gibt in den ›Tiefen Gottes‹ eine Liebe des Vaters, die angesichts der Sünde des Menschen so stark reagiert, daß es in der Sprache der Bibel sogar heißt: ›Es reut mich, den Menschen gemacht zu haben!‹ ... Aber viel öfter spricht die heilige Schrift von einem Vater, der Mitleid mit dem Menschen hat, gleichsam

---

14 Vgl. K. Kitamori, *Theologie des Schmerzes Gottes*, Göttingen 1972.
15 Vgl. K. Barth, *Kirchliche Dogmatik*, IV/1, Zürich 1960, S. 203f.

als teile er seinen Schmerz. Schließlich wird dieser unergründliche und unsagbare ›Schmerz‹ des Vaters vor allem das wunderbare Heilswerk der erlösenden Liebe in Jesus Christus hervorbringen, damit durch das Geheimnis des Glaubens die Liebe in der Geschichte des Menschen sich als stärker erweisen kann als die Sünde ... Im Menschsein Jesu, des Erlösers, bewahrheitet sich das ›Leiden‹ Gottes.«[16]

Noch vor den Theologen waren es einige eher im Verborgenen lebende Menschen, die in ihrem Herzen gleichsam einen entfernten Widerhall der Klage Gottes vernahmen, worauf sich von jenem Tag an ihr Leben so änderte, daß sie von nichts anderem mehr redeten als davon. Diese Menschen haben ihre Kenntnis des Leidens Gottes des Vaters nicht aus dem Studium der Theologie gewonnen, als ob es eine Sache der Vergangenheit wäre; sie haben es lebendig erfahren, denn Gott Vater leidet noch heute um der Menschen willen, weil sie seine Liebe zurückweisen. In der Biographie einiger Heiliger kann man lesen, daß sie fast den Verstand verloren bei dem Gedanken daran, daß »die Liebe nicht geliebt wird«, und daß sie diese Worte nächtelang wiederholten und sie selbst der leblosen Schöpfung entgegenschrien, damit auch sie sich ihrem Wehklagen anschlösse. Wie können wir also noch immer behaupten, daß »der Mensch leidet und Gott nicht«? O gedankenloser Mensch, halte auch du einen Augenblick inne und bedenke, ob es einen Schmerz gibt, der dem Gottes gleichkommt!

4. Liebe und Gehorsam

Doch müssen wir uns nun mit dem heikelsten Punkt auseinandersetzen, von dem aus sich das Bild des »unversöhnlichen« Vaters gegenüber seinem Sohn Jesus Christus entwickelte: Warum hat der Vater den Sohn dem Tod »überliefert«, und wie läßt sich das mit seinem Mitleid in Einklang bringen? Im Johannes-Evangelium sagt Jesus:

16 Johannes Paul II., *Dominum et vivificantem*, Nr. 39.

»Deshalb liebt mich der Vater, weil ich mein Leben hingebe, um es wieder zu nehmen. Niemand entreißt es mir, sondern ich gebe es aus freiem Willen hin. Ich habe die Macht, es hinzugeben, und ich habe die Macht, es wieder zu nehmen. Diesen Auftrag habe ich von meinem Vater empfangen« (Joh 10, 17–19).

Hier ist die Rede von einer »Macht«, das Leben hinzugeben, und von einem »Auftrag«, es zu tun, von einer Freiheit und von einem Gehorsam; aber genau in diesem Paradox liegt der Schlüssel des Geheimnisses. Wie und wann hat der Vater dem Sohn den »Auftrag« gegeben, aus eigenem Antrieb sein Leben hinzugeben? Der hl. Thomas antwortet darauf, der Vater habe den Sohn dem Tod überliefert, »insofern er in ihm durch das Eingießen der Liebe den Willen erweckte, für uns zu leiden«.[17] Wie anders ist doch das Bild des Vaters, das sich aus diesen Worten ergibt, im Vergleich zu jenem, an das am Anfang erinnert wurde! Der »Auftrag«, den der Sohn vom Vater empfangen hat, ist also vor allem der Auftrag, uns zu lieben. Indem der Vater dem Sohn seine Natur übertragen hat, die Liebe ist, hat er ihm eben damit auch seine »Passion der Liebe« übertragen, und diese Passion der Liebe hat Jesus ans Kreuz gebracht!

Im Neuen Testament heißt es einerseits, Jesus sei gestorben, »weil er uns liebte« (vgl. Eph 5, 2), und andererseits, er sei gestorben, um dem Vater »gehorsam« zu sein (vgl. Phil 2, 8). Uns Menschen scheinen Liebe und Gehorsam zwei unterschiedliche Dinge zu sein, und wir würden lieber glauben, daß er aus Liebe gestorben ist als aus Gehorsam. Doch das Wort Gottes und die Theologie der Kirche lassen uns eine tiefere Perspektive erahnen, in der die beiden Dinge zu einem verschmelzen. Jesus ist ganz gewiß aus Liebe zu uns gestorben, aber gerade darin bestand sein Gehorsam gegenüber dem Vater! Der hl. Bernhard betont einen wahren, wenn auch nur partiellen Aspekt des Geheimnisses, wenn er schreibt: »Gott Vater hat das Blut des Sohnes nicht *gefordert*, sondern er hat es angenommen, als es ihm *darge-*

---

17 Thomas von Aquin, *Summa Theologiae*, III, q. 47, a. 3.

bracht wurde.«[18] Der vollkommene Gehorsam besteht nicht darin, den erhaltenen Befehl in Perfektion auszuführen, sondern darin, sich den Willen des Befehlenden zu eigen zu machen. So geartet war der Gehorsam des Sohnes. Er teilte sogar mit dem Vater denselben Willen. Trotzdem war der Gehorsam Jesu kein einfacher Gehorsam, sondern im Gegenteil der schwierigste Gehorsam, den man sich nur vorstellen kann, so sehr, daß er ihn Blutschweiß kostete, denn der Sohn Gottes hat »gemäß seiner menschlichen Natur« gehorcht. Er mußte einen so vollkommenen Gehorsam mit einem Willen gleich dem unsrigen verwirklichen. Er mußte als Mensch einen göttlichen Gehorsam leisten!

5. Dem Vater vertrauen

Was bedeutet nun all das, was wir bis hierher über das Leiden Gottes dargelegt haben? Etwa, daß Gott machtlos ist, dem Bösen Widerstand zu leisten? Wir dürfen nicht dem Irrtum verfallen, das biblische Bild des Vaters in die andere Richtung zu verfälschen. Er bleibt der »dreimal Heilige«, der Allmächtige, derjenige, der sich als Herrscher über alles erhebt; sein Leiden ist immer ein Zeichen von »Herablassung«, nicht von Schwäche. Das einzigartige Merkmal des Gottes Jesu Christi ist, daß er als solcher – d. h. als Gott, als der Höchste, als der, welcher »im Himmel«, also über allem ist und alles vermag – uns als Vater, ja sogar als »Papa« (*Abba*) gegeben wird. »Ich glaube an Gott, den Vater, den Allmächtigen«, lautet unser erster Glaubensartikel: Vater, aber allmächtig; allmächtig, aber Vater! Ein Vater, der nur gut wäre und nicht auch stark, frei und imstande, Sicherheit zu geben, wäre kein wirklicher Vater, und der Mensch könnte zu ihm kein volles Vertrauen haben. Das ist der Gedanke, den der böse Feind manchmal im Herzen des Menschen zu erwecken sucht: daß Gott selbst unfähig ist, dem Bö-

---

18 Bernhard von Clairvaux, *De errore Abelardi*, 8, 21 (PL 182, 1070); vgl. auch Anselm von Canterbury, *Meditatio redemptionis humanae*, in *Opera omnia*, hrsg. von F. S. Schmitt, III, Stuttgart 1968, S. 84f.

sen Einhalt zu gebieten. Doch das ist Lüge. Die Antwort darauf ist, daß
Gott gerade im Leiden auf ganz besondere Weise seine Macht manifestiert, denn – wie es in einem liturgischen Gebet heißt – er »offenbart
seine Macht vor allem im Erbarmen und Verschonen«. In seiner unendlichen Weisheit hat Gott beschlossen, das Böse zu besiegen, indem
er es erträgt und gewissermaßen »auf sich« nimmt. Er wollte – seinem
Wesen gemäß – nicht durch seine Kraft, sondern durch die Liebe sie-
gen, und so hat er uns als erster ein Beispiel gegeben, wie man »das
Böse durch das Gute besiegen« soll (vgl. Röm 12, 21). Trotzdem müssen wir uns daran erinnern, daß das »Mitleiden« des Vaters mit dem
Sohn letztlich nicht auf das Kreuz hinausläuft, sondern auf die Auferstehung. Er hat dem Sohn den Auftrag gegeben, sein Leben hinzugeben, »um es dann wieder zu nehmen«. Er hat nicht einen einzigen Augenblick an den Tod des Sohnes gedacht, ohne zugleich an seine
Auferstehung zu denken. Nur uns gelingt es nicht, die beiden Dinge in
unserem Denken als Einheit zu empfinden. In der Auferstehung
wurde Jesus »gerechtfertigt durch den Geist« (vgl. 1 Tim 3, 16), d. h.
der Vater hat ihm durch den Geist Gerechtigkeit widerfahren lassen
und ist damit auch sich selbst, seiner siegreichen Liebe gerecht geworden. Indem er Jesus von den Toten auferweckt hat, hat Gott Vater bewiesen, »wie überragend groß seine Macht und die Wirksamkeit seiner Kraft ist« (vgl. Eph 1, 19f).

Man kann also dem Vater vertrauen! Das ist die Sicherheit, die wir
erstreben und die wir brauchen. Die väterliche Liebe Gottes »ist das
einzig Unerschütterliche im Leben, der wahre archimedische Punkt«,
hat jemand gesagt, der das selbst erfahren hat.[19] Wenn man einem
Kind die Gewißheit vermittelt, daß sein Vater es liebt, macht man es zu
einem selbstsicheren Wesen, das sich dem Leben stellen kann. Ein
Kind, das an der Hand des Vaters spazieren geht oder das an Papas
Händen unter Freudenjauchzern fliegend um ihn kreisen darf oder
das sich mit seinem Papa von Mensch zu Mensch unterhält, ist das

---

19 S. Kierkegaard, *Die Tagebücher* (III A 73), in *Gesammelte Werke*, Bd. 37, Düsseldorf 1962, S. 246.

glücklichste und freiste Geschöpf auf der Welt. Ein Akrobat vollführte einmal auf dem obersten Stockwerk eines Gebäudes ein Kunststück: Er lehnte sich völlig hinaus, stützte sich nur noch auf die Zehenspitzen und hielt dabei sein nur wenige Jahre altes Söhnchen auf dem Arm. Als sie wieder herunterkamen, fragte jemand den Buben, ob er denn keine Angst gehabt habe, und er antwortete – ganz verwundert über die Frage –: »Nein, ich war doch auf Papas Armen!« Der Glaube möchte uns ein wenig von dieser Sicherheit zurückgeben, die aus uns neue, freie Geschöpfe machen kann. Er möchte uns an den Punkt bringen, von dem aus man wie der hl. Paulus in voller Überzeugung ausruft:

> »Ist Gott für uns, wer ist dann gegen uns? Wer kann uns anklagen, wer uns verurteilen, wer kann uns scheiden von der Liebe Gottes? Alles überwinden wir durch den, der uns geliebt hat!« (vgl. Röm 8, 31ff).

Weg also mit den Ängsten, weg mit allem Kleinmut und aller Verzagtheit, sagt Jesus! Wovor fürchtet ihr euch? Euer Vater »weiß«. Sogar die Haare eures Hauptes sind alle gezählt. Ihr seid mehr wert als viele Sperlinge (vgl. Mt 6, 31f; 10, 29–31).

Selbst die feierliche Feststellung, daß »Gott seinen eigenen Sohn nicht verschont hat«, dient dem Apostel dazu, diese Zuversicht noch nachdrücklicher einzuprägen: Wenn Gott seinen eigenen Sohn nicht verschont, sondern ihn für uns alle hingegeben hat, »wie sollte er uns mit ihm nicht alles schenken?« (Röm 8, 32): Der erste Teil des Satzes hat den Zweck, den zweiten glaubwürdig zu machen.

»Der Vater hat zwei Arme«, sagt Irenäus, »die beiden Arme des Vaters sind der Sohn und der Heilige Geist.«[20] Mit diesen Armen hat er uns gesucht in der Finsternis der Welt, und nun, da er uns gefunden hat, drückt er uns an sich. Durch Christus sind wir im Heiligen Geist so innig mit dem Vater vereint, wie kein Sohn je mit seinem eigenen Vater vereint gewesen ist, denn wir bleiben nicht außerhalb von ihm,

20 Irenäus von Lyon, *Gegen die Häresien (Adversus haereses)*, V, 1, 3.

sondern werden in sein eigenes Innerstes eingelassen. Jesus hat gesagt – und er war sicher, immer erhört zu werden – : »Vater, ich will, daß alle, die du mir gegeben hast, dort bei mir sind, wo ich bin« (Joh 17, 24), und wo könnte der Sohn anders sein als »am Herzen des Vaters«? Dort ist also der für uns »vorbereitete Platz« und unsere »Wohnung«, dorthin werden wir gehen, dort für immer bleiben, um seine Herrlichkeit zu schauen und ein ewiges, von Staunen erfülltes *Abba* zu sagen.

Angesichts dieses Geheimnisses der zärtlichen Liebe des himmlischen Vaters möchten wir uns spontan an Jesus wenden und ihm sagen: »Jesus, der du unser großer Bruder bist, sag uns, was wir tun können, um uns einer solchen Liebe und eines solchen Leidens des Vaters würdig zu zeigen!« Und Jesus antwortet auf diese Bitte, er antwortet mit seinem Evangelium und seinem Leben. Es gibt etwas – sagt er –, das ihr tun könnt, das auch ich getan habe und das den Vater glücklich macht: Schenkt ihm Vertrauen, verlaßt euch auf ihn, schenkt ihm Glauben! Gegen alles, gegen alle und gegen euch selbst.

Denken wir an einen Mann, der von aller Welt beschuldigt wird. Alles spricht augenscheinlich gegen ihn, so daß nicht einmal seine eigenen Angehörigen mehr an ihn glauben und es außerdem fast Wahnsinn wäre, noch seine Verteidigung übernehmen zu wollen. Aber siehe da, der Sohn dieses Mannes erhebt sich gegen alle und erklärt, daß das, was sie sagen, unmöglich sei, denn er wisse, wer sein Vater sei, und er werde niemals aufgeben ... Würde die Freude und der Mut, den jener Sohn dem Vater durch sein unerschütterliches Vertrauen gibt, nicht das Unverständnis der ganzen übrigen Welt aufwiegen? Nun, wir können für unseren himmlischen Vater jener Sohn sein! Wenn wir uns also in Angst und Finsternis befinden, wenn alles um und in uns Gott anzuklagen scheint, wenn wir nichts mehr vor uns sehen als die sinnloseste Absurdität und im Begriff sind aufzugeben, dann sollten wir uns sofort mit einem Aufschwung des Glaubens wieder in die Hand nehmen und rufen: »Mein Vater, ich verstehe dich nicht mehr, aber ich vertraue dir!« Auch Jesus rief so im Garten von Getsemani: »Mein Vater, nimm diesen Kelch von mir!« Der Kelch ging nicht an ihm vorüber, aber Jesus verlor nicht sein Vertrauen zum Vater und rief aus: »Mein Vater, in deine Hände lege ich meinen Geist!«, und er wurde erhört wegen seiner Gottergebenheit (vgl. Hebr 5, 7). Und ob er erhört wurde! Er wurde mehr erhört, als wenn der Kelch an ihm vorübergegangen wäre, ohne daß er ihn hätte trinken müssen, denn der Vater hat ihn vom Tod erweckt und ihn – auch als Mensch – zu unserem Herrn eingesetzt.

»Die Unkenntnis des Vaters«, sagt ein Autor des 2. Jahrhunderts in Anspielung auf die Situation der Menschen vor Christus, »war die Quelle von Angst und Furcht.«[21] In der Hoffnung, diese Unkenntnis des Vaters, die in der Welt leider immer noch andauert, zumindest ein wenig verringert zu haben, setzen wir nun unseren Weg der Wiederentdeckung des Heils fort und halten uns dabei stets fest im Wort Gottes verankert.

---

21 *Evangelium veritatis* (aus den Codices von Nag Hammadi), 4.

»Die Sünde soll euren Leib nicht mehr beherrschen!«

Die Befreiung von der Sünde

D as sechste Kapitel des Römerbriefes führt das Thema des Heiles weiter aus, aber unter einem anderen Gesichtspunkt. Bisher hat der hl. Paulus uns entdecken lassen, *wie* man das Heil erlangt (gratis und ohne Gegenleistung, durch den Glauben); er hat zu uns über den *Urheber* des Heils gesprochen und über das *Ereignis*, das es möglich gemacht hat (Jesus Christus mit seinem Leiden und dahinter der Vater mit seinem Mitleiden). Nun geht der Apostel dazu über, vom *Inhalt* des Heils zu sprechen, d. h. von seinen grundlegenden Elementen. Dieser Inhalt besitzt einen negativen Aspekt, die Befreiung von der Sünde und vom Gesetz (Röm 6–7), und einen positiven, die Gabe des Heiligen Geistes (Röm 8). So war das Heil bei den Propheten beschrieben worden, die den neuen und ewigen Bund angekündigt hatten, und so hat es sich verwirklicht:

> »Ich reinige euch von aller Unreinheit und von allen euren Götzen. Ich schenke euch ein neues Herz und lege einen neuen Geist in euch« (Ez 36, 25f).

Das erste hat Jesus durch sein Pascha verwirklicht, und das zweite an Pfingsten. Diese beiden Aspekte stehen in gegenseitiger Abhängigkeit: Die Befreiung ist nämlich die Bedingung für das Kommen des Geistes; sich von der Herrschaft der Sünde zu befreien, ist die Voraussetzung, um unter die Herrschaft Christi zu gelangen, die sich im Geist vollzieht. Im Buch der Weisheit steht:»In eine Seele, die auf Böses sinnt, kehrt die Weisheit nicht ein, noch wohnt sie in einem Leib, der sich der Sünde hingibt« (Weish 1, 4), und Jesus sagt, niemand fülle neuen Wein in alte Schläuche (vgl. Mt 9, 17). Gott gießt den neuen Wein seines Geistes nicht in den alten Schlauch des Herzens, das noch der Sünde versklavt ist.

»Du sollst mit Gutem angefüllt werden: befreie dich also vom Bösen. Nimm an, Gott wolle dich mit Honig füllen: Wenn du voller Essig bist, wohin willst du den Honig geben? Man muß den Inhalt des Gefäßes ausgießen, mehr noch, man muß das Gefäß reinigen, es kraftvoll reinigen und gründlich ausschaben, damit es geeignet ist, die neue Substanz aufzunehmen.«[1]

Am Pfingsttag richtete der hl. Petrus in diesem Zusammenhang einen Aufruf an die Menge und verband damit ein Versprechen, das auch für uns Gültigkeit besitzt:

»Kehrt um ... dann werdet ihr die Gabe des Heiligen Geistes empfangen!« (Apg 2, 38).

Der Abschnitt des Römerbriefes, der uns in diesem Bemühen um Befreiung von der Sünde als Leitfaden dient, ist das ganze sechste Kapitel, besonders aber die folgenden Aussagen:

»Heißt das nun, daß wir an der Sünde festhalten sollen, damit die Gnade mächtiger werde? Keineswegs! ... Wir wissen doch: Unser alter Mensch wurde mitgekreuzigt, damit der Leib der Sünde vernichtet werde und wir nicht Sklaven der Sünde bleiben ... So sollt auch ihr euch als Menschen begreifen, die für die Sünde tot sind ... Daher soll die Sünde euren sterblichen Leib nicht mehr beherrschen, und seinen Begierden sollt ihr nicht gehorchen. Stellt eure Glieder nicht der Sünde zur Verfügung als Waffen der Ungerechtigkeit ...« (Röm 6, 1–13).

---

[1] Augustinus, *In Epistolam Ioannis ad Parthos*, 4, 6 (SCh 75, 232).

Es handelt sich um einen regelrechten österlichen »Exodus«, um eine »ruhmvolle Auswanderung« aus dem Ägypten der Sünde (vgl. Weish 18, 3). Ostern zu feiern bedeutet, »den alten Sauerteig wegzuschaffen, um neuer Teig zu sein« (vgl. 1 Kor 5, 7f); es bedeutet – so kommentierten die Väter – »von der Sünde zum Leben überzugehen, von der Schuld zur Gnade, von der Schande zur Heiligkeit«[2].

Wir wollen auf unserem Weg der Befreiung von der Sünde fünf Etappen unterscheiden.

1. Die Sünde erkennen und eingestehen

Die Welt hat das Empfinden für die Sünde verloren. Sie macht sich darüber lustig, als sei sie das Harmloseste der Welt. Mit der Idee der Sünde würzt sie ihre Produkte und Schauspiele, um sie attraktiver zu machen. Sie spricht von der Sünde – auch von den schwersten Sünden – in verniedlichender, beschönigender Weise: ein kleiner Fehltritt, ein süßes Laster ... Sie hat keine Angst mehr vor ihr. Vor allem hat sie Angst, nur nicht vor der Sünde. Sie fürchtet die Luftverschmutzung, die bedrohlichen körperlichen Krankheiten, den Atomkrieg; aber sie fürchtet nicht den Krieg gegen Gott, den Ewigen, Allmächtigen, der die Liebe ist – wo doch Jesus sagt, man solle nicht diejenigen fürchten, die den Leib töten, sondern nur den, der nicht nur töten kann, sondern die Macht hat, auch noch in die Hölle zu werfen (vgl. Lk 12, 4f).

Diese »Umwelt«-Situation übt einen verheerenden Einfluß auch auf solche Christen aus, die durchaus nach dem Evangelium leben wollen. Sie bewirkt in ihnen eine Einschläferung des Gewissens, eine Art geistig-geistlicher Anästhesie. Es gibt eine Sünden-Narkose. Das christliche Volk erkennt seinen wahren Feind nicht mehr, den Herrn, der es unter dem Joch der Sklaverei gefangenhält – nur weil diese Versklavung vergoldet ist. Viele, die von der Sünde sprechen, haben eine völlig unangemessene Vorstellung von ihr. Die Sünde wird entpersön-

2 Ambrosius, *De sacramentis*, I, 4, 12 (CSEL 73, 20).

licht und einzig auf die Strukturen projiziert; schließlich identifiziert man die Sünde mit der Position der eigenen politischen oder ideologischen Gegner. Die Sünde – sagt der eine – ist »rechts«; ein anderer sagt, sie sei »links«. Doch gilt in diesem Falle für das Reich der Sünde das gleiche, was Christus vom Reich Gottes sagt (vgl. Lk 17, 21). Wenn man euch sagt: »Die Sünde ist hier«, oder: »Die Sünde ist dort«, so glaubt es nicht, denn die Sünde ist in euch! Eine Umfrage darüber, was nach Meinung der Leute eigentlich die Sünde sei, ergäbe Resultate, die uns wahrscheinlich erschrecken würden. Anstatt auf die Befreiung von der Sünde ist das ganze Bemühen heute auf die Befreiung vom *Schuldgefühl* konzentriert; anstatt gegen die Sünde zu kämpfen, bekämpft man die *Idee* der Sünde. Man tut das, was in jedem anderen Bereich als das Schlimmste von allem angesehen wird, nämlich das Problem zu leugnen, anstatt es zu lösen: Man verdrängt das Böse ins Unterbewußtsein und begräbt es dort, anstatt es zu vernichten: wie einer, der glaubt, den Tod zu umgehen, indem er den Gedanken an den Tod verdrängt, oder wie einer, der sich bemüht, das Fieber zu unterdrücken, ohne sich um die Krankheit zu kümmern, für die das Fieber nur ein – sogar nützliches – Symptom ist, das sie offenbar macht. Der hl. Johannes stellt fest, daß wir, wenn wir behaupten, ohne Sünde zu sein, uns selbst in die Irre führen und Gott zum Lügner machen (vgl. 1 Joh 1, 8–10). Gott sagt nämlich das Gegenteil: Er sagt, daß wir gesündigt haben. Die Schrift betont, daß »Christus für unsere Sünden gestorben« ist (vgl. 1 Kor 15, 3). Wenn du die Sünde ausklammerst, hast du damit auch die Erlösung durch Christus aufgehoben, hast die Bedeutung seines Todes zunichte gemacht. Dann hätte Christus bloß »gegen Windmühlen gekämpft«, hätte sein Blut umsonst vergossen.

Das Eingeständnis bzw. Erkennen der Sünde, von dem wir bis jetzt gesprochen haben, könnten wir als ein doktrinäres Erkennen bezeichnen, in dem Sinne, daß es darin besteht, die Lehre der Bibel und der Kirche über die Sünde zu akzeptieren. Doch das genügt nicht: Von uns wird eine andere Art von Erkennen erwartet, das nicht nur theoretisch und allgemein bleibt, sondern existentiell und individuell ist. Dieses Erkennen besteht darin, daß dir plötzlich bewußt wird, daß die

Sünde – dieses ungeheuerliche und schreckliche Phänomen – ganz nah neben dir ist: Sie »lauert an deiner Tür« (vgl. Gen 4, 7). Das ist ein Bewußtwerden, das einen schaudern läßt. Wie einer, der eines Morgens aufsteht und entdeckt, daß er die ganze Nacht in der Nähe einer Giftschlange geschlafen hat, die sich in einer Ecke seines Zimmers verkrochen hatte. Ein mittelalterlicher Autor sagt:

»Erfülle dein Herz mit der geistigen Bedeutung dieses Wortes ›Sünde‹ ... Empfinde die Sünde als einen Erdenkloß, dessen genaue Beschaffenheit du nicht kennst, der aber nichts anderes ist als du selbst. Und rufe dann im Geiste immer nur das eine: ›Sünde, Sünde, weg, weg!‹«[3]

Diesem »pauschalen« Eingeständnis unserer Sünde muß aber ein spezifischeres, detaillierteres Eingeständnis folgen. Zu diesem Zweck ist es hilfreich, sich bisweilen einen Abschnitt des Evangeliums wie einen Spiegel vorzuhalten und sich von ihm durchforschen und beurteilen zu lassen. Zum Beispiel den Abschnitt mit den Seligpreisungen.

»*Selig die Armen im Geist, denn ihnen gehört das Himmelreich.*« Bin ich arm im Geist, d. h. arm vor Gott, innerlich arm und ganz Gott hingegeben? Was bedeutet für mich das Geld: Bediene ich mich seiner oder diene ich ihm?

»*Selig die Trauernden; denn sie werden getröstet werden.*« Betrachte ich Leid und Traurigkeit als ein Unglück und eine Strafe Gottes oder als eine Gelegenheit, Christus ähnlicher zu werden? Versuche ich, andere zu trösten, oder will ich nur selbst getröstet werden?

»*Selig, die keine Gewalt anwenden; denn sie werden das Land erben.*« Bin ich gewaltlos? Es gibt die Gewalt in den Taten, man kann aber auch gewaltsam sein in seinen Worten, seinen Urteilen, seinen Gedanken ...

»*Selig, die hungern und dürsten nach der Gerechtigkeit; denn sie werden satt werden.*« Hungere und dürste ich nach Heiligkeit? Strebe ich nach Heiligkeit, oder habe ich mich schon seit langem mit Mittelmäßigkeit und Lauheit zufriedengegeben?

---

3 *Die Wolke des Nichtwissens*, 40 (hrsg. v. W. Riehle, Einsiedeln 1980, S. 100).

»*Selig die Barmherzigen; denn sie werden Erbarmen finden.*« Bin ich barmherzig? Ist meine Reaktion auf den Fehler meines Nächsten ein hartes Urteil oder vielmehr Barmherzigkeit? Jesus empfand Mitleid mit den Menschen. Und ich?

»*Selig, die ein reines Herz haben; denn sie werden Gott schauen.*« Es gibt eine Reinheit des Leibes, aber auch eine Reinheit des Herzens oder der Absichten, eine Reinheit der Lippen oder des Sprechens, eine Reinheit der Augen ... Bin ich meinem Partner bzw. meiner Partnerin oder auch meinem Gelübde der Keuschheit treu?

»*Selig, die Frieden stiften; denn sie werden Söhne Gottes genannt werden.*« Bin ich ein Friedenstifter? Schaffe ich Versöhnung? Bemühe ich mich, immer und einzig das Gute, die positiven Worte weiterzutragen, und das Böse, das üble Geschwätz und alles, was Unfrieden säen kann, ins Leere fallen zu lassen? Herrscht Friede in meinem Herzen?

»*Selig, die um der Gerechtigkeit willen verfolgt werden; denn ihnen gehört das Himmelreich.*« Bin ich bereit, für die Wahrheit und die Gerechtigkeit stillschweigend etwas einzustecken und zu erleiden? Nehme ich Anteil an den Leiden so vieler Brüder und Schwestern, die für die Gerechtigkeit oder für den Glauben in eigener Person zahlen?

»*Selig seid ihr, wenn ihr um meinetwillen beschimpft und verfolgt und auf alle mögliche Weise verleumdet werdet.*« Schätzen wir uns glücklich, weil wir den Glauben besitzen; glücklich, daß wir um des Evangeliums willen bisweilen in die Minderheit abgedrängt oder auch lächerlich gemacht werden? Welche Anerkennung gilt uns mehr: die durch Christus oder die der Menschen?

Der erste Schritt unseres Exodus aus der Sünde ist also, die Sünde zu erkennen und einzugestehen, sie in ihrem schrecklichen Ernst zu erkennen und aus dem Schlaf zu erwachen, in den uns die betäubenden »Ausströmungen« der Welt versetzt haben.

2. Die Sünde bereuen

Der zweite Schritt ist: zu bereuen. Die Apostelgeschichte berichtet über die Reaktion der Anwesenden auf den schrecklichen Vorwurf des Petrus: »Ihr habt Jesus von Nazaret ans Kreuz geschlagen!«:

> »Als sie das hörten, traf es sie mitten ins Herz, und sie sagten zu Petrus und den anderen Aposteln: Was sollen wir tun, Brüder? Petrus antwortete ihnen: Kehrt um!« (Apg 2, 37f).

Wenig später, ebenfalls in der Apostelgeschichte, finden wir etwas, das uns sehr zu denken gibt. Petrus hält eine ähnliche Rede vor dem Hohen Rat:

> »Der Gott unserer Väter hat Jesus auferweckt, den ihr ans Holz gehängt und ermordet habt« (Apg 5, 31).

Diesmal aber ist die Reaktion völlig anders:

> »Als sie das hörten, gerieten sie in Zorn und beschlossen, sie zu töten« (Apg 5, 33).

Was sie bei dieser Gelegenheit mit den Aposteln nicht tun konnten, taten sie wenig später aus demselben Grund mit Stephanus (vgl. Apg 7, 52–58). Dieser Vergleich zeigt uns, wie man angesichts des Wortes Gottes, das uns die Sünde vorwirft, zwei diametral entgegengesetzte Wege einschlagen kann: den der Reue und Umkehr oder den der Verhärtung. Von den Dreitausend, die Petrus am Pfingsttag hörten, heißt es, daß sie »zerknirscht« waren, daß es sie mitten ins Herz getroffen hatte. Auch von den Mitgliedern des Hohen Rates, die Petrus und Stephanus anhörten, wird berichtet, daß sie im Innersten erschüttert waren, daß sie in ihrem Herzen »bebten«, aber vor Zorn und Empörung, nicht vor Reue. Hier liegt die Sünde gegen den Heiligen Geist vor, von der Jesus sagt, daß sie nie vergeben wird (vgl. Mt 12, 31). Sie besteht nämlich gerade in der Weigerung, die Vergebung der Sünde anzunehmen, die über die Reue zugänglich wird. Diese Tatsache muß uns Furcht und Angst einjagen, denn die Alternative steht auch uns offen; auch wir können den einen oder den anderen Weg einschlagen, den der Menge zu Pfingsten oder den der Mitglieder des Hohen Rates.

Doch was bedeutet bereuen? Das Wort *metanoein* im Urtext bezeichnet einen Wandel des Denkens, der Mentalität. Aber es handelt sich nicht darum, eine uns eigene Denkweise gegen eine andere uns eigene Denkweise einzutauschen, die sich vielleicht von der ersten unterscheidet; es geht nicht darum, eine uns eigene Mentalität durch eine andere unsrige zu ersetzen, oder ein eigenes Urteil durch ein anderes eigenes Urteil. Es handelt sich darum, unsere Art zu denken durch die Denkweise Gottes zu ersetzen, unsere Mentalität gegen die Gottes einzutauschen, unser Urteil gegen das Urteil Gottes. Ja, bereuen heißt *sich unter das Urteil Gottes stellen*. Gott hat sein eigenes Urteil über uns, über unseren geistlichen Zustand, über unser Verhalten. Dieses Urteil ist das einzige völlig und absolut wahre; Gott allein kennt unser Herz bis auf den Grund, unsere Verantwortlichkeiten und auch die mildernden Umstände. Gott weiß alles von uns. Bereuen besteht darin, daß wir uns dieses Urteil Gottes über uns zu eigen machen, indem wir sagen: Mein Gott, ich unterwerfe mich deinem Urteil. »Du behältst recht mit deinem Urteil, rein stehst du da als Richter!« (vgl. Ps 51, 6). Bereuen bedeutet, ins Herz Gottes selbst vorzudringen und zu beginnen, die Sünde so zu sehen, wie er sie sieht. Für Gottes Rechte einzutreten. All das bringt eine innere »Zerknirschung« mit sich, als werde das Herz durchbohrt, denn um Gott recht zu geben, mußt du dir selbst unrecht geben, mußt dir selbst sterben. Und auch, weil du, sobald du dich unter das Urteil Gottes begibst, mit Schrecken siehst, was die Sünde ist. Das Urteil Gottes – sagt ein Psalm – ist »tief wie das Meer« (Ps 36, 7).

Eine wesentliche Komponente der Reue ist, wenn sie echt ist, der *Schmerz*. Der Mensch erkennt nicht nur an, schlecht gehandelt zu haben, sondern er ist auch traurig, daß er schlecht gehandelt hat, und zwar traurig nicht nur wegen der Züchtigung, die er verdient hat, und der Bestrafung, die er erleiden muß, sondern mehr noch wegen des Kummers, den er Gott bereitet hat, weil er Gottes so große Liebe verraten hat. Er ist traurig über das Leiden, das die Sünde für Jesus am Kreuz verursacht hat. Der wahre Schmerz kommt nur in Gegenwart der Liebe auf:»Er hat mich geliebt und sich für mich hingegeben« (vgl. Gal 2, 20). Die Tränen sind häufig das sichtbare Zeichen dieses Schmerzes, der das Herz erweicht und es wäscht. Es ist gut, darum zu bitten, einmal diese Läuterung im Feuer erfahren zu dürfen. Eines Tages, während er über die Todesangst Jesu in Getsemani meditierte, hörte ein Mann in sich diese Stimme erklingen:

»Willst du, daß ich immer den Preis meines menschlichen Blutes für dich zahle, ohne daß du auch nur eine Träne vergießt? ... Ich bin dir mehr Freund als dieser und jener, denn ich habe mehr für dich getan als sie, und sie würden niemals das erleiden, was ich von dir erlitten habe; niemals würden sie zur Zeit deiner Untreue und deiner Grausamkeiten für dich sterben, so wie ich es getan habe.«[4]

Genug mit den Tränen, die wir über uns selbst weinen, Tränen des Selbstmitleids, unreine Tränen! Es ist Zeit, andere Tränen zu vergießen, Tränen der Reue, des Schmerzes über die Sünden, reine Tränen.

In der Reue wirkt bereits der Heilige Geist, auch wenn er mit unserer Freiheit zusammenwirkt und auf sie einwirkt: Er – sagt Jesus – »überführt die Welt der Sünde« (vgl. Joh 16, 8). Der Heilige Geist, der Feuerfinger Gottes, berührt unser Herz, d. h. unser Gewissen, in dem Punkt, den allein er kennt, und bewirkt, daß es sich dem Licht der Wahrheit öffnet. Dann bricht der Sünder in Rufe aus, die diese neue Selbsterkenntnis zum Ausdruck bringen:

»Ich erkenne meine bösen Taten ... Gegen dich allein habe ich gesündigt, ich habe getan, was dir mißfällt. So behältst du recht mit deinem Urteil« (Ps 51, 5ff).

4 B. Pascal, *Pensées*, Nr. 553 (Brunschvicg).

Gott wird als »gerecht« anerkannt; der Mensch beginnt, das Leiden in all seinen Formen mit anderen Augen zu sehen; nicht mehr als von Gott verursacht, sondern als Folge seiner Sünde. Gott wird vom Bösen entlastet und für unschuldig erklärt; seine Liebe und Güte bleiben gewahrt. Die Wahrheit, die eine »Gefangene der Ungerechtigkeit« war, wird befreit. Das Wunder der Reue besteht darin, daß Gott, sobald der Mensch gegen sich selbst antritt, zu seinen Gunsten Partei ergreift und sofort seine Verteidigung gegenüber den Anklagen übernimmt, sogar gegenüber den Anklagen, die aus dem Herzen des Menschen selbst aufsteigen (vgl. 1 Joh 3, 20f). Kaum hat der Sohn aus dem Gleichnis gesagt: »Vater, ich habe gesündigt!«, ruft der Vater schon: »Holt schnell das beste Gewand ...« (vgl. Lk 15, 21ff).

Reue ist wirklich keine »Empfindung von Sklaven«, wie behauptet worden ist.[5] Die moderne Psychologie hat gelegentlich den Eindruck erweckt, unterschiedslos jegliches Schuldgefühl zu verurteilen, so, als ob es eine neurotische Erscheinung wäre. Sie konnte jedoch nur nachweisen, daß ein solches Empfinden degenerieren und zu einem Schuld-«Komplex« werden kann. Aber wer wußte das nicht bereits? In solchen Fällen ist jedoch das Schuldgefühl nicht die Ursache, sondern der Indikator eines krankhaften Zustands, sofern es nicht einfach das Ergebnis einer verfehlten religiösen Erziehung ist. In Wirklichkeit erweisen sich Schuldbewußtsein und Reue, wenn sie wirklich echt und frei sind, auch für die psychologische Untersuchung immer deutlicher als typisch menschliche und äußerst konstruktive Gefühle. Weit davon entfernt, den Menschen in »krankhafte« Zustände von Passivität und Selbstverstümmelung regredieren zu lassen, wird die Reue zu einer Quelle ständigen Neubeginns und andauernder Erneuerung des Lebens. Nichts läßt die Hoffnung und die Zuversicht stärker wiederaufleben, als in entsprechenden Situationen zu sagen: »Ich habe gesündigt, ich habe einen Fehler gemacht!«, und das sowohl vor den Menschen als auch vor Gott. Wenn »irren menschlich ist«, dann ist es noch viel menschlicher, zuzugeben, daß man sich geirrt hat, d. h. zu bereuen.

---

5 Vgl. F. Nietzsche, *Die fröhliche Wissenschaft*, Nr. 135.

Die Reue ist nicht Gott von Nutzen, sondern uns. Gott fordert die Reue des Menschen nicht etwa aus Freude am Triumph und aus Lust, sein Geschöpf zu demütigen, sondern weil er weiß, daß sie die Rettung für das Geschöpf bedeutet, daß sie die einzige menschenwürdige Art ist, nach dem Fall in die Sünde wieder in das Leben und die Wahrheit zurückzukehren. Ein Psalm beschreibt die wunderbare Verwandlung, die durch die Reue bewirkt wird:

> »Wohl dem, dessen Frevel vergeben
> und dessen Sünde bedeckt ist ...
> Solang' ich es verschwieg, waren meine Glieder matt ...
> Deine Hand lag schwer auf mir bei Tag und bei Nacht ...
> Da bekannte ich dir meine Sünde
> und verbarg nicht länger meine Schuld vor dir.
> Ich sagte: Ich will dem Herrn meine Frevel bekennen,
> und du hast mir die Schuld vergeben« (Ps 32, 1ff).

Solange der Mensch seine Sünde bei sich behält und sich weigert, sie einzugestehen, zehrt sie an ihm und stimmt ihn traurig; wenn er sich aber entschließt, sie Gott zu bekennen, findet er seinen Frieden wieder und erfährt eine innere Glückseligkeit.

Der zweite Schritt ist also die Reue über die Sünde. Um diesen Schritt zu vollenden, ist es nicht erforderlich, daß wir sofort, in diesem Augenblick, jenen Stich im Herzen spüren und uns die Tränen aus den Augen stürzen. Das hängt von der Gnade ab und kann entweder sofort geschehen oder nur langsam, mit der Zeit, ohne daß wir es bemerken. Notwendig ist allerdings, daß wir sofort beginnen, nach der Reue zu verlangen und sie zu wollen, indem wir zu Gott sagen: »Laß mich die wahre, vollkommene Reue kennenlernen; versag' mir diese Gnade nicht, bevor ich sterbe!« Bereuen *wollen* bedeutet schon bereuen.

3. »Endgültig mit der Sünde brechen«

Der dritte Schritt unseres Exodus bedeutet: endgültig mit der Sünde brechen. Wieder leitet uns bei diesem Schritt das Wort Gottes. Der hl. Paulus sagt: »Ihr sollt euch als Menschen begreifen, die für die Sünde tot sind«, und : »Die Sünde soll euren sterblichen Leib nicht mehr beherrschen!« Diese Worte klingen in denen des hl. Petrus nach, wenn er sagt:

> »Wer im Fleisch gelitten hat, für den hat die Sünde ein Ende. Darum richtet euch ... nicht mehr nach den menschlichen Begierden, sondern nach dem Willen Gottes! ... Lange genug habt ihr in der vergangenen Zeit ... ein ausschweifendes Leben voller Begierden geführt!« (1 Petr 4, 1–3).

Dieser Schritt besteht also darin, der Sünde ein »Schluß damit!« entgegenzuschleudern oder – wie Paulus es ausdrückt – »sich als Menschen zu begreifen, die für die Sünde tot sind«. Dieses ist die Phase der Entscheidung oder des *Vorsatzes*. Worum handelt es sich dabei? Ganz einfach: Es handelt sich darum, den – soweit es uns möglich ist – ernsthaften und unwiderruflichen Entschluß zu fassen, nicht mehr zu sündigen. So gesagt, kann das recht anmaßend und wenig realistisch erscheinen. Keiner von uns wird von einem Tag auf den anderen fehlerfrei sein, aber das ist es auch gar nicht, was Gott von uns will. Jeder von uns wird, wenn er sich genau prüft, bemerken, daß es neben all den vielen Sünden, die er begeht, eine gibt, die anders ist als die übrigen, anders, weil »freiwilliger«. Es ist jene Sünde, an der wir insgeheim ein wenig hängen, die wir zwar bekennen, aber ohne den wirklichen Willen, »Schluß damit!« zu sagen. Jene Sünde, von der wir uns – wie es uns scheint – niemals befreien *können*, weil wir uns in Wirklichkeit gar nicht, oder zumindest nicht *sofort*, von ihr befreien *wollen*. Der hl. Augustinus beschreibt uns in den *Bekenntnissen* seinen Kampf, um sich von der Sünde der Sinnlichkeit zu befreien. Es gab eine Zeit, in der er im Gebet zu Gott sagte: »Gewähre mir Keuschheit und Enthaltsamkeit ... aber« – fügte eine Stimme insgeheim hinzu – »nicht sofort!«, bis schließlich der Moment kam, wo er sich selbst schalt: »Warum *morgen, morgen? Warum nicht jetzt?* Warum soll nicht noch diese Stunde das Ende meines schändlichen Lebens kennzeichnen?«[6] Es reichte, dieses »Schluß damit!« zu sagen, und er fühlte sich frei. Die Sünde hält uns versklavt, solange wir nicht ein wahrhaftiges »Schluß damit!« zu ihr sagen. Danach verliert sie fast all ihre Macht über uns.

In unserem Leben geht es ähnlich wie in der Natur. Manchmal sieht man uralte Olivenbäume mit völlig zerklüftetem und ausgetrocknetem Stamm, die aber trotzdem ganz oben noch grüne Zweige haben, die dann in der entsprechenden Jahreszeit voller schöner Oliven hängen. Wenn man sie aus der Nähe betrachtet, entdeckt man die Erklärung dafür: An irgendeiner Stelle, mitten in dieser Masse von knorrigem, trockenem Holz verläuft noch eine »Ader« lebendigen Holzes, die tief ins Erdreich hinunterreicht und es dem Baum ermöglicht, weiterzuleben. So ist es manchmal auch mit dem üblen Gewächs der Sünde, das es in unserem Leben gibt. Eigentlich müßte es gänzlich abgestorben und unfruchtbar sein, weil wir ja die Sünde nicht wollen, sie viele Male gebeichtet und von uns gewiesen haben, und doch bringt sie weiterhin ihre Früchte hervor. Warum? Der Grund ist, daß auch in uns irgendein »grünes Zweiglein« übriggeblieben ist, das seine Wurzeln tief in das lebendige Erdreich unserer Freiheit eingräbt ...

Um zu entdecken, welches für uns dieses »grüne Zweiglein« ist, müssen wir versuchen, zu sehen, was es ist, das wir zu verlieren fürchten, das wir, ohne es einzugestehen, verteidigen, das wir im Unbewußten zurückhalten und nicht ans Licht befördern, um nicht gezwungen zu sein, unter dem Antrieb des Gewissens darauf zu verzichten. Häufiger als um eine einzelne Sünde handelt es sich dabei um eine sündhafte Gewohnheit oder eine »Unterlassung«, der ein Ende gesetzt werden muß. Das Wort Gottes lädt uns ein, diesen »Faden« ausfindig zu machen, der uns noch gefesselt hält, und ihn entschieden durchzuschneiden.

6 Augustinus, *Confessiones*, VIII, 7.12.

Was ist nun konkret zu tun? In einem Moment der Sammlung, während eines Einkehrtages, sollte man sich in die Gegenwart Gottes begeben und auf Knien zu ihm sagen:»Herr, du kennst meine Schwäche genau, und auch ich kenne sie. Deshalb vertraue ich einzig und allein auf deine Gnade und Treue und versichere dir, daß ich von jetzt an auf jene Befriedigung, jene Freiheit, jenen Groll, eben auf jene spezifische Sünde verzichten will ... Ich will der Aussicht, von jetzt an ohne sie leben zu müssen, gänzlich zustimmen. Zwischen mir und der Sünde – jener Sünde, von der du weißt – ist es aus. Ich sage: Schluß damit! Hilf mir mit deinem Geist! Gib mir einen neuen, *beständigen* Geist, mit einem *willigen* Geist rüste mich aus! Ich betrachte mich als für diese Sünde gestorben.« Danach wird die Sünde nicht mehr »herrschen«, aus dem einfachen Grund, weil du nicht mehr *willst*, daß sie herrscht; sie herrschte nämlich gerade in deinem Willen. Dem Anschein nach könnte sogar alles beim alten bleiben. Die Menschen in der Umgebung können die gleichen Fehler feststellen, für Gott aber hat sich etwas geändert, denn unsere Freiheit hat sich auf seine Seite geschlagen.

Eines aber sollte dabei unbedingt beachtet werden: Dieses ist ein Entschluß, der unverzüglich in die Tat umgesetzt werden muß, sonst verliert er sich. Man muß sogleich eine entsprechende Gegenmaßnahme ergreifen und sich beeilen, das erste »Nein« zu der Leidenschaft oder der sündhaften Gewohnheit zu sagen, andernfalls gewinnt sie sofort ihre ganze Kraft zurück. Ein christlicher Schriftsteller stellt folgende scharfsinnige Beobachtung an: Einem – sagt er – hat das Wort Gottes enthüllt, daß seine Sünde die Spielleidenschaft ist, und daß Gott von ihm das Opfer verlangt, sie aufzugeben. (Dieses Beispiel kann auf andere sündhafte Gewohnheiten ausgedehnt werden, wie Drogenkonsum, Unmäßigkeit im Trinken oder im Essen, ein Groll, das Lügen, eine Heuchelei, eine unerlaubte Beziehung ...). Jener Mann, der Sünde überführt, beschließt, damit aufzuhören und sagt:»So gelobe ich denn hoch und heilig, ich werde mich nimmermehr mit dem Spielen abgeben, nimmermehr – heute abend soll es das letzte Mal sein!« Nichts hat er damit gelöst; er wird weiter spielen wie vorher. Wenn schon, müßte er zu sich selber sagen:»Nun wohl, es soll dir freistehen, dein ganzes übriges Leben lang jeden einzelnen Tag zu spielen – heute abend aber sollst du es lassen!« Wenn er seinen Vorsatz hält und an diesem Abend nicht spielt, ist er gerettet; möglicherweise spielt er für den Rest seines Lebens nicht mehr. Die erste Lösung ist ein böser Streich, den die Leidenschaft dem Sünder spielt; die zweite dagegen ein böser Streich, den der Sünder der Leidenschaft spielt.[7]

Unser »Schluß damit!« muß sich, um ehrlich zu sein, nicht nur auf die Sünde beziehen, sondern auch auf die Gelegenheit zur Sünde. Man muß – wie es die traditionelle Morallehre immer empfohlen hat – die nächste Gelegenheit zur Sünde meiden, denn sie beizubehalten käme einem Beibehalten der Sünde selbst gleich. Die Gelegenheit leistet dasselbe wie gewisse wilde Tiere, die ihre Beute gleichsam betäuben und hypnotisieren, um sie dann zu verschlingen, ohne daß sie sich auch nur einen Zentimeter bewegen kann. Die Gelegenheit löst im Menschen seltsame psychologische Mechanismen aus. Es gelingt ihr, den Willen des Menschen mit diesem simplen Gedanken zu »betäuben«: »Wenn du diese Gelegenheit nicht wahrnimmst, wird sie sich dir nie mehr bieten; es ist dumm, die Gelegenheit nicht zu nutzen ...« Die Gelegenheit läßt den, der sie nicht meidet, in Sünde fallen, so wie das Schwindelgefühl den in die Tiefe stürzt, der am Rand des Abgrunds entlanggeht.

4. »Den Leib der Sünde vernichten«

Der hl. Paulus erwähnt in unserem Text noch eine letzte »Kampfhandlung« gegen die Sünde, die darin besteht, »den Leib der Sünde zu vernichten«:

> »Wir wissen doch: Unser alter Mensch wurde mitgekreuzigt, damit der Leib der Sünde vernichtet werde« (vgl. Röm 6, 6).

7 Vgl. S. Kierkegaard, *Zur Selbstprüfung (Rede über den Jakobusbrief, 1, 22–27)*, in *Gesammelte Werke*, 27., 28. und 29. Abt., Düsseldorf 1953, S. 81f.

Er will damit sagen, daß Jesus am Kreuz den Leib (d. h. die Realität)
der Sünde in seiner Gesamtheit potentiell vernichtet hat und nun uns
die Möglichkeit gibt, mit Hilfe seiner Gnade *unseren* Leib der Sünde tatsächlich zu vernichten. Wie das zu verstehen ist, möchte ich anhand eines Beispiels zu erklären versuchen – oder besser, indem ich erzähle,
auf welche Weise der Herr es mir begreiflich gemacht hat. Ich betete eines Tages den Psalm, in dem es heißt:»Herr, du hast mich erforscht
und du kennst mich ... Von fern erkennst du meine Gedanken ... Du
bist vertraut mit all meinen Wegen ...« (Ps 139, 1ff). Wenn man diesen
Psalm betet, fühlt man sich vom Blick Gottes wie durch eine Röntgen-
aufnahme erfaßt, ganz und gar durchleuchtet von seinem Licht. An einem gewissen Punkt fühlte ich mich mit meinem Denken auf die Seite
Gottes versetzt, als ob auch ich mich mit seinen Augen durchforschte.
Und in meinem Geist tauchte ganz deutlich ein Bild auf: das Bild eines
Stalagmiten, also einer jener Kalksäulen, die sich auf dem Grund jahr-
tausendealter Tropfsteinhöhlen durch das Herabtropfen kalkhaltigen
Wassers von der Decke bilden. Gleichzeitig kam mir auch die Erklärung
dieses Bildes. Meine Sünden, die ich im Laufe der Jahre begangen habe,
sind wie viele kalkhaltige Wassertropfen auf den Grund meines Herzens gefallen. Jede hat dort ein wenig Kalk – d. h. eine kleine Trübung,
ein bißchen Härte und Widerstand gegen Gott – zurückgelassen, der
sich auf den Rückständen der vorangegangenen Sünde ablagerte, so
daß sich immer mehr Kalkmasse anhäufte. Wie in der Natur, so wurde
auch hier der Großteil wie Wasser weggespült, dank dem häufigen
Empfang des Bußsakramentes und der Eucharistie und dank dem Gebet ... Ein kleiner Rest aber, der sich nicht auflöste, blieb jedesmal zurück, und zwar weil die Reue und der Vorsatz nicht ganz »vollkommen«
waren. Und so ist mein Stalagmit zu einer großen Säule gewachsen, zu
einem dicken Stein, der schwer auf mir lag. Da habe ich schlagartig begriffen, was jener »Leib der Sünde« ist, von dem der hl. Paulus spricht,
und jenes »Herz von Stein«, das Ezechiel meint, wenn er sagt:

»Ich nehme das Herz von Stein aus eurer Brust und gebe euch ein
Herz von Fleisch« (Ez 36, 26).

Es ist das Herz, das wir uns ganz allein geschaffen haben durch faule Kompromisse und Sünden. Was ist in dieser Situation zu tun? Ich kann diesen Stein mit meinem Willen allein nicht wegschaffen, denn er ist ja gerade in meinem Willen verankert. Hier endet die Rolle des Menschen, und es beginnt das Werk Gottes, obwohl Gott auch vorher nicht unbeteiligt war. Der Mensch kann zwar Sünden *begehen*, aber er kann keine Sünden *vergeben*. »Nur Gott kann Sünden vergeben« (vgl. Mk 2, 7). Der hl. Johannes sagt:

»Meine Kinder, ich schreibe euch dies, damit ihr nicht sündigt. Wenn aber einer sündigt, haben wir einen Beistand beim Vater: Jesus Christus, den Gerechten. Er ist die Sühne für unsere Sünden« (1 Joh 2, 1f). »Das Blut Jesu reinigt uns von aller Sünde« (vgl. 1 Joh 1, 7).

Das Blut Christi ist das große und wirkkräftige »Lösungsmittel«, das den Leib der Sünde zersetzen und vernichten kann. Der Kirche ist die Vollmacht gegeben, im Namen Jesu und kraft des Heiligen Geistes die Sünden zu vergeben: »Empfangt den Heiligen Geist!«, sagte Jesus zu den Aposteln. »Wem ihr die Sünden vergebt, dem sind sie vergeben« (Joh 20, 22). Der Heilige Geist beschränkt sich also nicht darauf, »uns der Sünde zu überführen«; er befreit uns auch von der Sünde. Ja er ist selbst »die Vergebung der Sünden«. Was die Sünde betrifft, ist für die Bibel das weitaus Wichtigere nicht, daß wir Sünder sind, sondern daß Gott die Sünden vergibt. Die Kirchenväter und die Theologen haben der Eucharistie immer eine sakramentale Wirksamkeit zur Befreiung von den täglichen Sünden zuerkannt.[8] In ihr empfängt man nämlich jenes Blut Christi, das »unser Gewissen von toten Werken reinigt« (vgl. Hebr 9, 14). Die Liturgie ruft uns das unmittelbar vor der Kommunion ins Bewußtsein mit den Worten: »Seht das Lamm Gottes, das hinwegnimmt die Sünde der Welt.« Auch das gemeinsame

---

8 Vgl. Thomas von Aquin, *Summa Theologiae*, III, q. 79, aa. 3–6; Ambrosius, *De sacramentis*, V, 3, 17 (CSEL 73, 65); ders., *De benedictionibus Patriarcharum*, 9, 39 (CSEL 32/2, 147).

Beten des Vaterunsers dient diesem Zweck, indem es uns sagen läßt:
»Vergib uns unsere Schuld!«

Für die katholische und die orthodoxe Kirche besteht jedoch das gewöhnliche und notwendige Mittel zur Vergebung der nach der Taufe begangenen schweren Sünden in dem Sakrament der Versöhnung. Es ist der Moment, in dem die Würde des einzelnen Gläubigen am deutlichsten zur Geltung kommt. In jedem anderen Moment im Leben der Kirche ist der Gläubige immer nur einer von vielen: einer von denen, die das Wort hören, einer von denen, die den Leib Christi empfangen. Hier ist er einzeln, der Einzige; die Kirche existiert in diesem Moment ganz und gar allein für ihn. Diese Art, sich durch das Geständnis in der Beichte von den Sünden zu befreien, entspricht im übrigen einem natürlichen und tiefen Bedürfnis der menschlichen Psyche, nämlich sich von dem, was sie bedrückt, zu befreien, indem sie es offenbart, es ans Licht befördert. Auch die Praxis der Psychoanalyse beruht zum Teil darauf und wird so zur Bestätigung und manchmal auch zum Ersatz für die Beichtpraxis, mit dem Unterschied, daß du am Ende vom Priester die Absolution bekommst und vom Psychoanalytiker ... die Rechnung.

Wenn dieses Sakrament jedoch entscheidend wirksam werden soll im Kampf gegen die Sünde, dann muß unser Umgang mit ihm »im Geist« erneuert werden. Das bedeutet, die Beichte nicht als bloßen Ritus, als eine Gewohnheit oder einen Zwang zu erleben, sondern als eine persönliche Begegnung mit dem auferstandenen Christus, die uns ermöglicht, unsere Finger in seine Wunden zu legen und die heilende Kraft seines Blutes zu erfahren und die Freude, gerettet zu sein.

Den Empfang dieses Sakramentes im Geist zu erneuern bedeutet, auch den Inhalt unserer Beichten neu zu überdenken. Wir beschäftigen uns in ihnen gewöhnlich nur mit den habituellen und aktuellen Sünden oder Fehlern; wir kümmern uns um die Sünden und nicht um die Sünde. Der Apostel hat uns zu Beginn seines Briefes aufgezeigt, daß es etwas gibt, das vor den einzelnen Sünden (Hochmut, Zorn, Unzucht ...) kommt und das all diese Dinge gewissermaßen als natürliche Konsequenz oder Strafe nach sich zieht. Und das ist die Gottlosigkeit, d. h. der Mangel an Ehrerbietung und Danksagung gegenüber Gott, der Eigenkult anstelle der Gottesverehrung. Solange wir diese Sünde nicht erkannt und bekannt haben, werden wir weiterhin in unseren Beichten unzählige Male große »Sträuße« von Sünden und Unterlassungen sammeln, ohne daß sich in unserem geistlichen Leben etwas wirklich ändert. Wenn du dein Sündenbekenntnis abgelegt hast, ermuntert uns Luther, »wende den Blick ab von deiner Reue und achte mit ganzem Herzen auf die Stimme des Bruders, der dich losspricht; zweifle nicht daran, daß diese Stimme im Sakrament ein Wort ist, das auf göttliche Weise vom Vater, dem Sohn und dem Heiligen Geist selbst gesprochen wird, so daß alles vollkommen von dem abhängt, was du hörst, und nicht von dem, was du denkst oder tust.«[9]

Das Sakrament der Beichte stellt uns ein vorzügliches und untrügliches Mittel zur Verfügung, um immer wieder die Gerechtmachung durch den Glauben zu erfahren. Es gibt uns die Gelegenheit, jenen wunderbaren Tausch zu vollziehen, von dem wir sprachen, als wir dieses Thema behandelten: Wir übergeben Gott unsere Sünden, und er gibt uns seine Gerechtigkeit. Nach jeder guten Beichte kehren wir »als Gerechte nach Hause zurück« gleich dem Zöllner aus dem Tempel.

Paul Claudel hat das Gefühl der Auferstehung und Neuheit, mit dem man aus einer guten Beichte hervorgeht, so ausgedrückt:

»Mein Gott, ich bin erstanden und bin immer bei dir! ...
Mein Vater, der du mich zeugtest noch vor dem Morgenrot,
ich stelle mich vor deine Gegenwart.
Mein Herz ist frei und mein Mund ist rein,
Leib und Geist sind nüchtern und unbelastet.
Freigesprochen bin ich von all meinen Sünden,
die ich einzeln gestand.
Den Trauring trag ich am Finger, und sauber strahlt mein Antlitz.
Wie ein unschuldiges Wesen bin ich in der Gnade,
die du mir gewährt hast.«[10]

9 Vgl. M. Luther, *Erklärung von Psalm 51, 10*, Weimarer Ausgabe 40/2, S. 412.
10 P. Claudel, *Corona benignitatis anni Dei*, in *Œuvres poétiques*, Paris 1976, S. 377.

5. »Wer im Fleisch gelitten hat ...«

Wir können bei der Vernichtung des Leibes der Sünde »mitwirken«, indem wir das Wirken der Gnade begünstigen, und zwar vor allem auf zwei Arten: durch das Leiden und durch den Lobpreis. Der hl. Petrus sagt:

»Da Christus im Fleisch gelitten hat, wappnet auch ihr euch mit diesem Gedanken: Wer im Fleisch gelitten hat, der hat endgültig Schluß gemacht mit der Sünde« (1 Petr 4, 1).

Damit stellt er einen Grundsatz von enormer Bedeutung auf: Wer leidet, macht Schluß mit der Sünde. Das Leiden hat, nachdem der Sohn Gottes es durchgemacht und damit geheiligt hat, die geheimnisvolle Macht, die Sünde »aufzulösen«, das Geflecht der Leidenschaften aufzutrennen und die Sünde in unseren Gliedern »aufzustöbern« und zu vertreiben. Es ist wie wenn man einen Baum kräftig schüttelt, und all seine verdorbenen Früchte fallen zur Erde. Wir wissen nicht, warum das so ist, aber wir wissen, daß es so ist. Wir stellen es täglich an uns und in unserer Umgebung fest.

Leiden bedeutet, »besonders empfänglich und offen werden für das Wirken der heilbringenden Kräfte Gottes, die der Menschheit in Christus dargeboten werden.«[11]

Das Leiden ist ein Kanal, der auf einzigartige Weise mit der Passion Christi verbindet, in der jede Vergebung der Sünden ihren Ursprung hat. Normalerweise geht es nicht darum, das Leiden zu suchen, sondern dasjenige, das bereits in unserem Leben besteht, mit einer neuen Einstellung anzunehmen. Vor allem sollten wir achtsam sein, das bißchen an »ungerechtem« Leiden, das es in unserem Leben gibt – Demütigungen, ungerechte Kritik, Beleidigungen, Feindseligkeiten, die

11 Johannes Paul II., *Salvifici doloris*, Nr. 23.

unserer Meinung nach auf Voreingenommenheit beruhen und die so sehr weh tun – nicht zu vergeuden, denn es verbindet uns in ganz besonderer Weise mit Christus. Einen bestimmten Grad an inniger Vertrautheit mit dem Erlöser erreicht man nur auf diesem Weg: durch »die Gemeinschaft mit seinen Leiden« (vgl. Phil 3, 10). Nur so. Hier wird die Grundsünde der Selbstverherrlichung überwunden. Dieses Leiden nicht zu vergeuden, bedeutet vor allem, nicht darüber zu sprechen, wenn nicht eine wirkliche Notwendigkeit oder Nützlichkeit besteht: es eifersüchtig zu hüten wie ein Geheimnis zwischen Gott und dir, damit es seine Besonderheit und seinen Sühnecharakter nicht verliert. Ein antiker Kirchenvater sagte:

»Wie groß auch immer deine Qualen sein mögen, dein Sieg über sie liegt im Schweigen.«[12]

Neben dem Leiden ist der *Lobpreis* ein weiteres machtvolles Mittel, um den »Leib der Sünde« zu zerstören. Er ist die »Antisünde« schlechthin. Wenn die Ursünde, wie uns der Apostel anfangs erklärt hat, die Gottlosigkeit ist, also die Weigerung, Gott zu *ehren* und ihm zu *danken*, dann ist das genaue Gegenteil der Sünde nicht die Tugend, sondern der Lobpreis! Ich wiederhole: Das Gegenteil der Sünde ist nicht die Tugend, sondern der Lobpreis! Das Gegenteil der Gottlosigkeit ist die Gottesverehrung. Man muß lernen, die Sünde mit großen Mitteln zu bekämpfen, nicht mit kleinen, nicht nur mit negativen, sondern mit positiven Mitteln, und das große und positive Mittel schlechthin ist Gott selbst. Wo Gott einkehrt, verschwindet die Sünde. Die Bibel spricht häufig vom »Opfer des Lobes«:

»Bring Gott als Opfer dein Lob ... Wer Opfer des Lobes bringt, ehrt mich ... Ich will dir ein Opfer des Lobes bringen« (Ps 50, 14.23; Ps 116, 17).

---

12 *Apophtegmata Patrum:* Poemen 37 (PG 65, 332).

Was für eine Beziehung kann denn zwischen Lob und Opfer bestehen? Das Opfer bezeichnet die Darbringung und Vernichtung von etwas; doch was ist es, das durch das Lob dargebracht und vernichtet
wird? Der Stolz des Menschen! Wer Gott lobt, bringt ihm das wohlge-
fälligste Opfer dar, das es nur geben kann: den eigenen Ruhm, die eigene Ehre. Darin liegt die außerordentliche reinigende Kraft des Lobes. Im Lob verbirgt sich die Demut. Das Außergewöhnlichste von
allem ist, daß es nichts gibt, das nicht (wenn wir es wollen) in ein Motiv des Lobes und Dankes an Gott verwandelt werden könnte – nicht
einmal die Sünde ist davon ausgenommen. Es gibt keine Gewissens-
lage, so schwerwiegend sie auch sein mag, die nicht in ihr Gegenteil
verkehrt werden könnte, wenn einer sich mit heiliger Gewalt von allen
Argumentationen des Fleisches losreißt und sich entschließt, Gott zu
verherrlichen. Ich kann Gott sogar wegen meiner Sünde verherrlichen: nicht weil ich gesündigt habe (das bedeutete, Gott zu verhöh-
nen), sondern dafür, wie Gott sich angesichts meiner Sünde verhalten
hat, weil er mich am Leben erhalten und mir seine Barmherzigkeit
nicht entzogen hat. Die Bibel kennt viele Gründe, Gott zu loben, aber
keinen größeren als den, daß er ein Gott ist, der die Sünden vergibt:

»Wer ist ein Gott wie du, der du Schuld verzeihst und dem Rest deines
Erbvolkes das Unrecht vergibst?« (Mi 7, 18).

Wir können Gott loben, denn er, der das größte Übel der Welt, die
Sünde Adams, in Gutes verwandelt hat, wird auch die vergleichsweise
sicher geringeren Sünden all derer, die das Heil annehmen, auf eine
Weise, die wir nicht kennen, in Gutes und in seine Herrlichkeit verwandeln.

»Die Sünde ist unvermeidlich. Aber am Ende wird alles gut sein, und
jede Art von Dingen wird gut sein.«[13]

---

13 Juliana von Norwich, *A Revelation of Love* (vgl. Anm. 12 zu I), Kap. 27.

Da wir unsere Befreiung von der Sünde als einen österlichen Exodus begriffen haben, muß sie sich nun, da wir am Ende angelangt sind, in ein Fest verwandeln, wie es auch beim ersten Exodus geschah. Die Israeliten waren nur sehr widerstrebend aus Ägypten fortgezogen, und als sie am Roten Meer ankamen, gerieten sie zunächst einmal in Bestürzung und begannen zu murren. Aber kaum waren sie am anderen Ufer dem Meer entstiegen, wurden sie von unbändiger Freude ergriffen und begannen mit Mose und Mirjam zu singen:

>»Ich singe dem Herrn ein Lied,
>denn er ist hoch und erhaben.
>Rosse und Wagen warf er ins Meer ...« (Ex 15, 1).

So wollen nun auch wir es halten. Der Pharao, den Gott ins Meer geworfen hat, ist unser »alter Mensch«, seine Rosse und Wagen sind unsere Sünden. Er hat »all unsere Sünden in die Tiefe des Meeres hinabgeworfen« (vgl. Mi 7, 19). Nach der Durchquerung des Roten Meeres machen wir uns nun auf den Weg zu unserem Sinai; nachdem wir das Pascha zelebriert haben, machen wir uns jetzt bereit, das Pfingstfest zu feiern. Wir sind Krüge, aus denen der »Essig« bis zum letzten Tropfen ausgegossen ist und die gereinigt und gründlich ausgescheuert worden sind, um nun mit »Honig« gefüllt zu werden. Unser Herz ist bereits ein »neuer Schlauch«, bereit, den »neuen Wein« aufzunehmen: den Heiligen Geist.

VIII

»Das Gesetz des Geistes, der Leben spendet«

Der Heilige Geist als Prinzip des Neuen Bundes

Der Bericht in der Apostelgeschichte über die Herabkunft des Heiligen Geistes beginnt mit folgenden Worten:

»Als der Pfingsttag gekommen war, befanden sich alle am gleichen Ort« (Apg 2, 1).

Aus diesen Worten entnehmen wir, daß das Pfingstfest schon vorher existierte – vor Pfingsten. Mit anderen Worten, es gab ein Pfingstfest bereits im Judentum, und während dieses Festes geschah es, daß der Heilige Geist herabkam. Ja die Apostel begingen sogar dieses jüdische Pfingsten auch in der Folgezeit, nach der Herabkunft des Heiligen Geistes, noch über mehrere Jahre hin weiter zum festgesetzten Termin gemeinsam mit den anderen Juden (vgl. Apg 20, 16). Auch das Paschafest existierte, wie wir wissen, bereits vorher, und wenn Jesus gerade während eines Paschafestes stirbt, dann ist das kein Zufall, sondern soll deutlich machen, daß er das wahre Pascha darstellt, die endgültige Verwirklichung dessen, was vorher nur zeichenhaft geschah. Wir verstehen das neue Pascha – unser Ostern – nicht, wenn wir es nicht als Fortsetzung des alten Pascha – des Pascha des Exodus und der jüdischen Liturgie – betrachten. Während aber alle wissen, daß es ein jüdisches Paschafest gab und welches der Inhalt seines Gedenkens war, wissen nur wenige etwas über das jüdische Pfingstfest und seinen Inhalt. Und doch – ebenso wie man das christliche Pascha nicht losgelöst vom jüdischen Pascha verstehen kann, wird auch das christliche Pfingsten nur von dem jüdischen Pfingsten her verständlich. Auch die

Herabkunft des Heiligen Geistes ist die Verwirklichung eines zeichenhaften Geschehens, und nun geht es darum zu erfahren, welches das Abbild war, das hier verwirklicht wird.

1. Pfingsten und das Gesetz

Im Alten Testament existierten zwei grundlegende Deutungen des Pfingstfestes. Anfangs war Pfingsten das »Fest der Sieben Wochen« (vgl. Tob 2, 1), das Erntefest (vgl. Num 28, 26ff), an dem man Gott den ersten Ertrag der Aussaat darbrachte (vgl. Ex 23, 16; Dtn 16, 9f). Aber später, zur Zeit Jesu, war das Fest um eine neue Bedeutung reicher geworden: Es war das Fest der Übergabe des Gesetzes auf dem Sinai und des Bundes – das Fest also, welches der in Exodus 19–20 beschriebenen Ereignisse gedachte. Das Gesetz auf dem Sinai wurde nämlich – wie sich aus biblischen Zeitangaben errechnen läßt – fünfzig Tage nach dem ersten Pascha gegeben. Aus einem Fest, das an den Kreislauf der *Natur* (Ernte) gebunden war, hatte sich Pfingsten in ein Fest verwandelt, das mit der Heils-*Geschichte* verbunden war: »Dieser Tag des Wochenfestes«, heißt es in einem Text der heutigen jüdischen Liturgie, »ist der Tag, an dem uns unsere Tora geschenkt wurde.« Nachdem das Volk aus Ägypten ausgezogen war, wanderte es fünfzig Tage lang durch die Wüste, und am Ende dieses Zeitraums übergab Gott dem Mose das Gesetz, schloß auf dessen Grundlage einen Bund mit dem Volk und machte aus ihm »ein Reich von Priestern und ein heiliges Volk« (vgl. Ex 19, 4–6). Es scheint, als habe der hl. Lukas die Herabkunft des Heiligen Geistes bewußt mit den Merkmalen beschrieben, die die Theophanie am Sinai kennzeichneten; tatsächlich verwendet er Bilder, die an jene des Erdbebens und des Feuers erinnern. Die Liturgie der Kirche bekräftigt diese Interpretation, da sie Exodus 19 in die Lesungen der Vigil von Pfingsten einreiht.

Was kann uns nun diese Anspielung auf das Geschehen am Sinai über unser Pfingsten sagen? Mit anderen Worten, was bedeutet die Tatsache, daß der Heilige Geist gerade an dem Tag auf die Kirche herabkommt, an dem Israel das Gedenken an das Geschenk des Gesetzes und des Bundes feiert? Schon der hl. Augustinus stellte sich diese Frage:

> Warum feiern auch die Juden Pfingsten? Es gibt ein großes und wunderbares Geheimnis, meine Brüder: Paßt auf, am Pfingsttag empfingen sie das Gesetz, das mit dem Finger Gottes geschrieben war, und an demselben Pfingsttag kam der Heilige Geist!«[1]

Ein anderer Vater – diesmal aus der Ostkirche – ermöglicht uns zu erkennen, wie sehr diese Interpretation des Pfingstfestes in den ersten Jahrhunderten Allgemeingut der ganzen Kirche war:

> »Am Pfingsttag wurde das Gesetz gegeben; deshalb war es angebracht, daß an dem Tag, an dem das alte Gesetz gegeben wurde – genau an diesem selben Tag – die Gnade des Geistes verliehen wurde.«[2]

An diesem Punkt ist die Antwort auf unsere Frage, warum der Geist gerade am Pfingsttag auf die Apostel herabkommt, klar: Um darauf hinzuweisen, daß er das neue Gesetz ist, das geistige Gesetz, das den neuen und ewigen Bund besiegelt und das königliche und priesterliche Volk weiht, das die Kirche ist. Welch großartige Offenbarung über den Sinn von Pfingsten und über den Heiligen Geist selbst!

> »Wer wäre nicht beeindruckt von dieser Übereinstimmung und zugleich von dieser Verschiedenheit? Fünfzig Tage zählt man von der Feier des Pascha ... bis zu dem Tag, an dem Mose die Gesetzestafeln empfing, die vom Finger Gottes beschrieben waren; ähnlich erfüllte nach Vollendung der fünfzig Tage seit der Tötung und der Auferstehung dessen, der wie ein Lamm zur Schlachtbank geführt wurde,

---

1 Augustinus, *Sermo Mai*, 158, 4 (PLS 2, 525).
2 Severianus von Gabala, in *Catena in Actus Apostolorum* 2, 1; hrsg. von J. A. Cramer, III, Oxford 1838, S. 16.

der Finger Gottes, d. h. der Heilige Geist, die Gläubigen, die alle am selben Ort versammelt waren, mit sich selbst.«[3]

Schlagartig erhellen sich die Weissagungen der Propheten Jeremia und Ezechiel über den Neuen Bund:

>»Das wird der Bund sein, den ich nach diesen Tagen mit dem Haus Israel schließe – Spruch des Herrn: Ich lege mein Gesetz in sie hinein und schreibe es auf ihr Herz« (Jer 31, 33).

Nicht mehr auf Tafeln aus Stein, sondern auf die Herzen; nicht mehr ein äußeres Gesetz, sondern ein inneres. Worin dieses innere Gesetz besteht, erklärt Ezechiel genauer, der die Prophetie des Jeremia aufnimmt und vervollständigt:

>»Ich schenke euch ein neues Herz und lege einen neuen Geist in euch. Ich nehme das Herz von Stein aus eurer Brust und gebe euch ein Herz von Fleisch. Ich lege meinen Geist in euch und bewirke, daß ihr meinen Gesetzen folgt und auf meine Gebote achtet und sie erfüllt« (Ez 36, 26f).

Was der hl. Paulus im achten Kapitel des Römerbriefes über die Gabe des Geistes sagt, versteht man nur auf dem Hintergrund dieser Vorbemerkungen über die Bedeutung des Pfingstfestes und des Neuen Bundes. Er beginnt nämlich mit den Worten:

>»Das Gesetz des Geistes, der Leben in Christus verleiht, hat dich frei gemacht vom Gesetz der Sünde und des Todes« (vgl. Röm 8, 2).

Die ganze Abhandlung über den Geist ist im Römerbrief als Kontrapunkt zu den Ausführungen über das Gesetz angelegt. Der Geist selbst wird als Gesetz bezeichnet: das »Gesetz des Geistes« be-

---

3 Augustinus, *De Spiritu et littera*, 16, 28 (CSEL 60, 182).

deutet nämlich »das Gesetz, das der Geist ist«. Daß der Apostel den gesamten Komplex der an das Thema des Neuen Bundes gebundenen
Prophetien vor Augen hat, geht außerdem deutlich aus der Stelle hervor, wo er die Gemeinde des Neuen Bundes einen »Brief Christi«
nennt, »geschrieben nicht mit Tinte, sondern mit dem Geist des lebendigen Gottes, nicht auf Tafeln aus Stein, sondern – wie auf Tafeln –
in Herzen von Fleisch«, und wo er die Apostel definiert als »Diener des
Neuen Bundes, nicht des Buchstabens, sondern *des Geistes*; denn der
Buchstabe tötet, der Geist aber *macht lebendig*« (vgl. 2 Kor 3, 3.6).

Auf unserem Weg ist diese eine »erleuchtende« Katechese; sie soll
mehr dazu dienen, unseren Geist zu erhellen, als praktische Entscheidungen zu fällen. Auf der Linie einiger wertvoller exegetischer Bei-
träge4 verfolgt sie die Absicht, unseren Glaubenshorizont zu erwei-
tern, indem sie unserem geistigen Organismus ermöglicht, sozusagen
mit voller Lunge durchzuatmen und nicht nur mit einem kleinen Zip-
fel von ihr, so daß wir uns nicht mit kraftlosen äußeren Frömmigkeits-
übungen begnügen, sondern danach streben, Zugang zu der ganzen
Fülle des christlichen Mysteriums zu erlangen.

2. Der »Geist Christi«

Im Alten Testament ist vom Heiligen Geist als Atem Gottes die Rede,
der Leben erschafft und gibt, der über einige Menschen kommt und
sie mit seiner Kraft versieht, indem er ihnen außerordentliche Fähig-
keiten verleiht, zu kämpfen, zu regieren oder prophetisch zu reden.
Aber nur bei den Propheten, besonders bei Jesaja (vgl. Jes 63, 10f) und
Ezechiel, schwenkt die Blickrichtung vom äußeren und öffentlichen
auf das innere und persönliche Wirken des Heiligen Geistes, auf sein
Wirken im Herzen jedes Einzelnen als Prinzip einer inneren Erneu-

---

4 Vgl. S. Lyonnet, *Libertà cristiana e legge dello Spirito secondo S. Paolo*, in I. de la
Potterie / S. Lyonnet, *La vita secondo lo Spirito*, Rom 1967, S. 197–230.

erung, die den Menschen befähigt, das Gesetz Gottes treu zu befolgen, und somit als Ursprung eines neuen Bundes und eines neuen Lebens. Der Text, der diese neue Orientierung am deutlichsten zum Ausdruck bringt, ist der bereits erwähnte von Ezechiel, gemeinsam mit Psalm 51, wo dem Geist zum ersten Mal das Appellativum »heilig« zugeordnet wird.

Die Ausführungen des Paulus über das neue Leben im Geist gehen von dieser »inneren« Sichtweise aus. Der Kern seiner Rede ist folgender: Gott hat sein Gesetz in unsere Herzen geschrieben. Dieses neue Gesetz ist die Liebe, die er in der Taufe durch den Heiligen Geist in unsere Herzen ausgegossen hat (vgl. Röm 5, 5). Sie befähigt uns, auch die anderen – geschriebenen oder ungeschriebenen – Gesetze in die Tat umzusetzen – kurz: sie ermöglicht es uns, dem Geist gemäß zu leben, indem wir dem Evangelium gehorchen.

Sehen wir nun, wo in alledem die große Neuheit liegt, die Christus und der Neue Bund gebracht haben. Der hl. Paulus erklärt, daß das alte Gesetz – d. h. jedes äußere und geschriebene Gesetz – nur die »Erkenntnis der Sünde« vermittelt (Röm 3, 20), nicht aber die Sünde wegnimmt; es schenkt nicht das Leben, sondern bringt nur den Zustand des Todes und der Feindschaft mit Gott ans Licht:

»Wäre ein Gesetz gegeben worden, das die Kraft hat, lebendig zu machen, dann käme in der Tat die Gerechtigkeit aus dem Gesetz« (Gal 3, 21).

Das mosaische Gesetz – und allgemeiner jedes positive Gesetz – ist eine äußere Norm für den Menschen und verändert daher nicht seine innere Situation, übt keinen Einfluß auf sein Herz aus. Leben und Tod hängen nicht vom Gesetz ab, sondern davon , ob einer sich mit seinem Herzen Gott zuwendet oder sich selbst. Das Gesetz ist im einen wie im anderen Fall – also sowohl in der Befolgung als auch in der Übertretung – die äußere Manifestation von etwas, das zuvor im Herzen entschieden wurde. Daher kann eben auch die grundlegende Sünde, der Egoismus, oder – wie Augustinus sie nennt – »die Eigenliebe, die sich bis zum Gotteshaß steigert«⁵, nicht durch die Befolgung des Gesetzes getilgt werden, sondern nur dann, wenn der Zustand der Freundschaft wiederhergestellt wird, der anfangs zwischen Gott und dem Menschen bestand und den der Mensch zerstört hat, weil die Schlange ihn aus Neid dazu verleitete. Und genau das ist mit der von Christus erwirkten Erlösung geschehen:

> »Was das Gesetz nicht vermochte, weil es wegen des Fleisches ohnmächtig war, hat Gott möglich gemacht, indem er seinen eigenen Sohn in der Gestalt des Fleisches, das unter der Macht des Sünde steht, im Hinblick auf die Sünde sandte und im Fleisch die Sünde verurteilte« (vgl. Röm 8, 3).

Jesus hat am Kreuz der gesamten Menschheit das Herz von Stein genommen, d. h. allen Groll, alle Feindschaft und allen Unwillen gegen Gott, den sie unter dem Gesetz in sich angesammelt hatte. Jesus hat »den alten Menschen gekreuzigt« und »den Leib der Sünde zerstört« (vgl. Röm 6, 6). Er hat unseren Tod »absorbiert« und uns dafür sein Leben gegeben, d. h. seine Liebe zum Vater, seinen Gehorsam, seine neue Beziehung zu Gott, seinen »Geist der Sohnschaft«. Der hl. Paulus drückt all das aus, indem er den Heiligen Geist »Geist Christi« nennt (Röm 8, 9) und sagt, daß der Geist das Leben »in Christus Jesus« gibt (vgl. Röm 8, 2).

Der Heilige Geist, der an Pfingsten über die Kirche ausgegossen wird, geht also vom Pascha-Mysterium Christi aus; er ist ein österlicher Geist. Er ist der Lebenshauch des Auferstandenen. Mit der Auferstehung ist der neue Adam »lebendigmachender Geist« geworden (1 Kor 15, 45). Das vierte Evangelium drückt dieselbe Gewißheit der jungen Kirche aus, indem es sie geradezu plastisch darstellt. Jesus am Kreuz »hauchte seinen Geist aus« (vgl. Joh 19, 30), und das hat in der Sprache des Johannes zwei Bedeutungen: eine natürliche (»er tat seinen letzten Atemzug, er starb«) und eine mystische (»er gab seinen

---

5 Augustinus, *De civitate Dei*, XIV, 28.

Geist von sich«). Für den Evangelisten Johannes war der letzte Atemzug Jesu der erste Atemzug der Kirche; die Kirche, symbolisiert durch die Sakramente der Taufe und der Eucharistie (Wasser und Blut), *wird geboren* aus dem *Tod* Christi. Diese mystische Bedeutung wird wenig später bestätigt, als der Auferstandene am Abend des Ostertages im Abendmahlssaal seine Jünger »anhaucht« und sagt: »Empfangt den Heiligen Geist!« (Joh 20, 22).

Der Heilige Geist, den wir empfangen haben, ist natürlich mehr als eine Sache, er ist eine »Person«. Er ist die dritte Person in der Trinität, die als solche ebenfalls ursprünglich aus dem Vater hervorgeht. Trotzdem, im Zusammenhang der Erlösung kommt er von Christus her zu uns. Es ist der Heilige Geist, der sich in Christus »daran gewöhnt hat, unter den Menschen zu leben«[6], der das Haupt erfüllt und geheiligt hat und sich von ihm aus auf die Glieder verteilt, um aus ihnen »*einen* Leib und *einen* Geist« zu bilden. Daraus ersieht man, wie absurd es ist zu meinen, Pfingsten könne die Rolle des Pascha-Mysteriums verdunkeln und die Betonung des Heiligen Geistes könne Jesus in den Schatten stellen, so als stände er für eine dritte Heilsökonomie oder ein »drittes Zeitalter«, das dem Christi übergeordnet wäre. Im Gegenteil, der Heilige Geist ist derjenige, der das Gedenken an Jesus »lebendig« hält, der »Zeugnis ablegt« für ihn, der »von dem nimmt, was sein ist« und es verkündet (vgl. Joh 16, 14). Der Heilige Geist macht keine neuen Dinge, sondern er macht die Dinge neu!

3. *Das neue Herz*

Wenn dieser Geist Christi über die Sakramente, das Wort und all die anderen, ihm verfügbaren Mittel im gläubigen Menschen Aufnahme findet, ist er in dem Maße, wie er angenommen und unterstützt wird, endlich in der Lage, jene innere Situation zu wandeln, die das Gesetz nicht verändern konnte. Und das geschieht folgendermaßen: Solange

---

6 Vgl. Irenäus von Lyon, *Gegen die Häresien (Adversus haereses)*, III, 17, 1.

der Mensch »für sich selbst«, also unter der Herrschaft der Sünde lebt, erscheint Gott ihm unvermeidlich als Gegenspieler und Hindernis. Zwischen ihm und Gott besteht eine heimliche Feindschaft, die das Gesetz nur deutlich erkennbar macht. Der Mensch »begehrt«, will bestimmte Dinge, und Gott ist derjenige, der ihm durch seine Gebote den Weg versperrt, indem er sich mit seinen Forderungen: »Du sollst« und »Du sollst nicht« den Wünschen des Menschen entgegenstellt. Paulus sagt:

> »Das Trachten des Fleisches ist Feindschaft gegen Gott; es unterwirft sich nicht dem Gesetz Gottes« (Röm 8, 7).

Der alte Mensch lebt in Auflehnung gegen seinen Schöpfer, und es wäre ihm sogar am liebsten, wenn er gar nicht existieren würde. Es genügt, daß uns – durch eigene Schuld, durch Widerstreit oder einfach weil Gott es zuläßt – manchmal das Empfinden der Gegenwart Gottes abhanden kommt, und schon entdecken wir, daß wir in uns nur noch Zorn, Auflehnung und eine ganze Front der Feindseligkeit gegen Gott und die Mitmenschen spüren, die aus der alten Wurzel unserer Sünde emporsteigt, bis sie unseren Geist verfinstert und uns selbst Angst macht. Wenn der Heilige Geist kommt und vom Herzen Besitz ergreift, dann geschieht eine Wandlung. Wenn der Mensch vorher im Grunde seines Herzens einen »stillen Groll gegen Gott« hegte, kommt nun von Gott her der Geist zu ihm und bezeugt ihm, daß Gott ihm wirklich gewogen und gut gesonnen ist, daß er sein »Verbündeter« und nicht sein Feind ist. Er hält ihm all das vor Augen, was Gott für ihn zu tun imstande war und wie er seinetwegen nicht einmal seinen eigenen Sohn verschont hat. Der Geist trägt »die Liebe Gottes« in das Herz des Menschen (vgl. Röm 5, 5). Auf diese Weise erweckt er gleichsam in ihm einen anderen Menschen, der Gott liebt und gern tut, was Gott ihm gebietet.[7] Außerdem beschränkt Gott sich nicht mehr darauf, ihm

---

7 Vgl. M. Luther, *Pfingstpredigt (Ein Sermon auf den Pfingsttag)*, Weimarer Ausgabe 12, S. 568ff.

zu befehlen, was er zu tun und zu lassen hat, sondern er selbst bewerkstelligt mit ihm und in ihm das, was er gebietet. Das neue Gesetz, nämlich der Geist, ist weit mehr als eine »Willensäußerung«; es ist ein »Handeln«, ein lebendiges und aktives Prinzip. Das neue Gesetz ist das neue Leben. Darum wird es viel häufiger Gnade genannt als Gesetz:

»Ihr steht nicht unter dem Gesetz, sondern unter der Gnade« (Röm 6, 14).

Das neue Gesetz oder Gesetz des Geistes ist daher im strengen Sinne nicht das von Jesus auf dem Berg der Seligpreisungen verkündete, sondern jenes, das er an Pfingsten in die Herzen eingeprägt hat. Die Gebote des Evangeliums sind sicher höherstehend und vollkommener als die mosaischen; und doch wären auch sie für sich allein unwirksam geblieben. Wenn es genügt hätte, den neuen Willen Gottes durch das Evangelium zu verkünden, wäre es unerklärlich, warum es notwendig war, daß Jesus sterben und der Heilige Geist kommen mußte. Aber die Apostel selbst sind ein Beweis dafür, daß es nicht genügte; sie, die doch alles gehört hatten – zum Beispiel daß du dem, der dich schlägt, auch noch die andere Wange hinhalten sollst – finden im Moment der Passion nicht die Kraft, auch nur eines der Gebote Jesu zu befolgen. Wenn Jesus sich darauf beschränkt hätte, das neue Gebot zu verkünden, indem er sagte: »Ein neues Gebot gebe ich euch: Liebt einander!« (Joh 13, 34), wäre es das geblieben, was es vorher war: altes Gesetz, »Buchstabe«. Erst an Pfingsten, als er durch den Geist jene Liebe in die Herzen der Jünger eingießt, wird es im Vollsinn neues Gebot, Gesetz des Geistes, der Leben spendet. Durch den Geist ist dieses Gebot »neu«, nicht durch den Buchstaben. Dem Buchstaben nach war es alt, denn es findet sich bereits im Alten Testament (vgl. Lev 19, 18). Der Evangelist scheint sich dessen bewußt zu sein. Nachdem er geschrieben hat: »Ich schreibe euch kein neues Gebot, sondern ein altes Gebot ...«, bekräftigt er sofort energisch: »Und doch schreibe ich euch ein neues Gebot« (1 Joh 2, 7f).

Ohne die innere Gnade des Geistes wäre also auch das Evangelium, wäre auch das neue Gebot altes Gesetz, Buchstabe geblieben. Indem er einen kühnen Gedanken des hl. Augustinus aufgreift, schreibt der hl. Thomas von Aquin:

> »Unter ›Buchstabe‹ ist jedes geschriebene Gesetz zu verstehen, das außerhalb des Menschen bleibt, auch die im Evangelium enthaltenen moralischen Vorschriften; weshalb auch der Buchstabe des Evangeliums töten würde, wenn sich nicht im Innern die Gnade des heilenden Glaubens dazugesellte.«[8]

Und noch deutlicher drückt er es einige Zeilen davor aus:

> »Das neue Gesetz ist hauptsächlich die Gnade des Heiligen Geistes selbst, die den Gläubigen gegeben ist.«[9]

Wir haben es hier mit einer wahrhaft ökumenischen Glaubensgewißheit zu tun, mit einem gemeinsamen Erbe aller großen christlichen Traditionen. Nicht nur die katholische und die protestantische Theologie, die das augustinische Gedankengut übernommen haben, teilen nämlich diese Ansicht, sondern auch die Theologie der Orthodoxie. Ein angesehener Vertreter dieser Tradition schreibt:

> »Die Apostel und Väter unseres Glaubens hatten den Vorteil, in der ganzen Lehre unterrichtet zu sein, und noch dazu vom Heiland persönlich ... Und dennoch: obwohl sie all dies kennengelernt hatten, gewahrte man an ihnen, bevor sie [an Pfingsten mit dem Heiligen Geist] getauft worden waren, nichts Neues, Edles, Geistliches, das besser gewesen wäre als das Alte. Als aber für sie der Moment der Taufe kam und der Heilige Geist in ihre Seelen eindrang, da wurden sie neu und begannen ein neues Leben, waren Leitbilder und Anführer für die an-

---

8   Thomas von Aquin, *Summa Theologiae*, I-II, q. 106, a. 2.

9   Ebd., q. 106, a. 1; vgl. bereits Augustinus, *De Spiritu et littera*, 21, 36 (CSEL 60, 189f).

deren und entfachten in sich selbst und in den anderen die Flamme
der Liebe zu Christus ... In gleicher Weise führt Gott alle Heiligen nach
ihnen zur Vollkommenheit: Sie erkennen und lieben ihn, nicht durch
bloße Worte angezogen, sondern verwandelt durch die Macht der
Taufe, durch die der Geliebte sie umgestaltet, indem er in ihnen ein
Herz aus Fleisch erschafft und alle Unempfänglichkeit entfernt. Er
schreibt, aber – wie Paulus sagt – ›nicht auf Tafeln aus Stein, sondern –
wie auf Tafeln – in Herzen aus Fleisch‹ [vgl. 2 Kor 3, 3]; und er prägt
dort nicht bloß das Gesetz ein, sondern den Gesetzgeber selbst. Er ist
es, der sich selbst einprägt.«[10]

Aber wie wirkt dieses neue Gesetz, das der Geist ist, konkret, und
in welchem Sinne kann man es als »Gesetz« bezeichnen? Es wirkt
durch die Liebe! Das neue Gesetz ist nichts anderes als das, was Jesus
das »neue Gebot« nennt. Der Heilige Geist hat das neue Gesetz in unsere Herzen geschrieben, indem er ihnen die Liebe einflößte:

»Die Liebe Gottes ist ausgegossen in unsere Herzen durch den Heiligen Geist, der uns gegeben ist« (Röm 5, 5).

Diese Liebe ist die Liebe, mit der Gott uns liebt und mit der er zugleich bewirkt, daß wir ihn und unseren Nächsten lieben. Es ist eine
neue Liebesfähigkeit. Die Liebe kennzeichnet und offenbart das neue
Leben, das der Geist gebracht hat. Der hl. Johannes schreibt:

»Wir wissen, daß wir aus dem Tod ins Leben hinübergegangen sind,
weil wir die Brüder lieben« (1 Joh 3, 14).

Wer an das Evangelium mit einer rein menschlichen Geisteshal-
tung herangeht, findet es absurd, daß aus der Liebe ein »Gebot« gemacht wird. Was für eine Liebe ist das – wird eingewendet – wenn sie
nicht frei, sondern befohlen ist? Die Antwort ist, daß es zwei Arten

---

10 N. Kabasilas, *Leben in Christus*, II, 8 (PG 150, 552f).

gibt, wie der Mensch veranlaßt werden kann, etwas Bestimmtes zu tun oder nicht zu tun: entweder durch *Zwang* oder durch *Anziehung*. Das Gesetz veranlaßt ihn auf die erste Weise: durch Zwang, durch Strafandrohung; die Liebe bewegt ihn auf die zweite Art: durch Anziehung. Jeder fühlt sich nämlich durch das, was er liebt, angezogen, ohne daß dazu ein äußerer Zwang nötig wäre. Zeig einem Knaben ein paar Nüsse – sagt Augustinus –, und du wirst sehen, wie er sich darauf stürzt, um sie zu packen. Wer zwingt ihn dazu? Niemand, er ist angezogen durch den Gegenstand seines Begehrens. Zeig einer Seele, die nach Wahrheit dürstet, das Höchste Gut, und sie wird sich darauf stürzen. Wer zwingt sie dazu? Niemand, sie ist angezogen von ihrem dürstenden Verlangen. Die Liebe ist wie ein »Gewicht« der Seele, das sie zum Gegenstand ihrer Freude hinzieht, von dem sie weiß, daß sie dort ihre Ruhe finden wird.[11] In diesem Sinne ist der Heilige Geist – und ganz konkret: die Liebe – ein »Gesetz«, ein »Gebot«: Sie erzeugt im Christen eine Dynamik, die ihn dazu bringt, spontan und ohne überhaupt darüber nachdenken zu müssen all das zu tun, was Gott will, weil er sich den Willen Gottes zu eigen gemacht hat und alles liebt, was Gott liebt. Die Liebe schöpft den Willen Gottes direkt an seiner Quelle. Im Heiligen Geist nimmt sie den lebendigen Willen Gottes auf. Es ist wie im »Verliebtsein«, wenn man von der Liebe ergriffen alles spontan und mit Freude tut, nicht aus Gewohnheit oder Berechnung.

»Wer liebt, der fliegt, läuft, jubelt, ist frei, und nichts kann ihn zurückhalten ... Oft kennt die Liebe kein Maß, sondern entbrennt über alle Maßen. Die Liebe fühlt keine Last und achtet nicht der Mühe, sie möchte noch mehr tun, als sie kann. Das Unmögliche dient ihr nicht zum Vorwand, denn sie hält alles für zulässig und möglich. Die Liebe fühlt sich zu allem tüchtig, und vieles erreicht sie mit Erfolg, während der Nichtliebende versagt und aufgibt.«[12]

11 Vgl. Augustinus, *In Iohannis Evangelium Tractatus*, 26, 4–5 (CCL 36, 261); *Confessiones*, XIII, 9.
12 *Nachfolge Christi*, III, 5.

Wir könnten sagen, daß ein Leben unter der Gnade, geleitet vom neuen Gesetz des Geistes, ein Leben als »Verliebte« ist, d. h. als Menschen, die von der Liebe getragen und angetrieben werden. Denselben Unterschied, den im Rhythmus des menschlichen Lebens und in der Beziehung zweier Geschöpfe das Verliebtsein ausmacht, bewirkt in der Beziehung zwischen Mensch und Gott das Kommen des Heiligen Geistes.

4. Die Liebe schützt das Gesetz, und das Gesetz schützt die Liebe

Welchen Stellenwert hat in dieser neuen Ökonomie des Geistes die Befolgung der Gebote? Dies ist ein neuralgischer Punkt, der geklärt werden muß, auch weil das helfen kann, eines der größten Hindernisse im Dialog mit dem Judentum zu überwinden, das zu Recht nicht bereit ist, auf das zu verzichten, was für den gläubigen Juden »das Gesetz« darstellt. Auch nach Pfingsten besteht das geschriebene Gesetz weiter fort: Es gibt die Gebote Gottes, den Dekalog, es gibt die Vorschriften des Evangeliums; und später sind noch die kirchlichen Gesetze dazugekommen. Welchen Sinn haben der Kodex des kanonischen Rechts, die monastischen Regeln, die Ordensgelübde, kurz: alles, was einen objektivierten Willen zum Ausdruck bringt, der mir von außen auferlegt wird? Sind solche Dinge gleichsam Fremdkörper im christlichen Organismus? Im Laufe der Kirchengeschichte hat es Bewegungen gegeben, die dieser Meinung waren und im Namen der Freiheit des Geistes jegliches Gesetz ablehnten, so daß sie eben »antinomistische« Bewegungen genannt wurden. Sie sind aber von der kirchlichen Autorität und vom christlichen Gewissen selbst immer mißbilligt worden. Heute wird in einem vom atheistischen Existentialismus geprägten kulturellen Umfeld im Gegensatz zur Vergangenheit das Gesetz nicht mehr im Namen der Freiheit des Geistes abgelehnt, sondern einfach im Namen der rein menschlichen Freiheit. Eine Figur in einem Drama von J.-P. Sartre sagt:

Es gibt »nichts mehr im Himmel, weder Gut noch Böse, noch irgendeiner, um mir Befehle zu geben ... Ich bin ein Mensch, und jeder Mensch muß seinen Weg erfinden.«[13]

Die christliche Antwort zu diesem Problem bekommen wir aus dem Evangelium. Jesus sagt, er sei nicht gekommen, um »das Gesetz aufzuheben«, sondern um es zu »erfüllen« (vgl. Mt 5, 17). Und was ist die »Erfüllung« des Gesetzes? »Die Erfüllung des Gesetzes ist die Liebe«, antwortet der Apostel (Röm 13, 10). Am Gebot der Liebe – sagt Jesus – »hängt das ganze Gesetz samt den Propheten« (vgl. Mt 22, 40). Die Liebe ersetzt also nicht das Gesetz, sondern sie befolgt, sie »erfüllt« es. Ja, sie ist sogar die einzige Kraft, die uns befähigen kann, es zu befolgen. In der Prophetie Ezechiels wurde die Befähigung, das Gesetz Gottes zu befolgen, der zukünftigen Gabe des Geistes und des neuen Herzens zugeschrieben:

»Ich lege meinen Geist in euch und bewirke, daß ihr meinen Gesetzen folgt und auf meine Gebote achtet und sie erfüllt« (Ez 36, 27).

Und in demselben Sinne sagt Jesus: »Wenn jemand mich liebt, wird er an meinem Wort festhalten« (Joh 14, 23), d. h. wird er imstande sein, daran festzuhalten. Zwischen dem inneren Gesetz des Geistes und dem äußeren, geschriebenen Gesetz besteht in der neuen Ökonomie kein Gegensatz und keine Unvereinbarkeit, sondern im Gegenteil ein völliges Zusammenwirken: Ersteres ist gegeben, um letzteres zu schützen:

»Das Gesetz wurde gegeben, damit die Gnade gesucht würde, und die Gnade wurde gegeben, damit das Gesetz befolgt würde.«[14]

---

13 J.-P. Sartre, *Les mouches* III, 2 [deutsche Ausgabe: *Die Fliegen*, Reinbek b. Hamburg 1965, S. 71].

14 Augustinus, *De Spiritu et littera*, 19, 34 (CSEL 60, 187).

Die Befolgung der Gebote und – in der Praxis – der Gehorsam sind der Prüfstand für die Liebe, das Erkennungszeichen, ob jemand »nach dem Geist« lebt oder »nach dem Fleisch«: »Die Liebe zu Gott besteht darin, daß wir seine Gebote halten« (1 Joh 5, 3). So war es für Jesus selbst; er hat in sich selbst das erhabenste Modell einer Liebe vorgezeichnet, die in der Befolgung der Gebote, d. h. im Gehorsam, ihren Ausdruck findet: »Ich habe die Gebote meines Vaters gehalten«, sagt er, »und bleibe in seiner Liebe« (vgl. Joh 15, 10).

Das »neue Gebot« hebt also die Gebote nicht auf, sondern schützt und erfüllt sie. Nicht allein in dem Sinne, daß derjenige, der liebt, die Kraft hat, das zu befolgen, was das Gesetz vorschreibt, sondern auch in dem tieferen Sinne, daß derjenige, der liebt – und nur er – den letzten Zweck eines jeden Gesetzes verwirklicht: nämlich die volle Übereinstimmung mit dem Willen Gottes zu erreichen. Angenommen, jemand würde jedes Gesetz perfekt befolgen, jedoch ohne jene innere Disposition des Herzens, die durch die Liebe gegeben ist, dann würde er in Wirklichkeit das Gesetz gar nicht befolgen, sondern nur so tun, als ob er es befolgte. Darum hat der hl. Paulus Recht, wenn er sagt, daß all seine Ausführungen nicht beabsichtigen, das Gesetz »außer Kraft zu setzen«, sondern daß sie es im Gegenteil »aufrichten« und auf festen Grund stellen wollen (vgl. Röm 3, 31).

Um die positive Beziehung zu verstehen, die unter der Herrschaft der Gnade zwischen Gesetz und Liebe entsteht, ziehen wir das Beispiel einer schwangeren Frau heran. Der Arzt oder die Hebamme oder – je nach Ort und Gepflogenheiten – die Verwandten teilen der jungen Frau Regeln mit, die sie während ihrer Schwangerschaft zu beachten hat; sie sagen ihr, was sie in ihrem Zustand tun und was sie nicht tun darf, was sie essen kann und was nicht, wie sie sich kleiden sollte und was sie besser nicht anziehen sollte ... Die Frau, die – besonders wenn es ihre erste Schwangerschaft ist – ganz in Anspruch genommen ist von dem Wunder des neuen Lebens, das sie in ihrem Schoß aufkeimen und wachsen fühlt, wird natürlich alle diese »Regeln«, die ihr auferlegt werden, befolgen und denen, die sie ihr übermitteln, sogar herzlich dankbar sein; aber sie wird sie nicht befolgen,

weil sie irgendwo »geschrieben stehen« oder um einen guten Eindruck zu machen bzw. den Tadel der Leute zu vermeiden, sondern einzig und allein, weil sie ihr kleines Geschöpf liebt. Ihr Gesetz ist die
Liebe. Sie handelt nicht aufgrund eines Zwanges, sondern aufgrund
der Anziehung, und doch könnte niemand mit mehr Eifer und Sorg-
falt handeln als sie. Sie liebt ihr Kind und will nur sein Bestes, aber
jung und unerfahren wie sie ist, weiß sie nicht genau, was dem neuen
Leben nützt und was ihm schadet, und deshalb unterwirft sie sich gern
allen Anweisungen, die von außen aus der Erfahrung und der Autorität anderer kommen. Das genau ist der Stellenwert und der Sinn des
Gesetzes unter der Gnade! So verstehen wir, warum der Apostel, nachdem er ganze Kapitel seines Briefes dem Zweck gewidmet hat, das
Ende des Gesetzes aufzuzeigen, im zweiten Teil seinerseits den Christen so viele Gesetze gibt: »Eure Liebe sei ohne Heuchelei«, »Jeder leiste den Trägern der staatlichen Gewalt den schuldigen Gehorsam« ...
Eine bestimmte Art, das Gesetz zu begreifen, ist zu Ende gegangen,
aber eine andere hat sich aufgetan. Diese Gesetze dienen jetzt dem
neuen Leben, das in der Taufe in uns entflammt ist; sie sind wie die
Regeln, die der Frau gegeben sind, die ein neues Leben im Schoße
trägt.

Wie man sieht, spielt sich zwischen Liebe und Gesetz ein wunder-
barer Austausch ein, eine Art Kreislauf und gegenseitige Durchdringung. Wenn es nämlich zutrifft, daß die Liebe das Gesetz schützt,
dann trifft es ebenso zu, daß *das Gesetz die Liebe schützt*. Die Liebe ist
die Kraft des Gesetzes und das Gesetz ist der Schutz der Liebe. Auf verschiedene Weise dient das Gesetz der Liebe und schützt es. Vor allem
ist bekannt, daß »das Gesetz für die Sünder bestimmt ist« (vgl. 1 Tim
1, 9), und wir sind noch Sünder. Wir haben zwar den Geist empfangen,
aber nur wie ein »Angeld«; in uns lebt der alte Mensch noch mit dem
neuen zusammen, und solange in uns noch die Begierden bestehen,
ist es von der Vorsehung bestimmt, daß es Gebote gibt, die uns helfen,
sie zu erkennen und zu bekämpfen, und sei es auch unter Strafandrohung. Das Gesetz ist eine Stütze für unsere Freiheit, die im Guten
noch unsicher und schwankend ist. Es ist *für* und nicht *gegen* die Frei-

heit, und man muß sagen, daß diejenigen, die glaubten, im Namen der menschlichen Freiheit jegliches Gesetz ablehnen zu müssen, sich getäuscht haben, weil sie die reale und geschichtliche Situation, in der diese Freiheit wirkt, mißverstanden haben.

Neben dieser sozusagen negativen Funktion erfüllt das Gesetz noch eine andere, positive, die der Unterscheidung. Mit der Gnade des Heiligen Geistes stimmen wir pauschal dem Willen Gottes zu, machen ihn uns zu eigen und möchten ihn erfüllen, aber wir kennen ihn noch nicht in allen seinen Implikationen. Diese werden uns außer durch die Wechselfälle des Lebens auch durch die Gesetze offenbart.

Doch man kann in einem noch tieferen Sinn sagen, daß das Gesetz die Liebe schützt:

»Nur wenn es Pflicht ist zu lieben, nur dann ist die Liebe gegen jegliche Veränderung ewig gesichert; ewig freigemacht in seliger Unabhängigkeit; gegen Verzweiflung ewig glücklich gesichert.«[15]

Der Sinn dieser Worte ist folgender: Der Mensch, der liebt, nimmt, je intensiver er liebt, mit um so größerer Angst die Gefahr wahr, der diese seine Liebe ausgesetzt ist, eine Gefahr, die durch keinen anderen als ihn selbst droht. Er weiß nämlich nur zu gut, daß er unbeständig ist und daß er – leider! – morgen dieser Liebe schon überdrüssig sein und aufhören könnte zu lieben. Und da er jetzt, wo er von Liebe durchdrungen ist, mit aller Klarheit sieht, welch unersetzlichen Verlust das mit sich bringen würde, schützt er sich, indem er sich mit dem Gesetz an die Liebe »bindet« und auf diese Weise seine zeitliche Liebe in der Ewigkeit verankert.

Der Mensch von heute fragt sich immer häufiger, welche Beziehung eigentlich zwischen der Liebe zweier junger Menschen und dem Gesetz der Ehe besteht und ob es die Liebe nötig hat, sich »zu verpflichten«. So nimmt die Zahl derer, die dazu neigen, in Theorie und

15 S. Kierkegaard, *Der Liebe Tun,* in *Gesammelte Werke,* 19. Abt.,
Düsseldorf/Köln 1966, S. 34.

Praxis die Institution der Ehe abzulehnen und die sogenannte freie Liebe oder die bloße Lebensgemeinschaft zu wählen, ständig zu. Nur wenn man durch das Wort Gottes den tiefen und lebendigen Zusammenhang entdeckt, der zwischen Gesetz und Liebe, zwischen Entscheidung und Institution besteht, kann man diese Fragen richtig beantworten und den jungen Menschen einen überzeugenden Beweggrund liefern, warum sie sich für eine dauernde Liebe »binden« und keine Angst haben sollen, dadurch aus der Liebe eine »Pflicht« zu machen. Die Pflicht zu lieben schützt die Liebe vor der »Verzweiflung« und macht sie »selig und unabhängig« in dem Sinne, daß sie vor der Verzweiflung schützt, nicht immer lieben zu können. »Um wahrhaft frei zu sein«, – so lautet eine tiefe Wahrheit – »muß der Mensch beginnen, sich zu binden.«

Diese Überlegung gilt nicht nur für die menschliche Liebe, sondern auch – und mit noch größerem Recht – für die göttliche Liebe. Warum – könnte man sich fragen – soll man sich »verpflichten«, Gott zu lieben, indem man sich einer Ordensregel unterwirft, warum soll man »Gelübde« ablegen, die einen »zwingen«, arm, keusch und gehorsam zu sein, nachdem wir doch ein inneres und geistliches Gesetz haben, das all das durch »Attraktion« erreichen kann? Es ist so, daß du dich in einem Moment der Gnade von Gott angezogen gefühlt hast, du hast ihn geliebt und hast danach verlangt, ihn für immer und ganz und gar zu besitzen, und weil du fürchtetest, ihn aufgrund deiner Unbeständigkeit zu verlieren, hast du dich »gebunden«, um deine Liebe gegen jegliche »Veränderung« abzusichern. Dasselbe geschieht – in abgewandelter Form – mit jedem, der sich bekehrt und beschließt, sich ernsthaft Gott zu übergeben. In einem bestimmten Augenblick entdeckt er, wer Gott ist und welch unwiederbringlicher Schaden es wäre, ihn zu verlieren. Solange er sich also in der glücklichen Situation der Liebe befindet, bindet er sich mit einer Entscheidung, mit einem Versprechen, mit einem persönlichen Gelübde oder in irgendeiner anderen Weise, die der Geist findet und ihm eingibt. Er bindet sich aus demselben Grund, aus dem sich jener berühmte Seefahrer der Antike an den Mastbaum seines Schiffes band, denn er wollte unbedingt seine Heimat und seine Braut wiedersehen, wußte aber, daß er am Ort der Sirenen vorbeifahren mußte, und fürchtete, wie so viele vor ihm dort Schiffbruch zu erleiden ...

5. *Ein neues Pfingsten für die Kirche*

Den Unterschied zwischen dem alten Gesetz und der Gnade zu erkennen, ist nicht eine nur theoretische Frage, sondern es ist zugleich auch eine praktische Frage, aus der sich unmittelbare Konsequenzen für die Orientierung unseres Lebens ergeben. Wir müssen nämlich nicht nur »verstehen«, worin der Übergang vom Gesetz zur Gnade besteht, sondern wir müssen ihn auch »vollziehen«. *Historisch* hat sich der Übergang vom Alten zum Neuen Testament ein für allemal vor zweitausend Jahren mit Jesus Christus ereignet, der den Neuen Bund in seinem Blut gestiftet hat, aber *existentiell* und geistig muß er immer wieder von neuem geschehen, in jedem Zeitalter und in jedem Gläubigen. Wir werden geboren mit den Begierden des Fleisches, die sich gegen Gott auflehnen, mit der Furcht, dem »Stolz« und dem Vertrauen auf die Werke. Wir werden in Wahrheit »unter dem Gesetz« geboren. Bereits bei der Geburt sind wir »alte Menschen«! Der rechtliche Schritt in den neuen Bund erfolgt in einem Augenblick, während der Taufe, aber der moralische, psychologische oder faktische Übergang erfordert ein ganzes Leben. Man kann objektiv und historisch gesehen unter der Gnade leben, jedoch subjektiv, mit dem Herzen, unter dem Gesetz.

Nicht nur das, man kann, sogar nachdem man sich der Freiheit des Geistes und der Gnade zugewendet hat, unmerklich wieder in das Gesetz zurückfallen. Der hl. Paulus mußte in seinem Leben als Apostel zwei große Kämpfe durchfechten: den ersten, um das Judentum dazu zu bringen, vom Gesetz zur Gnade, vom Alten zum Neuen Bund überzugehen; den zweiten, um zu verhindern, daß ganze Gemeinden, nachdem sie diesen Schritt vollzogen hatten, wieder zurückfielen und dem Sog des Gesetzes und der Werkgerechtigkeit erlagen. Dieser Art war sein Kampf mit den Galatern. Ihnen wirft er vor, jetzt wieder vom

Fleisch die Vollendung zu erwarten, nachdem sie am Anfang auf den Geist vertraut hatten (vgl. Gal 3, 3).

»Zur Freiheit hat uns Christus befreit. Bleibt daher fest und laßt euch nicht von neuem das Joch der Knechtschaft auflegen!« (Gal 5, 1).

Der Apostel zeigt uns, daß man nicht nur dadurch, daß man sündigt, aus der Gnade herausfallen kann, sondern auch auf andere Weise. »Ihr seid aus der Gnade herausgefallen«, ruft er den Galatern ins Gewissen (Gal 5, 4). Wir kennen nur eine einzige Weise, die Gnade zu verlieren – eben durch die schwere Sünde –, denn wir haben dem Wort »Gnade« einen sehr verarmten und ziemlich »verdinglichten« Sinn gegeben. Man kann auch aus der Gnade herausfallen durch den Legalismus, durch die Suche nach der eigenen Gerechtigkeit und durch die Angst. Darum ermahnt der hl. Paulus die Römer: »Ihr habt nicht einen Geist empfangen, der euch zu Sklaven macht, so daß ihr in die Angst zurückfallen müßtet« (Röm 8, 15).

Diese Gefahr, »vom Fleisch die Vollendung zu erwarten« und mit Geist und Herz wieder zum Alten Testament zurückzukehren, ist auch nach dem Tod des hl. Paulus nicht verschwunden. Sie hat immer bestanden, und sie wird immer bestehen, und wir müssen sie bekämpfen und abwenden wie seinerzeit der Apostel. Im Neuen Bund zu leben ist wie gegen den Strom zu schwimmen: Sobald man mit den Schwimmbewegungen aufhört, wird man von der Strömung stromabwärts zurückgezogen:

»Man soll nicht meinen, daß die Erneuerung des Lebens, die anfangs ein für allemal geschehen ist, genügt. Beständig und täglich muß diese Neuheit erneuert werden.«[16]

Es ist aufschlußreich, zu sehen, mit welcher Gottesvorstellung das christliche Volk lebt, mit welchen Augen man auf ihn schaut: ob mit

---

16 Origenes, *Kommentar zum Römerbrief*, 5, 8 (PG 14, 1042).

dem furchtsamen, eigennützigen Blick des Sklaven oder dem vertrau-
ensvollen des Sohnes. Heute setzt sich allmählich eine neue Art durch,
Kirchengeschichte zu schreiben: Man hält sich nicht mehr bei den äußeren Ereignissen, bei den Institutionen oder den herausragenden
Persönlichkeiten auf, sondern steigt in das »Erleben« des christlichen
Volkes hinab und versucht, die religiöse Qualität des Lebens eines
Teils der Kirche in einem bestimmten Moment ihrer Geschichte zu re-
konstruieren. Wenn man zum Beispiel anhand von Quellen aus Archi-
ven die Predigttätigkeit eines Pfarrers während seiner gesamten Amts-
periode in einer Pfarrei untersucht, sieht man deutlich, welche
Religion und welche Gottesvorstellung den Leuten eingeprägt wurde.
Sehr häufig kommt man dabei zu dem Schluß, daß die dem Volk ver-
mittelte Religiosität im Prinzip »eine Religion der Angst« war.[17]

Die Trübung der christlichen Neuheit geschieht, wenn in der Predigt, in der Katechese, in der geistlichen Leitung und bei allen anderen
Gelegenheiten, die der Glaubensformung dienen, der Akzent einseitig
auf die Pflichten, die Tugenden, die Laster, die Strafen, ganz allgemein
auf das gelegt wird, was der Mensch »zu tun hat«, und dabei die Gnade
als eine Unterstützung dargestellt wird, die im Laufe der Bemühungen des Menschen dazukommt, um für das zu sorgen, was er allein
nicht schaffen kann, und nicht vielmehr als etwas, das vor all dieser
Anstrengung kommt und sie überhaupt erst ermöglicht; wenn das Gesetz und nicht die Gnade »verpflichtet« und wenn folglich die Pflicht
nicht in dem Sinne verstanden wird, daß wir Gott Dank schulden, sondern vielmehr als etwas, für das, wenn wir es erfüllen, Gott uns Dank
schuldet – mit anderen Worten: wenn die Moral sich vom *Kerygma* los-
löst. In begrenzterem Umfeld – dem des Ordenslebens – wird eine
analoge Trübung bewirkt, wenn bei der Heranbildung der jungen
Leute und der Novizen, in den Exerzitien und im ganzen übrigen Leben mehr Zeit darauf verwendet wird, vom eigenen Charisma, den eigenen Traditionen, Regeln und Konstitutionen und von der eigenen
Spiritualität zu sprechen (die manchmal äußerst substanzarm ist) als

---

17 Vgl. J. Delumeau, *Histoire vécue du peuple chrétien*, Toulouse 1979.

von Christus, dem Herrn, und von seinem Heiligen Geist. Der Schwerpunkt der Aufmerksamkeit verlagert sich unmerklich von Gott zum Menschen, von der Gnade zum Gesetz. Das Gesetz – sagt der hl. Johannes – wurde durch Mose gegeben, aber die Gnade kommt durch Jesus Christus (vgl. Joh 1, 17), und das bedeutet, auf uns heute in der Kirche bezogen, daß die Menschen Gesetze erlassen und die Ordensgründer Lebensregeln ausarbeiten können, daß aber nur Jesus Christus mit seinem Geist die Kraft verleihen kann, danach zu leben.

Aus unseren Überlegungen erwächst also der Appell und der Impuls zu einer tiefgreifenden Erneuerung im Geist und zu einer Umkehr zum Herrn. Der hl. Paulus spricht von einer »Hülle auf dem Herzen«, die daran hindert, die alles überstrahlende Herrlichkeit des Neuen Bundes zu sehen, und die entfernt werden wird, »sobald sich einer dem Herrn zuwendet« (vgl. 2 Kor 3, 14ff). Eine solche Umkehr muß bei den geistlichen Führern des Volkes beginnen. Das Volk von Hippo war einfach und ungebildet, kannte aber bestens den Unterschied zwischen Gesetz und Gnade, zwischen Furcht und Liebe. Es war wirklich ein Volk des Neuen Bundes, und das aus dem einfachen Grund, weil es jemanden gab, der Tag für Tag bei der Erklärung der Heiligen Schrift über diese Dinge zu ihnen sprach: ihr Bischof Augustinus. Er scheute sich nicht, sich mit folgenden Worten an sie zu wenden:

»Legt ab, was alt in euch ist: ihr habt das neue Lied kennengelernt. Neuer Mensch, Neuer Bund, neues Lied. Das neue Lied paßt nicht zum alten Menschen: Nur die neuen Menschen lernen es, die, durch die Gnade vom Alten befreit, neu geworden sind und schon zum Neuen Bund gehören, der das Himmelreich ist.«
»Christus hat uns ein neues Gebot gegeben: daß wir einander lieben, wie er uns geliebt hat. Diese Liebe ist es, die uns erneuert, uns zu neuen Menschen macht, zu Erben des Neuen Bundes und Sängern des neuen Liedes.«[18]

18 Augustinus, *Enarrationes in Psalmos*, 32, 8 (CCL 38, 253); *In Iohannis Evangelium Tractatus*, 65, 1 (CCL 36, 491).

In unserer Zeit hat der auferstandene Herr in verschiedenen Teilen seines gespaltenen Leibes da und dort die Sehnsucht nach einem neuen Pfingsten aufkommen lassen und eine solche Erfahrung gewährt. Doch was bedeutet es denn, »ein zweites Pfingsten« für die Kirche zu erbitten? Ein neues Pfingsten kann nicht nur in einem neuen Aufblühen von Charismen, Diensten, Zeichen und Wundern bestehen, in einem frischen Wind, der der Kirche ins Angesicht bläst. Diese Dinge sind bloß der Reflex und das Zeichen von etwas, das tiefer liegt. Wir haben gesehen, worin das erste Pfingsten bestand: in der Gabe des neuen Gesetzes, das das neue Herz schafft und den Neuen Bund begründet und in Christus eine neue Weise, zu lieben und Gott und den Mitmenschen zu dienen, ermöglicht. Pfingsten war nicht nur die Erfüllung der Weissagung des Joël, der von aller Art von Charismen spricht: von Träumen, Visionen und Wundern (vgl. Joël 3, 1–5; Apg 2, 17ff), sondern auch, und zwar vorrangig, die Erfüllung der Weissagungen der Propheten Jeremia und Ezechiel über das neue Herz und den neuen Geist. Der Geist Christi, der den Neuen Bund charakterisiert, ist nicht in erster Linie eine äußere Manifestation wundertätiger und charismatischer Macht, sondern er ist ein inneres Prinzip neuen Lebens. Ein neues Pfingsten muß sich deshalb, um wahrhaft ein solches zu sein, in dieser Tiefe ereignen: es muß das Herz der »Braut« erneuern, nicht nur ihr Kleid. Kurz: es muß eine »Erneuerung des Bundes« sein.

Die Tür, durch die wir in dieses neue Pfingsten, das sich in der Kirche ereignet, eingehen können, ist für jeden von uns eine Erneuerung unserer Taufe. Das Feuer des Geistes ist in der Taufe in uns hineingelegt worden. Wir müssen die Schicht Asche, die es bedeckt, entfernen, damit es wieder auflodert und uns befähigt zu lieben. Wenn diese Meditation in uns die Sehnsucht nach der Neuheit des Geistes geweckt hat, wenn wir nach dieser Neuheit verlangen und um sie beten, wird Gott nicht zögern, auch uns die Gelegenheit zu bieten, sie zu erfahren, so daß auch wir ganz bewußt und wahrhaftig »neue Menschen« werden, »Erben des Neuen Bundes, Sänger des neuen Liedes«.

»Der Geist tritt für uns ein«

Das Gebet »im Geist«

Das achte Kapitel des Römerbriefes ist das Kapitel des Heiligen Geistes. Dreißigmal kommt das Wort »Geist« im ganzen Brief vor, davon allein neunzehnmal in diesem Kapitel. Es ist ganz und gar durchdrungen von der geheimnisvollen und wirkenden Gegenwart dieser göttlichen Wirklichkeit. Einige bedeutendere Handlungen dieses Geistes, der in der Taufe in jedem von uns zum Prinzip neuen Lebens geworden ist, hebt der Apostel nun hervor, und unter ihnen in allererster Linie das Gebet. Der Heilige Geist ist als Prinzip neuen Lebens folglich auch das Prinzip neuen Betens. Unter den guten Werken, die der erlöste Mensch vollbringen kann, um in der Gnade zu wachsen, hat das Gebet die einzigartige Eigenschaft, »nützlich zu allem« zu sein (vgl. 1 Tim 4, 8); es ist das unverzichtbare Mittel, um in all den Tugenden voranzuschreiten, auf die uns das Wort Gottes dann bald hinweisen wird, damit wir sie praktizieren.

Beten bedeutet, sich in sich selbst zu sammeln und die eigene Seele in das Unendliche, das Gott ist, zu versenken. Das Gebet ist gleichsam der Atem der Seele. Wie eine gute Atemleistung nötig ist für das gesunde Funktionieren aller Organe des Körpers, besonders wenn man ihm höhere athletische Leistungen abverlangen will, so braucht die Seele einen starken Gebetswillen, vor allem wenn sie geistliche »Aufstiege« beginnen will. Diese Meditation, die wir dem Gebet »im Geist« widmen, ist deshalb das Verbindungsgelenk zwischen dem ersten, kerygmatischen Teil unseres Weges, in dem wir Christus als Gottes Geschenk durch den Glauben angenommen haben, und dem zweiten, paränetischen Teil, in dem wir Christus als Vorbild durch unsere Werke nachahmen müssen.

1. Von der Bibel beten lernen

Die ganze zweite Hälfte des achten Kapitels des Briefes an die Römer spricht vom Heiligen Geist als Erwecker des Gebetes im Herzen der Schöpfung und im Herzen des Menschen. Wir wollen von zwei Versen ausgehen, die uns ganz persönlich betreffen:

»So nimmt sich auch der Geist unserer Schwachheit an. Denn wir wissen nicht, worum wir in rechter Weise beten sollen; der Geist selber tritt jedoch für uns ein mit Seufzen, das wir nicht in Worte fassen können. Und Gott, der die Herzen erforscht, weiß, was die Absicht des Geistes ist: Er tritt so, wie Gott es will, für die Heiligen ein« (Röm 8, 26f).

Der hl. Paulus erklärt, daß der Geist in uns betet »mit Seufzen, das wir nicht in Worte fassen können« (und wenn er sagt, daß der Geist »betet«, ist das, als sagte er: »Er veranlaßt uns zu beten«). Wenn wir entdecken könnten, worum und wie der Geist im Herzen des Gläubigen betet, hätten wir das Geheimnis des Gebetes selbst entdeckt. Nun, mir scheint, daß das möglich ist. Der Geist nämlich, der verborgen und ohne den Lärm vieler Worte in uns betet, ist genau derselbe Geist, der in der Schrift mit deutlichen Worten gebetet hat. Er, der die Seiten der Schrift inspiriert hat, hat auch die Gebete inspiriert, die wir in der Schrift lesen. In gewissem Sinne können wir sagen, daß es nichts gibt, was sicherer und deutlicher »in Worte gefaßt« ist als jene Seufzer des Geistes, die »sich nicht in Worte fassen lassen«. Wenn es stimmt, daß der Heilige Geist heute immer noch in der Kirche und in den Seelen spricht, indem er auf immer neue Weise dieselben Dinge sagt, die er durch die Propheten in der Heiligen Schrift verkündet hat, dann stimmt es auch, daß er heute in der Kirche und in den Seelen betet, wie er in der Schrift zu beten gelehrt hat. Der Heilige Geist hat nicht zwei unterschiedliche Gebetsweisen.

Wir müssen also bei der Bibel in die Schule des Betens gehen, um zu lernen, uns auf den Geist »einzustimmen« und so zu beten, wie er

betet. Welches sind die Empfindungen des biblischen Beters? Versuchen wir, das aus dem Beten einiger großer Freunde Gottes, wie Abraham, Mose und Jeremia, zu entdecken, die die Bibel selbst als die größten Fürsprecher vorstellt (vgl. Jer 15, 1; 2 Makk 15, 14). Das erste, was an
diesen »inspirierten« Betern beeindruckt, ist das große Vertrauen und
die unglaubliche Kühnheit, mit der sie zu Gott sprechen. Nichts von jener Unterwürfigkeit, die die Menschen gewöhnlich mit dem Wort
»Gebet« verbinden. Wohlbekannt ist uns das Gebet Abrahams für So-
dom und Gomorra (vgl. Gen 18, 22ff). Abraham beginnt mit den Worten: »Willst du auch den Gerechten mit den Ruchlosen wegraffen? ...
Das kannst du doch nicht tun!«, als wollte er sagen: »Ich kann nicht
glauben, daß du so etwas tun willst!« Die folgenden Vergebungsbitten
leitet Abraham jeweils ein mit dem Satz: »Ich habe es nun einmal gewagt, mit meinem Herrn zu reden ...« oder: »Mein Herr zürne nicht,
wenn ich weiterrede!« Seine Fürbitte ist »gewagt«, und er selbst ist
sich dessen bewußt. Aber Abraham ist der »Freund Gottes« (vgl. Jes
41, 8), und unter Freunden weiß man, wie weit man gehen kann.

Mose geht in seiner Kühnheit noch weiter. Dafür haben wir ein
außergewöhnliches Beispiel im 32. Kapitel des Buches Exodus und im
9. Kapitel des Buches Deuteronomium. Nachdem das Volk sich das
goldene Kalb gegossen hat, sagt Gott zu Mose: »Steig rasch hinunter,
weg von hier; denn dein Volk, das du aus Ägypten geführt hast, läuft
ins Verderben.« Moses antwortet: »Sie sind aber doch dein Volk und
dein Erbbesitz, die du mit großer Kraft und erhobenem Arm herausgeführt hast« (Dtn 9, 12.29; vgl. Ex 32, 7.11). Die rabbinische Tradition hat
die unausgesprochene Andeutung, die in den Worten des Mose mit-
schwingt, gut erfaßt: Wenn dieses Volk dir treu ist, dann ist es »dein«
Volk, das »du« aus dem Land Ägypten herausgeführt hast; wenn es dir
untreu ist, dann ist es »mein« Volk, das »ich« aus Ägypten herausgeführt habe! Nun greift Gott zur Waffe der Verführung: Er läßt vor seinem Diener den Gedanken aufleuchten, daß er ihn, wenn das rebelli-
sche Volk erst einmal vernichtet ist, »zu einem großen Volk« machen
werde (Ex 32, 10). Mose antwortet, indem er sich einer kleinen, aber
eindeutigen Erpressung bedient. Er sagt zu Gott: Vorsicht! Wenn du

dieses Volk vernichtest, wird es überall heißen, daß du es getan hast, weil du nicht fähig warst, es in das Land zu führen, das du ihm versprochen hattest! (vgl. Ex 32, 12; Dtn 9, 28). Die Bibel kommentiert das, indem sie erwähnt, daß der Herr mit Mose sprach,»wie Menschen miteinander reden« (Ex 32, 11), gleichsam von Mann zu Mann. Und es ist der Heilige Geist, der diese unerhörten Gebete inspirierte!

Jeremia schreit Gott seinen ausdrücklichen Protest entgegen:»Du hast mich betört!« und »Ich will nicht mehr an ihn denken und nicht mehr in seinem Namen sprechen!« (Jer 20, 7.9).

Und wenn wir dann noch einen Blick auf die Psalmen werfen, könnte man sagen, daß Gott dem Menschen die eindringlichsten Worte in den Mund legt, um sich über ihn zu beklagen. Das Psalterium ist tatsächlich ein einzigartiges Geflecht von höchstem Lob und bitterster Klage. Häufig wird Gott offen zur Verantwortung gezogen: »Wach auf! Warum schläfst du, Herr?« (Ps 44, 24), »Wo sind deine Verheißungen von einst?« (vgl. Ps 89, 50), »Warum bleibst du so fern, verbirgst dich in Zeiten der Not?« (Ps 10, 1), »Du behandelst uns wie Schlachtvieh!« (vgl. Ps 44, 12), »Stell dich nicht taub, Herr, schweig nicht zu meinen Tränen!« (vgl. Ps 39, 13), »Wie lange noch wirst du das ansehn?« (Ps 35, 17).

Wie erklärt sich das alles? Treibt etwa Gott den Menschen in die Ehrfurchtslosigkeit ihm gegenüber, da doch letztlich er selbst es ist, der diese Art von Gebet inspiriert und gutheißt? Die Antwort lautet: All das ist möglich, weil beim biblischen Menschen die geschöpfliche Beziehung zu Gott sichergestellt ist. Der biblische Beter ist so innig durchdrungen vom Gespür für die Majestät und Heiligkeit Gottes, ist ihm so total unterworfen, Gott ist für ihn so sehr »Gott«, daß auf der Basis dieser beruhigenden Gegebenheit alles gut aufgehoben ist. Die Erklärung liegt also, kurz gesagt, in dem Herzen, mit dem diese Menschen beten. Auf dem Höhepunkt seiner stürmischen Gebete offenbart Jeremia das Geheimnis, das alles erklärt und wieder zurechtrückt:

»Du jedoch, Herr, kennst und durchschaust mich; du hast mein Herz erprobt und weißt, daß es an dir hängt« (Jer 12, 3).

Auch die Psalmisten schieben in ihre Klagen ähnliche Äußerungen absoluter Treue ein: »Gott ist der Fels meines Herzens« (Ps 73, 26). Und was Mose betrifft, so ist er derjenige, der ständig das Volk daran erinnert: »Erkenne, daß Gott Gott ist!« (vgl. Dtn 7, 9). Das Herz dieser Menschen und das Herz Gottes sind wie miteinander verschweißt, und nichts und niemand kann sie mehr auseinanderbringen. Der Widerstreit, die quälende Frage und die Verunsicherung, all das spielt sich auf der Ebene ihres Verstandes ab (denn das Geheimnis des Handelns Gottes bleibt bestehen), nicht aber auf der ihres Herzens. Niemals ist die Unterwerfung ihres Herzens in Frage gestellt. Schließlich steht fest: Was auch immer Gott tun mag, dieser Beter ist stets bereit, anzuerkennen, daß er Recht hat, selbst wenn Gott ihm zürnt (vgl. Jes 12, 1), selbst wenn der Mensch »von seiner Wut geschlagen« ist (vgl. Ps 76, 11). Der Mensch weiß, mit wem er es zu tun hat, und akzeptiert das bis zum Grund; er weiß auch, daß er gesündigt hat und daß darin die Ursache für all das liegt, was er an Gott nicht versteht. Sein bevorzugtes Gebet in der Zeit der Prüfung ist immer dasselbe:

> »Du bist gerecht in allem, was du getan hast. All deine Taten sind richtig, deine Wege gerade. Alle deine Urteile sind wahr ... Denn wir haben gesündigt« (Dan 3, 27ff; vgl. Dtn 32, 4ff; Ps 145, 17).

»Du bist gerecht, Herr!« Nach diesen paar Worten – sagt Gott – kann der Mensch zu mir sagen, was er will: Ich bin entwaffnet!

2. Das Gebet des Ijob und das seiner Freunde

Die Bibel präsentiert uns einen exemplarischen Fall, in dem man – wie in einem Diptychon – die beiden in ihr skizzierten Gebets-Typen unterscheiden und beurteilen kann: das Gebet der Freunde Gottes und das Gebet der Heuchler, die Gott mit den Lippen ehren, während ihr Herz ihm fern ist (vgl. Jes 29, 13). Es ist der Fall des Ijob und seiner Freunde. Gott setzt seinen Freund Ijob einer entsetzlichen Prüfung aus. Das erste, was Ijob tut, als die Prüfung über ihn hereinbricht, ist, daß er seine Beziehung zu Gott absichert. Wie jemand auf einer Insel, wenn er die Vorboten des herannahenden Orkans wahrnimmt, schleunigst nach Hause läuft und sich beeilt, das Wertvollste, was er besitzt und woran er besonders hängt, in Sicherheit zu bringen, so geht Ijob in sich und beeilt sich, seine Unterwerfung Gott gegenüber in Sicherheit zu bringen:

>»Nun stand Ijob auf, zerriß sein Gewand, schor sich das Haupt und betete an. Dann sagte er: Nackt kam ich hervor aus dem Schoß meiner Mutter; nackt kehre ich dahin zurück: Der Herr hat gegeben, der Herr hat genommen; gelobt sei der Name des Herrn« (Ijob 1, 20f).

Wir bemerken, mit welcher Schnelligkeit Ijob Taten und Worte gleichsam in einem einzigen Atemzug aufeinander folgen läßt, als habe er Angst, es nicht zu Ende zu bringen.

Verfolgen wir nun die Entwicklung der Ereignisse. Ijobs Freunde treffen ein und verharren sieben Tage lang in Schweigen. Dann beginnt der Dialog, der sogleich eine eigenartige und unerwartete Wendung nimmt: Ijob verflucht den Tag, an dem er geboren ist. Daraufhin beginnen die Freunde mit einer langen und leidenschaftlichen Verteidigung Gottes (4, 1ff): »Ist wohl ein Mensch vor Gott gerecht?«, sagen sie (4, 17). Ijob schreit sein Unglück hinaus, und sie antworten: »Glücklich der Mann, den Gott zurechtweist!« (5, 17). Damit ist der Rahmen umrissen, in dem sich das ganze folgende Drama abspielt. Auf der einen Seite der arme Ijob, der unvernünftig faselt, Gott anfleht, herausfordert und anklagt, der aus dem Schrei in den Hilferuf übergeht, der herzzerreißende Worte an Gott richtet: »Sprich mich nicht schuldig, laß mich wissen, warum du mich befehdest!« (10, 2). »Suchen mich deine Augen, dann bin ich nicht mehr da« (7, 8). »Warum siehst du mich an als deinen Feind?« (13, 24). »Was tat ich dir, du Menschenwächter?« (7, 20). Auf der anderen Seite die drei Freunde, die abwechselnd die Rechte Gottes verfechten und dabei wunderbare Dinge zugunsten der Gottheit und gegen den Menschen hervorbringen. Ijob ist vom Handeln Gottes verwirrt, er gesteht, daß er gar nichts mehr versteht. »Bin ich schuldlos?« fragt er sich und antwortet: »Das weiß nicht einmal ich selbst!« (vgl. 9, 21). Die Verteidiger Gottes hingegen wissen alles. Für sie ist alles klar: Wo es Leiden gibt, da hat es Sünde gegeben. Nicht einmal der leiseste Verdacht kommt in ihnen auf, es könne vielleicht eine andersartige Gerechtigkeit Gottes geben, die erst noch offenbar werden muß. Von ihnen aus konnte die Offenbarung an diesem Punkt ruhig abgeschlossen sein. Aus ihrer Sicht war nichts weiteres mehr nötig, auch nicht das Kommen Jesu Christi. Ijob beschuldigt die Freunde der »Parteilichkeit« für Gott und der Heuchelei; er behauptet, wenn Gott sie in der Tiefe ihres Herzens durchforschte, würde er finden, daß in ihren Worten Täuschung liegt (vgl. 13, 7ff). Doch dann fleht er in seiner Angst auch sie an und sagt: »Erbarmt, erbarmt euch meiner, ihr, meine Freunde, denn Gottes Hand hat mich getroffen!« (19, 21).

Doch wie geht dieses Drama zwischen Gott und dem Menschen aus? Was antwortet Gott auf diesen ganzen Disput über ihn? Gott tritt in Kapitel 38 auf. Zuerst spricht er zu Ijob über seine Größe und Unbegreiflichkeit, und Ijob besinnt sich sogleich eines Besseren, bereut und legt die Hand auf den Mund (40, 4; 42, 2). Viel verblüffender jedoch ist, was sofort danach geschieht. Nachdem Gott nämlich das Gespräch unter vier Augen mit Ijob beendet hat, wendet er sich an Elifas von Teman und sagt:

> »Mein Zorn ist entbrannt gegen dich und deine beiden Gefährten; denn ihr habt nicht recht von mir geredet wie mein Knecht Ijob« (42, 7).

Hier stehen wir vor einem Geheimnis! Weshalb dieser verwirrende Urteilsspruch Gottes zugunsten seines Anklägers und gegen seine eigenen Verteidiger? Gott schaut eben auf die Ehrlichkeit des Herzens. Ijob war Gott gegenüber aufrichtig. Im Zangengriff des Schmerzes hat er zu Gott geschrien: »Warum, warum?«, aber sein Inneres hat trotz einiger Verunsicherung der schrecklichen Spannung standgehalten. Er hat sich nicht von Gott losgesagt und Gott seine anfängliche Unterwerfung nicht aufgekündigt; seine innere Beziehung zu Gott war gesichert. »Mein Fuß hielt fest an seiner Spur«, kann er über seine Gottesbeziehung sagen (23, 11). Gott wußte, daß er bei seinem Ijob sehr weit gehen konnte mit der Prüfung, und Ijob wußte, daß er bei seinem Gott sehr weit gehen konnte mit der Klage. Die Verteidigung der Freunde ist billig; sie ist im Grunde heuchlerisch und falsch, weil sie nicht durch das Feuer des Leidens gegangen ist. Es ist die Verteidigung dessen, der von sich selbst eingenommen ist und meint, er würde im Ernstfall besser handeln, der glaubt, alles über Gott zu wissen, und ihn damit zutiefst beleidigt, weil er verkennt, wer Gott wirklich ist, und weil er es an Ehrfurcht vor dem Schmerz fehlen läßt, der Gott außerordentlich heilig ist. Gott weiß sehr wohl zu unterscheiden zwischen Verehrern und Schmeichlern, und Ijobs Freunde waren – Ijob hatte das begriffen – eher Schmeichler als aufrichtige Verehrer Gottes. Gott will keine Schmeichler, er hat sie nicht nötig. Die Schmeichler verbergen immer ein Quentchen Eigeninteresse, und wer weiß, ob Ijobs Freunde nicht meinten, sie könnten auf diese Weise vermeiden, in dieselbe Situation zu geraten wie ihr Freund.

3. Das Gebet Jesu und des Geistes

Das Buch Ijob ist nicht nur ein Buch der »Weisheitsliteratur«, es ist auch »prophetisch«; d. h. es enthält nicht nur eine moralische Unterweisung, sondern auch eine Prophetie. In Jesus sollte sich nämlich auf unendlich höherem Niveau – ohne jene Unsicherheiten, die bei Ijob noch festzustellen sind – das Schicksal des leidenden Gerechten wiederholen. Auch Jesus brachte nämlich in der Stunde der Prüfung »mit lautem Schreien und unter Tränen Gebete vor Gott« (vgl. Hebr 5, 7). Die amtlichen Verteidiger Gottes – die Pharisäer und die Schriftgelehrten – sagten über ihn (ebenso wie die »Freunde« über Ijob): »Er lästert Gott!« und suchten ständig, ihn im Widerspruch zu Gott zu ertappen. Er aber antwortet ihnen: »Wer von euch kann mir eine Sünde nachweisen?« (Joh 8, 46). Die Unschuld Ijobs war nur eine relative, bei Jesus ist sie absolut. Auch Jesus richtet sein betrübtes »Warum?« an den Vater: »Warum hast du mich verlassen?« Aber das Urteil Gottes fällt wieder einmal zugunsten dessen aus, den er geschlagen hat. Im Fall Ijobs geschieht die Wiedergutmachung – entsprechend dem noch unvollkommenen Stadium des Glaubens – auf der Ebene des Irdischen, nämlich der Kinder und der Viehherden (»Der Herr mehrte den Besitz Ijobs auf das Doppelte«, [42, 10]). Im Fall Jesu verwirklicht sie sich auf der Ebene des Geistigen und Ewigen und besteht in der Auferstehung. Ijob kehrt zu seinem früheren Leben zurück; Jesus geht in ein anderes Leben ein.

Wenn es schon wichtig ist zu erkennen, wie der Geist in Mose, in den Psalmen, in Jeremia und in Ijob gebetet hat, dann ist es noch wichtiger zu erkennen, wie er in Jesus gebetet hat, denn es ist der Geist Jesu, der jetzt in uns betet mit Seufzen, das wir nicht in Worte fassen können. In Jesus erreichte jene innere Zustimmung des Herzens und des ganzen Wesens zu Gott, die – wie wir gesehen haben – das Geheimnis des biblischen Betens ausmacht, ihre Vollkommenheit. Der Vater erhörte ihn immer, weil er immer das tat, was dem Vater gefiel (vgl. Joh 4, 34; 8, 29; 11, 42); er erhörte ihn »wegen seiner Gottergebenheit« (vgl. Hebr 5, 7), d. h. wegen seiner kindlichen Unterwerfung. Auf diesem absoluten Höhepunkt, der im Gebet des Gottessohnes erreicht ist, erfolgt eine einzigartige Angleichung des Willens: Da der Mensch um nichts anderes bittet als um das, was Gott will, will Gott alles, worum der Mensch ihn bittet.

Das Wort Gottes, das im Leben Jesu seinen klarsten und stärksten Ausdruck findet, lehrt uns also, daß das Wichtigste beim Gebet nicht so sehr das ist, was man *sagt*, sondern vielmehr das, was man *ist*; nicht das, was man auf den Lippen hat, sondern das, was man im Herzen trägt. Es liegt nicht so sehr im Objekt als vielmehr im Subjekt. Das Gebet – wie auch das Handeln – »folgt dem Sein«. Das Neue, das der Heilige Geist in das Gebetsleben hineingebracht hat, besteht in der Tatsache, daß er eben das »Sein«, das Wesen des Beters erneuert; er bringt – wie wir in der vorigen Meditation gesehen haben – den neuen Menschen hervor, den Menschen, der Freund und Verbündeter Gottes ist,

indem er das für den Sklaven typische heuchlerische und Gott feind-
lich gesonnene Herz entfernt. Wenn der Heilige Geist in uns Wohnung nimmt, beschränkt er sich nicht darauf, uns zu lehren, wie wir
beten sollen, sondern er betet in uns, genauso wie er – in bezug auf das
Gesetz – sich nicht darauf beschränkt, uns zu sagen, was wir tun müssen, sondern es mit uns tut.

Der Geist gibt nicht ein *Gesetz* des Betens, sondern eine *Gnade* des
Betens. Das biblische Beten erreichen wir also nicht in erster Linie
durch äußeres, analysierendes Lernen, d. h. dadurch daß wir versuchen, die Einstellungen, denen wir bei Abraham, Mose, Ijob und Jesus
selbst begegnet sind, nachzuahmen (obwohl auch das als ein zweiter
Schritt nötig und gefordert sein wird), sondern es kommt zu uns
durch Eingießung, als Geschenk. Das ist die »gute Nachricht« in bezug auf das christliche Gebet! Der Ursprung eines solchen neuen Betens kommt selbst zu uns:

»Gott sandte den Geist seines Sohnes in unser Herz, den Geist, der
ruft: Abba, Vater!« (vgl. Gal 4, 6).

Das bedeutet beten »im Geist« oder »in der Kraft des Geistes« (vgl.
Eph 6, 18; Jud 20).

Auch im Gebet, wie überall sonst, spricht der Geist nicht »aus sich
selbst heraus«, er sagt nichts Neues und grundsätzlich anderes; er erweckt und aktualisiert einfach im Herzen der Gläubigen das Gebet
Jesu. »Er wird von dem nehmen, was mein ist, und es euch verkünden«, sagt Jesus über den Parakleten (Joh 16, 14): er wird mein Gebet
nehmen und es euch geben. Kraft dessen können wir ganz wahrhaftig
ausrufen: »Nicht mehr ich bete, sondern Christus betet in mir!« Der
Ruf »Abba!« beweist selbst, daß es Jesus, der einzige Sohn Gottes, ist,
der durch den Geist in uns betet. Von sich aus könnte sich nämlich der
Heilige Geist nicht an Gott wenden, indem er ihn Vater nennt, denn er
ist nicht vom Vater »gezeugt«, sondern geht nur »aus ihm hervor«.
Wenn der Heilige Geist uns »Abba!« rufen lehrt – sagt ein altkirch-
licher Schriftsteller –,

»handelt er wie eine Mutter, die das eigene Kind lehrt, ›Papa‹ zu sagen, und diesen Namen mit ihm wiederholt, bis sie es daran gewöhnt hat, den Vater sogar im Schlaf so zu rufen.«[1]

Die Mutter kann ihren Mann nur insofern »Papa« nennen, als sie im Namen ihres Kindes spricht und sich mit ihm identifiziert.

Es ist also der Heilige Geist, der dem Herzen das Empfinden der Gotteskindschaft eingießt, der bewirkt, daß wir uns als Kinder Gottes *fühlen* (und nicht nur darum *wissen!*): »Der Geist selber bezeugt unserem Geist, daß wir Kinder Gottes sind« (Röm 8, 16). Manchmal erfolgt dieses grund-legende Wirken des Geistes ganz plötzlich und intensiv im Leben eines Menschen, und dann kann man den ganzen Glanz dieses Geschehens wahrnehmen, wie wenn man das Aufblühen einer Blume in einem Farbfilm mittels Zeitraffer beobachtet. Anläßlich eines Einkehrtages, eines in besonderer innerer Verfassung empfangenen Sakramentes, eines mit bereitem Herzen gehörten Wortes Gottes oder beim Gebet um die Ausgießung des Geistes (der sogenannten »Geisttaufe«) wird die Seele überflutet von einem neuen Licht, in dem Gott sich ihr in ganz neuer Weise als Vater offenbart. Dann erfährt man, was die Vaterschaft Gottes wirklich bedeutet; das Herz ist tief bewegt, und der Mensch hat das Gefühl, aus dieser Erfahrung wie neugeboren hervorzugehen. In seinem Innern breitet sich große Vertrautheit und Zärtlichkeit aus und ein nie erfahrenes Gefühl für die »Zu-Neigung« Gottes.

In anderen Fällen hingegen geht diese Offenbarung des Vaters mit einem so starken Empfinden der Majestät und Transzendenz Gottes einher, daß die Seele, wie überwältigt, für eine gewisse Zeit nicht einmal mehr imstande ist, das Wort »Vater« über die Lippen zu bringen, weil sie, sobald sie auch nur beginnt, es auszusprechen, von heiliger Furcht und von Staunen erfüllt wird, so daß sie nicht fortfahren kann. »Vater unser!« zu sagen ist dann keine einfache, harmlose Sache

---

1 Diadochus von Photike, *Hundert Kapitel über die geistliche Vollkommenheit*, 61 (SCh 5, 121).

mehr; es erscheint als ein gewaltiges Unterfangen, als eine solche Seligkeit, ein solches Zugeständnis und eine derartige Herablassung seitens des himmlischen Vaters, daß die Seele fürchtet, dieses Gut zu beschädigen, und ins Schweigen zurückfällt. So versteht man auch, warum einige Heilige das »Vaterunser« begannen und Stunden danach immer noch bei diesen ersten Worten verharrten. Über die hl. Katharina von Siena berichtet ihr Beichtvater und Biograph, der sel. Raymund von Capua, daß sie »kaum je mit einem Vaterunser zu Ende kam, ohne bereits in Ekstase zu sein«[2]. Als der hl. Paulus von dem Moment spricht, in dem der Heilige Geist in das Herz des Gläubigen hereinbricht und ihn »*Abba*, Vater!« rufen läßt, meint er diese Art der Anrufung, diese Erschütterung des ganzen Seins, die es gleichsam bis zum Grund durchtönt. »Selig, die den Vater erkennen!«, rief Tertullian in den ersten Zeiten des Christentums aus.[3] Und wir wiederholen ergänzend: Selig, die den Vater *in dieser Weise* kennen!

Aber diese lebendige Art und Weise, den Vater zu kennen, ist hier auf Erden gewöhnlich nicht von langer Dauer. Schnell kommt wieder die Zeit, wo der Gläubige »*Abba!*« sagt, ohne dabei etwas zu »empfinden«, und es nur auf Jesu Wort hin auch noch weiter sagt. Das ist dann der Augenblick, sich daran zu erinnern: Je weniger dieser Ruf den glücklich macht, der ihn ausspricht, um so mehr macht er den Vater glücklich, der ihn hört, denn er entspringt aus reinem Glauben und ganzer Hingabe. Es geht uns dann wie jenem berühmten Musiker, der – selbst taub geworden – zur Freude der Zuhörer immer noch herrliche Sinfonien komponierte und aufführte, ohne daß er auch nur einen einzigen Ton davon genießen konnte, so daß man ihn am Ende der Aufführung, als das Publikum in stürmenden Beifall ausbrach, am Ärmel zupfen mußte, damit er es bemerkte und sich umdrehte, um dafür zu danken. Anstatt seine Musik verstummen zu lassen, hatte die Taubheit sie geläutert und verfeinert, und dasselbe macht die geistliche Trockenheit mit unserem Gebet. Tatsächlich denken wir, wenn

---

2   Raymund von Capua, *Legenda Maior*, 113.

3   Tertullian, *De oratione*, 2, 3 (CCL 1, 258).

von dem Ausruf »*Abba*, Vater!« die Rede ist, gewöhnlich nur an das, was dieses Wort für den Menschen bedeutet, der es ausspricht, also an das, was uns angeht. Fast nie denkt man an das, was er für Gott bedeutet, der ihn hört, und was er in ihm auslöst. Kurz, man denkt nicht an die Freude, die Gott empfindet, wenn er hört, daß er »Papa« genannt wird. Doch wer selbst Vater ist, der weiß, was man empfindet, wenn man mit dem unverwechselbaren Klang der Stimme des eigenen Kindes so gerufen wird. Es ist, als werde man jedesmal neu zum Vater, denn jedesmal erinnert dich dieser Ruf daran und bringt es dir neu zu Bewußtsein, daß du es wirklich bist; er bringt die verborgensten »Saiten« deines Wesens zum Schwingen. Jesus wußte das, deshalb hat er Gott so oft *Abba* genannt und auch uns gelehrt, dasselbe zu tun. Wir machen Gott eine einfache und einzigartige Freude, wenn wir ihn Papa nennen: die Freude der Vaterschaft. Sein Herz ist »gerührt« und sein Inneres »bebt vor Mitleid«, wenn er hört, daß er mit diesem Namen angerufen wird (vgl. Hos 11, 8). Und all das können wir – wie gesagt – auch dann tun, wenn wir gar nichts »empfinden«.

Gerade in einer solchen Zeit der Ferne Gottes und der inneren Trockenheit entdeckt man die ganze Bedeutung des Heiligen Geistes für unser Gebetsleben. Er, den wir nicht sehen und nicht spüren, erfüllt unsere Worte und unsere Seufzer mit Sehnsucht nach Gott, mit Demut, mit Liebe, »und er, der die Herzen erforscht, weiß, was die Absicht des Geistes ist«. Wir wissen es nicht, wohl aber er! So wird dann der Geist die Kraft unseres »schwachen« Gebetes, das Licht unseres erloschenen Gebetes – kurz: die Seele unseres Gebetes. Wahrlich: »Dürrem gießt er Leben ein«, wie wir in der Sequenz zu seinen Ehren sagen. All das geschieht durch den Glauben. Es genügt, daß ich sage oder denke: »Vater, du hast mir den Geist Jesu geschenkt. Indem ich also mit Jesus ›ein Geist‹ bin, rezitiere ich diesen Psalm, zelebriere ich diese heilige Messe oder verharre ich einfach im Schweigen, hier in deiner Gegenwart. Ich möchte dir die gleiche Ehre erweisen und die gleiche Freude bereiten, wie Jesus es täte, wenn er noch hier auf Erden zu dir betete.«

Wenn ich sicher sein will, wirklich mit dem *Geist* Jesu zu beten, dann – so habe ich entdeckt – ist es die sicherste und einfachste Methode, auch mit den *Worten* Jesu zu beten, indem ich das Vaterunser bete. Es gibt keine geistliche und zeitliche Not und keinen Seelenzustand, der im Vaterunser nicht den Raum und die Möglichkeit fände, in Gebet umgesetzt zu werden. Dem Anschein nach fehlt im Vaterunser das Wichtigste von allem: der Heilige Geist – so daß im Altertum in einigen Handschriften der Versuch unternommen wurde, diesem Mangel abzuhelfen, indem man nach der Bitte um das tägliche Brot die Worte einschob: »Der Heilige Geist komme über uns und läutere uns.« Einfacher ist es jedoch, daran zu denken, daß unter den Bitten des Vaterunsers die Bitte um den Heiligen Geist deshalb nicht erscheint, weil er selbst derjenige ist, der bittet.

»Gott sandte den Geist seines Sohnes in unser Herz, den Geist, der ruft: *Abba, Vater!*« (Gal 4, 6).

Der Heilige Geist ist es also, der in uns das Vaterunser anstimmt; ohne ihn ruft dieses *Abba* vergeblich, wer auch immer es sein mag.

Es gibt keinen Seelenzustand – sagte ich –, der sich im Vaterunser nicht widerspiegelt und in ihm nicht die Möglichkeit fände, zu Gebet zu werden: Freude, Lob, Anbetung, Danksagung, Reue. Vor allem aber ist das Vaterunser das Gebet für die Stunde der Prüfung. Es besteht eine offensichtliche Ähnlichkeit zwischen dem Gebet, das Jesus seinen Jüngern hinterließ, und jenem, das er selbst in Getsemani an den Vater richtete. Er hat uns wirklich *sein* Gebet hinterlassen. In Getsemani wendet er sich an Gott, indem er ihn »*Abba*, Vater« (Mk 14, 36) oder »mein Vater« (Mt 26, 39) nennt. Er betet, daß »sein Wille« geschehe; bittet, der Kelch möge »an ihm vorübergehen«, so wie wir bitten: »Erlöse uns von dem Bösen« und »führe uns nicht in Versuchung«, d. h. in die Prüfung. Welch eine Ermutigung bedeutet es, in der Stunde der Prüfung und der Dunkelheit zu wissen, daß der Heilige Geist in uns das Gebet Jesu in Getsemani fortsetzt, daß das »Seufzen, das wir nicht in Worte fassen können«, mit dem der Geist für uns eintritt, in jenen Momenten zum Vater aufsteigt, vereint mit den »Gebeten und Bitten«,

die der Sohn »mit lautem Schreien und unter Tränen« vor den Vater
brachte, »als er noch auf Erden lebte« (vgl. Hebr 5, 7)!
Der hl. Augustinus sagt:

> »Unser Herr Jesus Christus, der Sohn Gottes, ist derjenige, der für uns
> betet, der in uns betet und zu dem wir beten. Er betet für uns als unser
> Priester, er betet in uns als unser Haupt, und wir beten zu ihm als un-
> serem Gott. So erkennen wir also in ihm unsere Stimme und in uns
> seine Stimme.«[4]

4. »Gib mir, was du von mir verlangst!«

Aufgrund all dessen gibt es in uns gleichsam eine geheime Gebetsader. Es liegt »ein verborgener Schatz« im Acker unseres Herzens!
Von dieser inneren Stimme des Geistes sprach der Märtyrer Ignatius
von Antiochien, als er schrieb: »Ich höre in mir ein lebendiges Wasser,
das murmelt und sagt: Komm zum Vater!«[5] Was tut man nicht alles in
einigen, von Trockenheit heimgesuchten Ländern, wenn gewisse Anzeichen darauf schließen lassen, daß es unter der Erde eine Wasserader gibt! Man hört nicht auf zu graben, bevor man nicht bis zum Wasser vorgedrungen ist und es an die Oberfläche befördert hat. Auch wir
dürften uns keine Ruhe gönnen in dem Bemühen, jene »sprudelnde
Quelle, deren Wasser ewiges Leben schenkt« (Joh 4, 14) und die durch
die Taufe in uns ist, immer wieder aufs neue ans Licht unseres Geistes
zu befördern. Ich sage: »immer wieder aufs neue« ans Licht befördern,
weil wir jedesmal wieder Schutt und Erdreich auf diese Quelle werfen
und sie zudecken, wenn wir die Seele mit Lärm, ausschweifendem Leben und leerem, hektischem Aktivismus anfüllen und wenn wir den
Gedanken und Begierden des Fleisches, die sich »gegen den Geist«
richten (vgl. Gal 5, 17), in uns freien Lauf lassen.

---

4   Augustinus, *Enarrationes in Psalmos*, 85, 1 (CCL 39, 1176).
5   Ignatius von Antiochien, *Brief an die Römer*, 7, 2.

Wenn ein Christ heutzutage die Notwendigkeit des Gebetes und den Geschmack am Beten wiederentdeckt und gelegentlich versucht ist, deshalb in die Ferne, ja bis in den Orient zu gehen, oder pausenlos außerhalb seiner selbst nach Orten und Lehrmeistern für das Gebet sucht, dann möchte ich ihm sagen: Wohin gehst du? Wo suchst du? »Kehre in dich selbst zurück: Im Innern des Menschen wohnt die Wahrheit.«[6] Gott ist in dir, und du suchst ihn draußen? Das Gebet liegt in dir, und du suchst es draußen?

Ich selbst war einmal in Afrika in einem Dorf, wo das Wasser von jeher etwas ganz Wertvolles war, das die Frauen weit entfernt holen und mühsam nach Hause schleppen mußten. Ein Missionar, der die Gabe besaß, ein Wasservorkommen zu »spüren«, hatte gesagt, daß es unter dem Dorf eine Wasserader geben müsse, und nun war man dabei, einen Brunnen zu bohren. Als die letzte Schicht durchbohrt war und man entdeckte, daß es wirklich Wasser gab, schien es den Afrikanern wie ein Wunder, und sie tanzten die ganze Nacht hindurch zum Klang der Trommeln. Das Wasser war unter den Häusern entlanggelaufen, und man hatte es nicht gewußt! Für mich war das ein Bild dafür, wie es uns mit dem Gebet ergeht.

Diese innere Gebetsader, die aufgrund der Gegenwart des Geistes Jesu in uns besteht, belebt nicht nur das Bittgebet, sondern es macht auch jede andere Form des Betens lebendig: den Lobpreis, das spontane Gebet und das liturgische Gebet. Ja vor allem das liturgische Gebet. Wenn wir nämlich spontan und mit unseren Worten beten, übernimmt der Geist unser Gebet und macht es sich zu eigen, wenn wir jedoch mit den Worten der Bibel oder der Liturgie beten, dann übernehmen wir das Gebet des Geistes und machen es zu unserem eigenen, und das ist der sicherere Weg.

Auch das schweigende Beten der Kontemplation und der stillen Anbetung erfährt eine unermeßliche Bereicherung, wenn es »im Geist« verrichtet wird. Das ist es, was Jesus nennt: »den Vater im Geist und in der Wahrheit anbeten« (vgl. Joh 4, 23).

6 Augustinus, *De vera religione*, 39, 72 (CCL 32, 234).

Die Fähigkeit, »im Geist« zu beten, ist unsere große Hilfsquelle. Viele, sogar wirklich engagierte Christen erfahren ihre Ohnmacht gegenüber den Versuchungen und die Unfähigkeit, den äußerst hohen moralischen Ansprüchen des Evangeliums gerecht zu werden, und kommen dann manchmal zu dem Schluß, daß sie es nicht schaffen und daß es unmöglich ist, ein ganz und gar christliches Leben zu führen. In gewissem Sinne haben sie Recht. Tatsächlich ist es unmöglich, auf sich allein gestellt die Sünde zu meiden: Wir brauchen die Gnade. Aber auch die Gnade – so lehrt man uns – ist ein freies Geschenk, und man kann sie sich nicht verdienen. Was soll man also tun: verzweifeln, aufgeben? Das Konzil von Trient sagt:

»Indem Gott dir die Gnade verleiht, gebietet er dir, zu tun, was du kannst, und zu erbitten, was du nicht kannst.«[7]

Wenn jemand alles getan hat, was in seinen Kräften steht, und es trotzdem nicht geschafft hat, bleibt ihm doch immer noch eine Möglichkeit: zu beten, und wenn er schon gebetet hat, nochmals zu beten! Der Unterschied zwischen dem Alten und dem Neuen Bund besteht genau darin: Im Gesetz *gebietet* Gott dem Menschen: »Tu, was ich von dir verlange!« In der Gnade *bittet* der Mensch Gott: »Gib, was du von mir verlangst!« Als der hl. Augustinus, der bis dahin vergeblich darum gerungen hatte, enthaltsam leben zu können, dieses Geheimnis entdeckte, änderte er seine Strategie, und anstatt mit seinem Körper zu kämpfen, begann er, mit Gott zu ringen. Er sagte:

»O Gott, du verlangst von mir, enthaltsam zu leben; nun gut, gib, was du von mir verlangst, und dann verlange, was du willst!«[8]

Und er erhielt die Gabe der Enthaltsamkeit! Das Gebet – sagte ich zu Anfang – ist der Atem der Seele. Wie man jemandem, der kurz

7 Denzinger-Schönmetzer, *Enchiridion Symbolorum*, Nr. 1536.
8 Augustinus, *Confessiones*, X, 29.

davor ist, ohnmächtig zu werden, oder der sich anschickt, eine große physische Anstrengung zu vollbringen, sagt, er solle tief durchatmen, so muß man jemandem, der der Versuchung zu erliegen droht oder der im Begriff ist, vor den Schwierigkeiten und dem Überdruß zu kapitulieren, empfehlen, zu beten, im Gebet gleichsam tief Atem zu holen. Viele Menschen können bezeugen, daß ihr Leben sich von dem Moment an geändert hat, wo sie sich entschieden haben, in ihren Stundenplan täglich eine Stunde persönlichen Gebetes einzubauen, und diese Zeit in ihrem Terminkalender wie mit Stacheldraht eingezäunt haben, um sie gegen alles andere zu verteidigen.

5. Das Fürbittgebet

Die Kraft des Gebetes kommt vor allem in der Fürbitte zum Ausdruck. Der Heilige Geist – heißt es – »tritt für uns ein«. Die sicherste Methode, mit dem Gebet des Geistes in Einklang zu kommen, ist also, daß auch wir für unsere Mitmenschen und für die ganze Welt betend eintreten. Fürbittgebet zu halten bedeutet, sich im Glauben mit dem auferstandenen Christus zu vereinigen, dessen ewiges Leben jetzt ein ständiges Eintreten für die Welt ist (vgl. Röm 8, 34; Hebr 7, 25; 1 Joh 2, 1). Jesus bietet uns in seinem großen Gebet, mit dem er sein irdisches Leben abschloß, das erhabenste Beispiel der Fürbitte:

»Für sie bitte ich, für alle, die du mir gegeben hast ... Bewahre sie in deinem Namen ... Ich bitte nicht, daß du sie aus der Welt nimmst, sondern daß du sie vor dem Bösen bewahrst. Heilige sie in der Wahrheit ... Aber ich bitte nicht nur für diese hier, sondern auch für alle, die durch ihr Wort an mich glauben ...« (vgl. Joh 17, 9ff).

Jesus gibt dem Gebet für sich selbst (»Vater, verherrliche deinen Sohn!«) relativ wenig Raum, wesentlich mehr dagegen dem Gebet für die anderen, d. h. der Fürbitte. Durch den Heiligen Geist, der für uns eintritt, ist es Jesus selbst, der sein Fürbittgebet für uns fortsetzt.

Die Wirksamkeit des Fürbittgebetes hängt nicht davon ab, daß man »viele Worte macht« (vgl. Mt 6, 7), sondern davon, in welchem Grad es einem gelingt, sich innerlich der Grundverfassung Jesu in seiner Sohn-Beziehung zum Vater anzugleichen. Allenfalls ist es nützlicher, viele *Fürsprecher* zu gewinnen, als viele Worte in der Fürbitte zu machen, d. h. die Hilfe Marias und der Heiligen anzurufen, so wie es die Kirche am Fest Allerheiligen tut, wenn sie Gott »auf die Bitten so vieler Fürsprecher« *(»multiplicatis intercessoribus«)* um Erhörung bittet. Die Zahl der Fürsprecher erhöht sich auch dadurch, daß man füreinander betet. Der hl. Ambrosius sagt:

»Wenn du für dich betest, betest nur du allein für dich, und wenn jeder nur für sich betet, ist die Gnade, die der Beter erhält, vergleichsweise geringer als jene, die dem zuteil wird, der fürbittend für die anderen eintritt. Da nun aber die einzelnen für alle beten, trifft es ebenso zu, daß alle für die einzelnen beten. Um es also zusammenzufassen: Wenn du nur für dich betest, bist du der einzige, der für dich betet. Wenn du hingegen für alle betest, werden alle für dich beten, denn du bist bei diesen allen mit eingeschlossen.«[9]

Der Heilige Geist tritt also nicht nur für uns ein, sondern er lehrt uns auch, unsererseits für die anderen einzutreten. Durch die Bibel hat der Heilige Geist uns offenbart, daß der wahre Beter »kühn« ist in seinem Gebet, vor allem, wenn er für die anderen eintritt. Das Fürbittgebet ist Gott deshalb so willkommen, weil es am meisten frei ist von Egoismus, am unmittelbarsten die göttliche uneigennützige Freigebigkeit widerspiegelt und mit dem Willen Gottes, »daß alle Menschen gerettet werden« (1 Tim 2, 4), übereinstimmt. Am Ende des Buches Ijob steht, daß Gott den drei Freunden vergibt, weil Ijob »für sie Fürbitte eingelegt hat«, und daß er seinerseits Ijob sein ursprüngliches Glück und Vermögen zurückgibt, weil er für seine drei Freunde gebetet hat (vgl. Ijob 42, 8–10). Das alles entscheidende Element scheint

---

9 Ambrosius, *De Cain et Abel*, I, 39 (CSEL 32/1, 372).

also das Fürbittgebet zu sein. Selbst über den Gottesknecht – d. h. in Wirklichkeit über Jesus – steht geschrieben, daß Gott »ihm seinen Anteil unter den Großen gab, weil er für die Schuldigen eintrat« (vgl. Jes 53, 12). Gott ist wie ein mitleidiger Vater, der die Pflicht hat zu bestrafen, jedoch alle möglichen Milderungsgründe sucht, um es nicht tun zu müssen, und der von Herzen glücklich ist, wenn die Geschwister des Schuldigen ihn davon abhalten. Wenn diese geschwisterlichen Arme, die sich zu ihm erheben, fehlen, klagt er in der Schrift darüber:

»Er sah, daß keiner sich regte, und war entsetzt, daß niemand einschritt« (Jes 59, 16).

Ezechiel überliefert uns folgende Klage Gottes:

»Da suchte ich unter ihnen einen Mann, der eine Mauer baut oder für das Land in die Bresche springt und mir entgegentritt, damit ich es nicht vernichten muß; aber ich fand keinen« (Ez 22, 30).

Das Wort Gottes betont die außergewöhnliche Macht, die das Gebet derer, die Gott an die Spitze seines Volkes gesetzt hat, auf seine eigene Anordnung hin bei ihm hat. Einmal heißt es, Gott habe einen Plan gefaßt und hätte sein Volk wegen des goldenen Kalbes ausgerottet, »wäre nicht Mose, sein Erwählter, für sie in die Bresche gesprungen, so daß Gott sie im Zorn nicht vertilgte« (Ps 106, 23). So wage ich, den Seelsorgern und geistlichen Führern zu sagen: Wenn ihr im Gebet spürt, daß Gott mit dem Volk, das er euch anvertraut hat, im Streit liegt, schlagt euch nicht auf die Seite Gottes, sondern auf die des Volkes! So handelte Mose (vgl. Ex 32, 11–13) (der in seinem Protest sogar forderte, wenn Gott die Sünde nicht von seinem Volk wegnehmen wolle, dann solle er ihn selber zusammen mit ihnen aus dem Buch des Lebens streichen [vgl. Ex 32, 32]). Und die Bibel gibt zu verstehen, daß Gott genau das wollte, denn er »ließ sich das Böse reuen, das er seinem Volk angedroht hatte« (vgl. Ex 32, 14). Wenn ihr aber vor dem Volk steht, dann sollt ihr mit allem Nachdruck Gott Recht geben. Als Mose wenig später dem Volk gegenüberstand, da entbrannte sein Zorn: Er zerstampfte das goldene Kalb, streute den Staub ins Wasser und ließ die Leute das Wasser austrinken (vgl. Ex 32, 19ff). »Ist das euer Dank an den Herrn, du dummes, verblendetes Volk?« rief er Israel zu (Dtn 32, 6). Nur wer das Volk vor Gott verteidigt und die Last seiner Sünde getragen hat, besitzt das Recht – und wird den Mut haben –, danach zur Verteidigung Gottes seine Stimme gegen das Volk zu erheben, so wie Mose es tat.

X

»Die Liebe sei ohne Heuchelei«

Die christliche Liebe

Auf unserem Weg der Neuevangelisierung sind wir an dem Punkt angekommen, wo wir – nachdem wir das, was Gott in Christus für uns getan hat, betrachtet und uns im Glauben zu eigen gemacht haben – mit unserem Leben und unseren Entscheidungen darauf antworten müssen. Nachdem wir die Gabe des Geistes empfangen haben, müssen wir »die Früchte des Geistes« hervorbringen. Die fundamentale Lehre des Römerbriefes liegt – mehr noch als in den verschiedenen Wahrheiten, die zur Sprache kommen – in der Reihenfolge, in der sie gesagt werden, d. h. in der Anordnung des Stoffes selbst. Der Apostel behandelt nicht zuerst die *Pflichten* des Christen (Liebe, Demut, Dienst usw.) und dann die *Gnade* – so als sei diese eine Folge der Pflichten –, sondern er spricht im Gegenteil zuerst von der Gerechtmachung und von der Gnade und dann von den Pflichten, die sich daraus ergeben, denn »man gelangt nicht von den Tugenden zum Glauben, sondern vom Glauben zu den Tugenden«[1].

»Aus Gnade seid ihr durch den Glauben gerettet, nicht aus eigener Kraft – Gott hat es geschenkt –, nicht aufgrund eurer Werke, damit keiner sich rühmen kann. Seine Geschöpfe sind wir, in Christus Jesus dazu geschaffen, in unserem Leben die guten Werke zu tun, die Gott für uns im voraus bereitet hat« (Eph 2, 8–10).

---

1 Gregor der Große, *Homiliae in Ezechielem*, II, 7 (PL 76, 1018).

Wir sind Gottes Werk: das ist die Hauptsache. *Das* »gute Werk« hat Gott getan; die »guten Werke«, die wir vollbringen müssen, kommen danach und werden von ihm her erst möglich und notwendig. Man erlangt das Heil nämlich nicht *durch* die guten Werke, aber man erlangt es auch nicht *ohne* die guten Werke.

Auch der Stil und das literarische Genus ändern sich an diesem Punkt des Briefes: Vom *Kerygma*, der Verkündigung, geht er über zur *Paränese*, zur Ermahnung: »Angesichts des Erbarmens Gottes *ermahne* ich euch, Brüder ...«, so beginnt das 12. Kapitel, das den zweiten Teil des Römerbriefes eröffnet. Er geht von dem, was Gott »für uns« getan hat, über zu dem, was Gott »mit uns« tun will. Wir wissen ja: »Der uns geschaffen hat ohne uns, rettet uns nicht ohne uns.«[2] Wie ich bereits zu Beginn, in der Einführung, sagte, finden wir auf diese Weise eine Hilfe, eine der Synthesen und Ausgewogenheiten wiederherzustellen, die zu den wichtigsten gehören und am schwierigsten beizubehalten sind: die Synthese zwischen dem mysterischen und dem asketischen Element unseres geistlichen Lebens, zwischen Christus als »Gabe« und Christus als »Vorbild«.

»Als das Mittelalter mehr und mehr in die Irre gegangen war mit dem Betonen derjenigen Seite an Christus, daß er das Vorbild sei: da kam Luther und betonte die andere Seite: daß er eine Gabe sei, und daß der Glaube diese Gabe annehmen müsse.«[3]

Wenn wir dem von Paulus im Römerbrief vorgezeichneten Weg folgen, können wir diese beiden Aspekte des Glaubens in katholischer und ökumenischer Einheit wieder zusammenfügen. Der Apostel lehrt uns, daß man nicht mit der »Nachahmung« beginnen soll, sondern mit dem »Glauben« (und in diesem Punkt nehmen wir den mahnenden Aufruf Luthers dankbar an), aber er lehrt uns auch, daß man nicht

2 Augustinus, *Sermo* 169, 11, 13 (PL 38, 923).

3 S. Kierkegaard, *Tagebücher* (X, A 154), in *Gesammelte Werke*, Bd. 39, Düsseldorf/Köln 1968, S. 194f.

beim »Glauben allein« stehenbleiben darf, sondern daß ihm als einzig authentischer Ausdruck unserer Dankbarkeit und als wahrer und vollständiger Ausdruck des Glaubens selbst die »Nachahmung« (die »guten Werke«) folgen muß. Der hl. Augustinus sagt:

> »Wenn wir wirklich lieben, ahmen wir nach. Tatsächlich könnten wir als Gegengabe keine köstlichere Frucht unserer Liebe anbieten als jene, die in der Nachahmung besteht.«[4]

Der Zweck der Nachahmung ist nicht bloß der, Christus »ähnlich zu sein«, das zu tun, was er getan hat, sondern sich mit Christus »zu bekleiden«, d. h. ihn gewissermaßen ganz in sich aufzunehmen und in ihn einzugehen, sich in ihn zu verwandeln, so daß man »ein Geist mit ihm« wird (vgl. 1 Kor 6, 17). Ein russischer Heiliger ist direkt zum Wesentlichen vorgedrungen, wenn er sagt:

> »Der Zweck des christlichen Lebens ist die Aneignung des Heiligen Geistes!«[5]

1. Eine aufrichtige Liebe

Unter den Früchten des Geistes bzw. den christlichen Tugenden, die der Apostel in Galater 5, 22 aufführt, finden wir an erster Stelle die Liebe. Und dementsprechend beginnt mit ihr auch in unserem Brief die Paränese über die Tugenden. Das ganze zwölfte Kapitel ist eine Folge von Aufforderungen zur Liebe:

> »Eure Liebe sei ohne Heuchelei ...; seid einander in brüderlicher Liebe zugetan, übertrefft euch in gegenseitiger Achtung ...« (Röm 12, 9f).

4 Augustinus, *Sermo* 304, 2 (PL 38, 1395f).
5 Siehe Anm. 6 zu V.

Das dreizehnte Kapitel enthält die berühmten Grundsatzerklärungen über die Liebe als Zusammenfassung und Erfüllung des Gesetzes:

»Bleibt niemand etwas schuldig; nur die Liebe schuldet ihr einander immer. Wer den andern liebt, hat das Gesetz erfüllt« (Röm 13, 8).

Das vierzehnte Kapitel ermahnt zur Liebe in der besonderen Form der Liebe gegenüber den Schwachen und denen, die in der Gemeinde über manche Dinge anders denken. Im achten Kapitel hat der Apostel zu uns über die Liebe als »Gesetz des Geistes« gesprochen, d. h. als eine eingegossene Disposition, die uns fähig macht zu lieben. Jetzt spricht er zu uns über die Liebe als »Frucht des Geistes«, d. h. als Tugend, die durch die wiederholte Anstrengung der Freiheit im Zusammenwirken mit der Gnade erworben wird.

Um das Eine, das all diese Ratschläge und Ermahnungen beseelt, und die Grundvorstellung, oder besser das »Empfinden«, das Paulus von der Liebe hat, zu erfassen, muß man von jenem Eingangswort ausgehen: »Eure Liebe sei ohne Heuchelei!« Dieser Aufruf ist nicht eine der vielen Aufforderungen, sondern gewissermaßen der Grundsatz und Ursprung, aus dem sich alle anderen ableiten. Der von Paulus im Original verwendete Ausdruck *anhypòkritos* (ungeheuchelt, aufrichtig) erfüllt für uns gewissermaßen die Funktion einer Anzeigeleuchte: Er ist nämlich ein seltener Begriff, der im Neuen Testament fast ausschließlich verwendet wird, um die christliche Liebe zu definieren. Der Ausdruck »ungeheuchelte Liebe« (*anhypòkritos*) begegnet noch in 2 Korinther 6, 6 und in 1 Petrus 1, 22. Diese letzte Textstelle ermöglicht es, die Bedeutung des in Frage stehenden Begriffes zweifelsfrei zu erfassen; denn sie erklärt ihn mittels einer Umschreibung, indem sie dazu auffordert, sich gegenseitig beharrlich »von Herzen« zu lieben.

Der hl. Paulus bringt also mit diesem einfachen Satz: »Eure Liebe sei ohne Heuchelei!« die Wurzel der Liebe selbst zur Sprache, nämlich das Herz. Was von der Liebe verlangt wird, ist, daß sie wahrhaft, authentisch, nicht vorgetäuscht ist. Wie der Wein, wenn er »echt« sein soll, aus der Traube gepreßt sein muß, so muß die Liebe aus dem Herzen kommen. Auch darin ist der Apostel das getreue Echo des Denkens Jesu. Dieser hatte nämlich wiederholt und mit Nachdruck das Herz als den »Ort« angegeben, wo sich der Wert dessen entscheidet, was der Mensch tut, was rein oder unrein im Leben eines Menschen ist: »Denn aus dem Herzen kommen die bösen Vorsätze ...« (vgl. Mt 15, 19).

Wir können im Hinblick auf die Liebe von einer paulinischen Intuition sprechen; sie besteht darin, hinter dem sichtbaren und äußeren Universum der Liebe, das aus Werken und Worten gebildet ist, ein anderes, ganz und gar inneres Universum zu enthüllen, das im Vergleich zu jenem ersten dasselbe ist wie die Seele für den Leib. Dieser Intuition begegnen wir noch einmal in dem anderen großen Text über die Liebe, in 1 Korinther 13. Was der hl. Paulus dort sagt, bezieht sich, genau betrachtet, alles auf diese innere Liebe, auf die Einstellungen und Empfindungen der Liebe: Die Liebe ist langmütig, sie ist gütig, sie sucht nicht ihren Vorteil, sie läßt sich nicht zum Zorn reizen, sie erträgt alles, glaubt alles, hofft alles ... Nichts, was an sich und direkt das *Tun* des Guten bzw. die *Werke* der Liebe betrifft, sondern alles ist auf die Wurzel zurückgeführt, auf das Wohl-*Wollen*. Das Wohlwollen kommt vor der Wohltätigkeit. Der Apostel selbst bringt den Unterschied zwischen den beiden Sphären der Liebe eindeutig zum Ausdruck, wenn er sagt, daß die größte Tat äußerer Liebe (die ganze eigene Habe an die Armen zu verteilen) wertlos wäre ohne die innere Liebe. Es wäre das Gegenteil von »aufrichtiger« Liebe. Die geheuchelte Liebe besteht nämlich genau darin, Wohltaten ohne Wohlwollen zu vollbringen, nach außen hin etwas zu zeigen, was im Herzen keine Entsprechung hat. In diesem Fall gibt man sich den Anschein der Liebe, der aber schlimmstenfalls sogar als Deckmantel dienen kann für Egoismus, Selbstsucht, Ausnutzung des Mitmenschen zugunsten eigener Zwecke oder auch einfach für Gewissensbisse.

Es wäre ein fataler Irrtum, die Liebe des Herzens und die Liebe der Tat in Gegensatz zueinander zu setzen oder sich in die innere Liebe zu flüchten, um darin eine Art Alibi zu finden für den Mangel an tätiger Liebe. Wir wissen, mit welchem Nachdruck die Worte Jesu (Mt 25), des hl. Jakobus (2, 16f) und des hl. Johannes (1 Joh 3, 18) zur tätigen Liebe drängen. Wir kennen auch die Bedeutung, die der hl. Paulus selbst den Kollekten zugunsten der Armen von Jerusalem beimaß. Und wenn gesagt wird, daß auch das Verschenken der ganzen Habe an die Armen ohne die Liebe »mir nichts nützte« (vgl. 1 Kor 13, 3), so bedeutet das noch lange nicht, daß es niemandem nützt und sinnlos ist; es bedeutet eben nur, daß es »mir« nichts nützt, während es für den Armen, der sie empfängt, durchaus von Nutzen sein kann. Es geht also nicht darum, die Bedeutung der Werke der Liebe zu schmälern, sondern vielmehr darum, ihnen ein zuverlässiges Fundament gegen den Egoismus und seine unzähligen Verschlagenheiten zu sichern. Der hl. Paulus will, daß die Christen »in der Liebe verwurzelt und auf sie gegründet« sind (Eph 3, 17), daß also die Liebe die Wurzel und das Fundament von allem ist. Gott selbst hat dieses Fundament gegründet, als er sagte: »Du sollst deinen Nächsten lieben *wie dich selbst!*« (Mt 22, 39). An einem besser eingerammten »Pflock« als diesem konnte er die Nächstenliebe nicht festmachen. Nicht einmal mit der Forderung: »Du sollst deinen Nächsten lieben wie deinen Gott!« hätte er denselben Zweck erreicht, denn über die Gottesliebe – also darüber, was es heißt, Gott zu lieben – kann der Mensch sich und anderen noch etwas vormachen, nicht aber über die Liebe zu sich selbst. Allzu gut weiß er, was es in jeder beliebigen Lage bedeutet, sich selbst zu lieben; es ist ein Spiegel, den er immer vor Augen hat.

Aufrichtig zu lieben bedeutet, in dieser Tiefe zu lieben, wo du nicht mehr trügen kannst, weil du vor dir selbst allein bist: allein vor dem »Spiegel«, unter den Augen Gottes. Auf diesem Weg findet der Nächste Eingang in das innerste Heiligtum meiner Person, in das, was die Schrift den »inneren Menschen« nennt; er wird wahrhaftig und bis zum Grunde »Nächster«, weil ich ihn mit mir im Herzen trage, auch dann, wenn ich mit Gott und mir selbst allein bin. Der *Nächste* wird buchstäblich zum *Intimus*, zum *innersten* Vertrauten. Das ist die größte Würde, die ein Mensch einem anderen gewähren kann, und die Liebe ist das Mittel, das Gott gefunden hat, um etwas so Erhabenes zu verwirklichen. Es ist gewissermaßen das Vorspiel zu der endgültigen

Gemeinschaft der Heiligen, wenn durch die Liebe jeder in allen und alle in jedem sein werden und die Freude jedes Einzelnen durch die Freude aller vervielfältigt sein wird. Eine »aufrichtige« Liebe ist ein Abglanz der Liebe Gottes, ihre Spiegelung auf der Erde. Gott trägt uns nämlich im Herzen; er hat uns Wohltaten erwiesen, weil er Wohlwollen für uns empfand. Am Anfang von allem, was Gott für uns getan hat, steht sein »Wohlwollen«, seine »Huld und Liebe« uns gegenüber (vgl. Eph 1, 5).

2. Eine göttliche Liebe

Um authentisch zu sein, muß die christliche Liebe also von innen, aus dem Herzen kommen, und die Werke der Barmherzigkeit aus »mitleidigem *Herzen*« (vgl. Kol 3, 12). Dennoch müssen wir sogleich präzisieren, daß es sich hier um etwas viel Tiefgreifenderes handelt als um eine bloße »Verinnerlichung«, d. h. um eine Akzentverschiebung von der äußeren Ausübung der Liebe auf die innere. Das ist nur der erste Schritt. Die Tiefenschichten des Menschen haben nicht mehr nur eine psychologische Dimension; durch die Einwohnung des Heiligen Geistes haben sie auch eine theologische Dimension erhalten, die Tiefen Gottes! Hier liegt das Geheimnis der Liebe; hier ist die Neuheit, die das neue Leben im Geist in uns geschaffen hat. Wenn man das nicht versteht, versteht man gar nichts und verbleibt trotz allem innerhalb eines alten und naturverhafteten Horizontes, in dem sich die christliche Liebe qualitativ nicht von anderen Arten der Liebe unterscheidet. Die »moralische« Liebe gründet sich auf die »theologale« und führt zu ihr zurück. Die Verinnerlichung führt schließlich zur Vergöttlichung! Ein Christ – sagte der hl. Petrus – ist derjenige, der »aus ehrlichem Herzen« liebt. Aber mit was für einem Herzen? Mit dem neuen Herzen! Einst hatte der Mensch, der unter dem Gesetz lebte, um ein neues Herz gebetet: »Erschaffe mir, Gott, ein neues Herz!« (vgl. Ps 51, 12); Gott selbst hatte verheißen, er werde ihm ein neues Herz schenken (vgl. Ez 36, 26). Jetzt ist dieses neue Herz erschaffen worden, es ist eine faktische Realität, die in jedem Getauften existiert. Man muß es in Betrieb nehmen, es üben. Darauf zielt die apostolische Paränese ab.

Wenn wir »von Herzen« lieben, dann ist es Gott, der in uns liebt, Gott, der mit seinem Geist in uns gegenwärtig ist: Die Liebe Gottes selbst geht durch uns hindurch. Das menschliche Handeln ist wahrhaft vergöttlicht. »An der göttlichen *Natur* Anteil erhalten« (vgl. 2 Petr 1, 4) bedeutet nämlich: teilhaben am göttlichen *Tun* (und das göttliche Tun ist Lieben, denn Gott ist Liebe!). Etwas so Großes folgern nicht etwa wir mit wer weiß welchen Überlegungen aus dem Wort Gottes. Es ist deutlich im Neuen Testament enthalten:

»Die Liebe Gottes ist ausgegossen in unsere Herzen durch den Heiligen Geist, der uns gegeben ist« (Röm 5, 5).

Wir lieben die Menschen nicht nur, weil Gott sie liebt oder weil er will, daß wir sie lieben, sondern weil er mit der Gabe seines Geistes seine eigene Liebe zu ihnen in unsere Herzen gesenkt hat. Jesus betet zum Vater, damit die Liebe, die er von ihm empfangen hat, auch in seinen Jüngern sei (vgl. Joh 17, 26). Es ist wie mit dem Trost. Der hl. Paulus schreibt:

»Gott tröstet uns in all unserer Not, damit auch wir die Kraft haben, alle zu trösten, die in Not sind, durch den Trost, mit dem auch wir von Gott getröstet werden« (2 Kor 1, 4).

Wir trösten mit dem Trost, mit dem auch wir von Gott getröstet werden, und wir lieben mit der Liebe, mit der auch wir von Gott geliebt werden. Mit derselben Liebe und keiner anderen. Das erklärt die scheinbar unverhältnismäßig große Resonanz, die eine ganz einfache, oft sogar verborgene Tat der Liebe manchmal auslöst, das Neue und das Leben, das sie in ihrer Umgebung entstehen läßt. Sie ist eben Zeichen und Träger einer anderen Liebe, in gewissem Sinne ähnlich, wie das eucharistische Brot Zeichen einer anderen Speise ist. Die christliche Liebe unterscheidet sich also von jeder anderen Liebe durch die

Tatsache, daß sie Liebe Christi ist: Nicht mehr ich liebe, sondern Christus liebt in mir! Die *Agape*, die aus der ewigen Quelle der Trinität herabfließt, die in Jesus Christus eine menschliche Gestalt und ein menschliches Herz angenommen hat, wünscht jetzt sehnlich, sich auszubreiten und die ganze Erde zu »benetzen«; sie möchte die Herzen durchströmen wie der Honig die Waben. Auf dieser tief inneren und verborgenen Ebene geschieht die wahre Verwandlung der Welt. Die Quelle des Egoismus versiegt, und die Quelle der Liebe, die »sich ergießt«, beginnt wieder zu sprudeln. Die Schöpfung tut sich wieder auf! Die Liebe ist wahrlich das »Wesen« der neuen Welt.

Ich selbst kann, wenn ich will, ein Ausstrahlungszentrum der Liebe Gottes sein. Und doch hat dieser Gedanke nichts Berauschendes oder Aufregendes; es ist der »nüchternste« Gedanke, den es geben kann, denn »was hast du, das du nicht empfangen hättest?« (1 Kor 4, 7). Es ist auch deshalb der nüchternste Gedanke, weil man, um das neue Herz tätig werden zu lassen, das alte zum Schweigen bringen muß. Man muß sich selber sterben.

3. Den Urteilen das Gift entziehen

Als ich einmal über die Mahnrede des Apostels über die Liebe meditierte, kamen mir an einem gewissen Punkt mit Macht die Worte in den Sinn, die beim Propheten Jeremia zu lesen sind:

»Nehmt Neuland unter den Pflug und sät nicht in die Dornen! Beschneidet euer Herz!« (vgl. Jer 4, 3f).

Auf dem Hintergrund der Darstellung der aufrichtigen Liebe, wie sie das Wort Gottes bietet, zeichnete sich nämlich vor meinem inneren Auge das Bild meines Herzens ab als das eines unkultivierten Erdreiches voller Dornengestrüpp, das darauf wartet, urbar gemacht zu werden. Aber gleichzeitig erwachte in mir auch ein neues Verlangen und Bedürfnis, dieses Werk der Urbarmachung in Angriff zu nehmen, aus meinem Herzen einen »gastfreundlichen« Ort für die Brüder zu machen, wie das Herz Gottes, von dem es heißt, daß er »mit allen Erbarmen hat und nichts von dem verabscheut, was er geschaffen hat« (vgl. Weish 11, 23f).

Als ich in Afrika einmal eine Landschaft vor mir sah, die wohl derjenigen ähnlich war, die der Prophet Jeremia vor Augen gehabt haben muß, habe ich begriffen, was er mit den eben zitierten Worten meinte. Während der Monate der Trockenheit werden die unbebauten Felder von Dornensträuchern, Brombeeren und anderem wilden Gestrüpp buchstäblich überwuchert. Wenn dann die Regenzeit und die Zeit der Aussaat naht, geht der Bauer auf seinen kleinen Acker, trägt all dieses Dornengestrüpp auf einem Haufen zusammen und verbrennt es, um nicht in die Dornen zu säen. Beim Anbruch der Nacht erkennt man dann hier und da verstreut in der unendlich weiten und stillen afrikanischen Landschaft viele flammende Feuerstellen. Dasselbe – sagt der Prophet – müssen wir mit dem Acker unseres Herzens tun. Wir müssen »in uns selbst die Feindschaft töten«, so wie Jesus am Kreuz »in seiner Person die Feindschaft getötet« hat (Eph 2, 16). Das Wort Gottes empfiehlt uns ganz speziell drei Feuer, die wir entzünden sollten.

Auf der ersten Feuerstelle müssen die boshaften Urteile verbrannt werden.

>   »Wie kannst du deinen Bruder richten? Wie kannst du deinen Bruder
>   verachten? ... Daher wollen wir uns nicht mehr gegenseitig richten«
>   (Röm 14, 10.13).

Die feindseligen Urteile voller Antipathie und Ablehnung sind die Dornen, von denen der Text des Propheten Jeremia spricht: Wir müssen sie mit der Wurzel ausreißen und verbrennen, unser Herz von ihnen befreien. Jesus sagt:

>   »Richtet nicht, damit ihr nicht gerichtet werdet! ... Warum siehst du
>   den Splitter im Auge deines Bruders, aber den Balken in deinem Auge
>   bemerkst du nicht?« (Mt 7, 1–3).

Der Sinn dieser Worte ist nicht: Richtet die Menschen nicht, dann werden auch sie euch nicht richten (wir wissen aus Erfahrung, daß es nicht immer so ist), sondern vielmehr: Richte deinen Bruder nicht, damit Gott dich nicht richtet. Ja besser noch: Richte deinen Bruder nicht, weil Gott dich nicht gerichtet hat. Es handelt sich nicht um eine utilitaristische Moral, sondern um eine kerygmatische. Der Herr vergleicht die Sünde des Nächsten (die Sünde, über die gerichtet wurde) – wie auch immer sie sei – mit einem Splitter im Vergleich zu der Sünde dessen, der richtet (nämlich der Sünde, die darin besteht, zu richten), die ein »Balken« ist. Die Tatsache des Richtens an sich wiegt so schwer in den Augen Gottes, daß er sie vergleichsweise als »Balken« bezeichnet.

Der hl. Jakobus und der hl. Paulus geben jeder eine eigene und tiefe Begründung für dieses Verbot, zu richten. Der erste sagt:

»Wer bist du, daß du über deinen Nächsten richtest?« (Jak 4, 12).

Er will damit sagen: Nur Gott kann richten, denn er kennt die Geheimnisse des Herzens, das Warum, die Absicht und den Zweck jeder Handlung. Wir aber, was wissen wir schon von all dem, was im Herzen eines anderen Menschen vorgeht, wenn er etwas Bestimmtes tut? Was wissen wir über all die Bedingtheiten, denen er aufgrund seines Temperamentes und seiner Erziehung unterworfen ist, oder über die Hintergründe seiner Absichten? Richten zu wollen ist für uns ein äußerst riskantes Unterfangen, etwa so, wie wenn man mit geschlossenen Augen einen Pfeil abschießt, ohne zu wissen, wo er trifft; es bringt uns in Gefahr, ungerecht, erbarmungslos und unsensibel zu sein. Es genügt, einmal darauf zu achten, wie schwierig es für uns ist, uns selbst zu verstehen und zu beurteilen, und wieviel Dunkel unser Denken umhüllt, um sogleich zu begreifen, daß es völlig unmöglich ist, in die Tiefenschichten einer anderen Person vorzudringen, in ihre Vergangenheit, in ihre Gegenwart, in den Schmerz, den sie erfahren hat:

»Wer von den Menschen kennt den Menschen, wenn nicht der Geist des Menschen, der in ihm ist?« (1 Kor 2, 11).

Ein Lehrmeister der monastischen Spiritualität erzählt von einem alten Mönch, der, als er erfuhr, daß einer seiner Mitbrüder gesündigt hatte, ausrief:»Was für ein großes Übel hat er da angerichtet!« Daraufhin brachte ein Engel die Seele des Bruders, der gesündigt hatte, vor ihn und sagte zu ihm:»Sieh her, der, über den du gerichtet hast, ist tot. Wohin soll ich ihn bringen, ins Reich Gottes oder in die ewige Strafe?« Der alte Mönch war von dem Gedanken daran, persönlich über das ewige Schicksal eines Menschen entscheiden zu müssen, so erschüttert, daß er den Rest seines Lebens unter Seufzen, Tränen und Mühen verbrachte und Gott anflehte, er möge ihm seine Sünde verzeihen.[6]

Der Grund, den Paulus angibt, ist, daß derjenige, der richtet, dasselbe tut, worüber er richtet.

»Du bist unentschuldbar – wer du auch bist, Mensch –, wenn du richtest. Denn worin du den anderen richtest, darin verurteilst du dich selber, da du, der Richtende, dasselbe tust« (Röm 2, 1).

Das ist eine Wahrheit, deren wir uns vielleicht schon von selbst und zu unserer Beschämung bewußt werden konnten, und zwar immer dann, wenn wir über jemanden gerichtet hatten und danach Gelegenheit fanden, über unser eigenes Verhalten nachzudenken. Es ist ein typischer Zug der menschlichen Psychologie, bei den anderen vor allem das zu richten und zu verurteilen, was einem an sich selbst mißfällt, dem entgegenzutreten man aber nicht mutig genug ist. Der Geizhals verurteilt den Geiz, der Sinnliche sieht überall Sünden der Unzucht, und niemand weiß mit mehr Scharfsinn und Aufmerksamkeit in seiner Umgebung die Sünden des Stolzes aufzuspüren, als der Stolze ...

Aber die Problematik des Richtens ist ein heikles und komplexes Thema, und man kann die Erörterung nicht auf halbem Wege abbrechen, ohne den Eindruck zu erwecken, wenig realistisch zu sein. Wie sollte man denn gänzlich ohne Urteilen und Richten leben? Es liegt doch in uns, sogar schon in einem einfachen Blick. Wir können nicht

---

6 Dorotheus von Gaza, *Geistliche Lehrvorträge*, 6, 71 (SCh 92, 272).

beobachten, zuhören, leben, ohne Wertungen vorzunehmen, d. h. ohne zu richten. Tatsächlich müssen wir auch gar nicht so sehr das Urteilen aus unserem Herzen entfernen, sondern vielmehr das Gift aus unserem Urteilen! Das bedeutet: die Mißgunst und die Verachtung bzw. Verurteilung. In der Version des Lukas folgt auf das Gebot Jesu: »Richtet nicht, dann werdet auch ihr nicht gerichtet werden« unmittelbar – gleichsam um den Sinn dieser Worte zu erklären – das Gebot:

»Verurteilt nicht, dann werdet auch ihr nicht verurteilt werden« (Lk 6, 3).

Das Urteilen an sich ist wertneutral; es kann sowohl zur Verurteilung als auch zur Freisprechung und Rechtfertigung führen. Die negativen Urteile sind es, die das Wort Gottes tadelt und verwirft, solche, die zusammen mit der Sünde auch den Sünder verdammen. Eine Mutter und eine fremde Person können über dieselbe objektiv vorhandene schlechte Angewohnheit des Kindes urteilen. Aber wie verschieden ist das Urteil der Mutter von dem der fremden Person! Die Mutter leidet nämlich unter diesem Fehlverhalten, als wäre es ihr eigenes, sie fühlt sich mitverantwortlich und ist entschlossen, dem Kind zu helfen, sich davon zu befreien; niemals wird sie den Defekt des Kindes an die große Glocke hängen ... Nun, unser Urteil über die Mitmenschen muß dem der Mutter gleichen, denn »wir sind Glieder, die zueinander gehören« (Röm 12, 5); die anderen sind »die unsrigen«.

Bisweilen kann Gott, je nach dem Dienst, den einer ausübt, oder nach der Art von Heiligkeit, zu der einer berufen ist, verlangen – und zugleich als Gabe gewähren –, gänzlich auf jedes eigene Urteilen den anderen gegenüber zu verzichten. Normalerweise aber ist das nicht so; Eltern, Vorgesetzte, ein Beichtvater, ein Richter, jeder, der Verantwortung für andere trägt, muß urteilen und richten. Manchmal ist das Richten sogar gerade der spezielle Dienst an der Gesellschaft oder der Kirche, zu dem einer berufen ist, so wie das Auge, das im menschlichen Körper die Aufgabe hat zu beobachten. Die Kraft der christlichen Liebe besitzt die Besonderheit, daß sie imstande ist, das »Vorzeichen« auch des Richtens auszuwechseln und es aus einem Akt der Nicht-Liebe in einen Akt der Liebe zu verwandeln. Der hl. Paulus urteilt in unserem Brief über seine jüdischen Landsleute (vgl. Röm 2, 17ff) – und wir wissen, mit welcher Klarheit und welchem Ernst. Aber er kann sagen:

>Ich sage in Christus die Wahrheit und lüge nicht, und mein Gewissen bezeugt es mir im Heiligen Geist: Ich bin voll Trauer, unablässig leidet mein Herz. Ja, ich möchte selber verflucht und von Christus getrennt sein um meiner Brüder willen« (Röm 9, 1–3).

Der Apostel »weiß« vor Gott und vor seinem Gewissen, daß er sie liebt. Das ist die aufrichtige Liebe ohne Heuchelei.

Damit haben wir also nun ein praktisches Betätigungsfeld vor uns. Nicht richten, es sei denn, man kann dasselbe sagen wie Paulus oder – wenn man dazu gezwungen ist, ohne schon diese innere Einstellung der Liebe erreicht zu haben – das demütig eingestehen und sich nicht wundern, wenn die Zurechtweisung nicht sofort und deutlich ein positives Ergebnis erbringt. Gott will uns korrigieren, während wir die anderen korrigieren. Die Notwendigkeit, die anderen zu korrigieren, in der wir uns befinden, will er sich zunutze machen, um auch uns zu korrigieren. Ja unsere Besserung liegt ihm oft mehr am Herzen als alles andere. Manchmal bemerken wir, nachdem wir lange Zeit vergeblich versucht haben, einem Untergebenen oder einem Mitmenschen etwas begreiflich zu machen, daß wir ihn nicht aus ehrlichem Herzen lieben und daß die Schwierigkeit allein hier ihren Ursprung hat, weshalb wir noch einmal von vorn beginnen müssen, auf andere Weise. Jesus sagt das ganz deutlich: Zuerst müssen wir den »Balken« aus unserem eigenen Auge entfernen, und danach werden wir gut genug sehen können, um den Splitter aus dem Auge unseres Bruders zu ziehen (vgl. Mt 7, 5); d. h. man muß seinen eigenen Unwillen und die Lieblosigkeit überwinden, dann wird die Zurechtweisung Gehör finden, und der Bruder wird sich vielleicht den Splitter herausziehen lassen. Er wird Vertrauen haben. Wer würde schon zulassen, daß einer mit den Fingern an sein Auge geht, um einen Splitter zu entfernen, der das mit Gewalt tut, als wolle er Quecken aus dem Boden reißen?

Ein weiteres kennzeichnendes Merkmal der inneren Liebe, das mit dem vorigen eng verbunden ist, besteht in der Achtung: »Übertrefft euch in gegenseitiger Achtung!« (Röm 12, 10). Aber hier berühren wir erneut jenen neuralgischen Punkt, wo die Liebe auf ihren Feind, den Egoismus, stößt. Um den Mitmenschen zu schätzen, darf man nicht immer allzu selbstsicher sein. Man sollte – wie der Apostel mahnt – »sich nicht überschätzen« (vgl. Röm 12, 3). Wer sich selbst überschätzt, gleicht einem Menschen, der des Nachts eine starke Lichtquelle vor den Augen hat: Nichts kann er sehen von dem, was sich jenseits des Lichtkegels befindet. Die »Lichter« der Mitmenschen, ihre Vorzüge und Werte, bleiben ihm verborgen.

Das zweite Feuer, das wir anzünden sollten, muß also alles verbrennen, was sich in unseren Gedanken und Gefühlen an Geringschätzung und Verachtung der Mitmenschen anhäuft. »Herunterspielen« muß in den Beziehungen zu den anderen unser bevorzugtes Verb werden: unsere eigenen Vorzüge und die Fehler der anderen herunterspielen. Nicht – wie wir dagegen oft zu tun geneigt sind – unsere eigenen Fehler und die Vorzüge der anderen herunterspielen, was das genaue Gegenteil wäre! Man muß lernen, das eigene »Ich« stets auf der Anklagebank zu halten, und sobald es sich erhebt, um auf dem Richterstuhl Platz zu nehmen, muß man es mit freundlicher Entschlossenheit wieder dorthin zurückführen. Das ist der Weg, um zur wahren Reue und Zerknirschung des Herzens zu gelangen, die uns gleichzeitig sowohl in der Demut als auch in der Liebe wachsen läßt.

Das Hindernis, das all diese Arbeit zugunsten der aufrichtigen Liebe vereiteln kann, ist das Sich-Fixieren auf das, was die anderen uns antun (»Aber er schätzt mich nicht, er verachtet mich! ...«), während das im Licht des Neuen Testamentes völlig fehl am Platze ist. Das neue Gesetz der Liebe besteht nämlich nicht darin, den anderen das anzutun, was sie dir angetan haben (wie es im alten Talionssystem, dem Gesetz der angemessenen Wiedervergeltung, üblich war), sondern darin, für die anderen das zu tun, was Gott für dich getan hat:

»Wie der Herr euch vergeben hat, so vergebt auch ihr!« (Kol 3, 13).

Es stimmt zwar, daß auch die anderen als Maßstab dienen können, aber auch in diesem Fall geht es nicht um das, was sie für dich *tun*, sondern um das, was du *möchtest*, daß sie für dich tun sollten (vgl. Mt 7, 12). Du sollst deshalb in diesem Sinne Gott und dich selbst zum Maßstab nehmen, nicht die anderen. Du mußt dich nur darum kümmern, wie du dich den anderen gegenüber verhältst und wie du ihr Verhalten dir gegenüber aufnimmst. Alles andere ist reine Ablenkung und hat nicht das geringste mit der Sache zu tun. Es betrifft die anderen.7

4. Kein böses Wort

Zwischen dem inneren Bereich der Gefühle, der Urteile und der Achtung und dem äußeren Bereich der Werke der Liebe gibt es einen Zwischenbereich, der von beiden etwas enthält, und das ist der Bereich der Worte. Der Mund ist gewissermaßen das »Guckloch« zum Herzen, denn »wovon das Herz voll ist, davon spricht der Mund« (Mt 12, 34). Zwar stimmt es, daß wir nicht nur »mit Wort und Zunge« lieben sollen (vgl. 1 Joh 3, 18), aber wir sollen *auch* mit Wort und Zunge lieben. Die Zunge – sagt der hl. Jakobus – kann sich »großer Dinge rühmen«, im Guten wie im Bösen; Sie kann »einen großen Wald in Brand stecken« und ist »voll von tödlichem Gift« (vgl. Jak 3, 1–12). Wie viele Tote verursacht die Zunge! Im Gemeinschafts- und Familienleben haben negative, scharfe, unbarmherzige Worte die Macht, jeden in sich selbst zu verschließen und jede Vertraulichkeit und jedes Klima geschwisterlichen Miteinanders zu ersticken. Die Empfindlicheren werden durch harte Worte geradezu tödlich gedemütigt, und vielleicht haben auch wir einige solche Toten auf dem Gewissen ... Es stimmt zwar, daß man sich nicht bemühen soll, scheinheilig nur die Sprache zu erneuern, ohne beim Herzen zu beginnen, das ihre Quelle ist

7 Vgl. S. Kierkegaard, *Der Liebe Tun* (vgl. Anm. 15 zu VIII), S. 420.

(»Eine salzige Quelle kann kein Süßwasser hervorbringen«, sagt der hl. Jakobus [vgl. Jak 3, 12]), aber es stimmt auch, daß eines das andere unterstützt. Deswegen gibt der hl. Paulus den Christen für den Gebrauch der Worte folgende goldene Regel (Eph 4, 29):

»Über eure Lippen komme kein böses Wort, sondern nur ein gutes, das den, der es braucht, stärkt, und dem, der es hört, Nutzen bringt.«

Schon allein diese Worte könnten das Programm einer österlichen Fastenzeit bilden. Sie enthalten nämlich eine äußerst heilsame Form der Abstinenz: die Abstinenz der bösen Worte! Wenn sich jemand entschließt, diese Worte des Apostels als seine Regel zu übernehmen, wird er bald die »Beschneidung« der Lippen und dann die des Herzens an sich feststellen, von der Jeremia im oben zitierten Text sprach. Das ist die dritte Feuerstelle: die für alle bösen Worte.

Es ist nicht schwer zu lernen, die bösen und die guten Worte zu erkennen; es genügt, im Geist sozusagen ihre »Flugbahn« zu verfolgen oder vorauszusehen, darauf zu achten, worauf sie hinzielen: ob auf unsere Ehre oder auf die Ehre Gottes und des Mitmenschen, ob sie dazu dienen, mein eigenes »Ich« oder aber das des Nächsten zu rechtfertigen bzw. zu bemitleiden und ihm Geltung zu verschaffen. Anfangs wird einem das böse Wort noch über die Lippen rutschen, und man muß es mit einer Geste der Entschuldigung und der Wiedergutmachung zurücknehmen. Dann aber wird es nach und nach – wie man so sagt – auf der Zungenspitze zurückgehalten, bis es allmählich ganz verschwindet, um dem guten Wort Platz zu machen. Welch ein Geschenk ist das dann für die Mitmenschen, und welch ein Beitrag zur geschwisterlichen Liebe! Ein gutes Wort, das von Herzen kommt, ist Balsam, ist ein Halt für den Mitmenschen, ist ein Geschenk von Gott selbst, denn wir haben gesehen, daß, wenn wir von Herzen lieben, Gott selbst es ist, der in uns liebt. Gott hat das Wort zu seinem bevorzugten Mittel gemacht, um zu trösten, zu erleuchten, der Welt Leben zu geben und seine Liebe zu offenbaren. Jesus selbst ist das »gute Wort«, das aus dem Herzen des Vaters hervorgegangen ist.

5. Den Mitmenschen mit neuen Augen sehen

Die Liebe ist wahrhaftig die universale Lösung. Es ist schwierig, in jedem einzelnen Fall festzulegen, was am besten zu tun ist: ob schweigen oder reden, ob laufen lassen oder korrigieren ... Aber wenn in dir die Liebe ist, dann wird, was immer du tust, das Richtige sein, denn »die Liebe tut dem Nächsten nichts Böses« (Röm 13, 10). In diesem präzisen Sinn sagte der hl. Augustinus: »Liebe, und tu, was du willst!«

> »Ein für allemal wird dir dieses kurze Gebot auferlegt: Liebe, und tu, was du willst. Falls du schweigst, schweige aus Liebe; falls du redest, rede aus Liebe; falls du zurechtweist, weise aus Liebe zurecht; falls du verzeihst, verzeihe aus Liebe. Möge in dir die Wurzel der Liebe sein, denn aus dieser Wurzel kann nichts anderes kommen als das Gute.«[8]

Bisweilen ist diese Regel des hl. Augustinus mit Argwohn betrachtet worden. Ist nicht gerade sie das Argument, das manche anführen, um alle Arten von sexueller Unordnung zu rechtfertigen? Der hl. Augustinus spricht aber von der wirklichen Liebe, nicht von einem als Liebe verkleideten Egoismus.

Die Liebe ist das einzige, was wir allen schuldig sind:

> »Bleibt niemand etwas schuldig; nur die Liebe schuldet ihr einander immer« (Röm 13, 8).

Jeder Mensch, der sich dir nähert, ist für dich ein Gläubiger, der kommt, um die Schulden einzutreiben, die du bei ihm hast. Vielleicht verlangt er von dir etwas, das du ihm nicht gewähren kannst oder ihm in manchen Fällen sogar verweigern mußt; doch auch wenn du ihn wegschickst, ohne seinem Wunsch zu entsprechen, gib acht, daß du ihn nicht ohne das gehen läßt, was du ihm schuldig bist, nämlich die Liebe. Gott hat dir in Christus eine Liebe gegeben, die mit den Mit-

---

8 Augustinus, *In Epistolam Ioannis ad Parthos* 7, 8 (SCh 75, 328).

menschen geteilt werden muß. Diese Liebe gehört dir nicht; dein Nächster hat das Recht, seinen Teil einzufordern. Du mußt eine Schuld bezahlen, die nie getilgt werden kann, denn was auch immer du tust, du wirst niemals dahin gelangen, dem Maß an Liebe gleichzukommen, das du empfangen hast, um es weiterzugeben. Das ist die »Essensration«, die der Herr bei seiner Abreise seinem Verwalter anvertraut hat, damit er sie zur rechten Zeit an das Gesinde verteilt (vgl. Mt 24, 45ff).

Die innere Liebe, auf die uns der Apostel bis jetzt hingewiesen hat, ist die Liebe, die wir alle immer praktizieren können. Die äußeren Taten der Liebe müssen notwendigerweise unterbrochen werden, nicht aber die Liebe selbst. Sie ist nicht eine Liebe, die einige ausüben und andere empfangen müssen, nicht die Liebe, welche die Reichen von den Armen und die Gesunden von den Kranken unterscheidet. Alle können diese Liebe üben, die Armen nicht weniger als die Reichen. Sie vertauscht häufig die vom Schicksal oder von der menschlichen Ungerechtigkeit bestimmten Rollen und macht aus den Armen die wahrhaft Reichen und die echten Geber.

Diese Liebe ist nicht nur universal, sondern außerdem auch sehr konkret. Es handelt sich nämlich nicht darum, einen abstrakten Kampf gegen die eigenen Gedanken zu führen, sondern darum, daß wir beginnen, Menschen und Situationen in unserer Umgebung mit neuen Augen anzusehen. Nicht wir müssen uns auf die Suche begeben nach Gelegenheiten, um dieses Programm zu realisieren: die Gelegenheiten kommen von selbst ständig auf uns zu. Es sind die Menschen, mit denen wir noch heute zu tun haben werden. Es genügt, daß du dich »entschließt«, einen Menschen mit dieser aufrichtigen Liebe sehen zu wollen, und du wirst mit Erstaunen feststellen, daß ein ganz anderes Verhalten ihm gegenüber möglich ist. Als öffne sich in dir ein anderes Auge, verschieden von dem gewöhnlichen, natürlichen. Alle Beziehungen verändern sich. Es gibt keine Situation, in der wir nicht etwas tun können, um in diesem Bemühen voranzukommen. Nur ein Beispiel: Du liegst im Bett, bist krank oder kannst nicht schlafen; es gelingt dir nicht, die ganze Zeit zu beten. Das Wort Gottes legt dir eine

Aufgabe von größter Bedeutung nahe: Löse das Gebet durch die geschwisterliche Liebe ab. Und zwar so: Laß von den Menschen, die du kennst, jene – im Geist – in dein Zimmer eintreten, die Gott dir in jenem Moment in den Sinn kommen läßt und die wahrscheinlich diejenigen sind, denen gegenüber es am meisten zu ändern gäbe. Während jeder Einzelne dort vor dir, oder besser: in deinem Herzen selbst gegenwärtig ist, beginne, ihn mit den Augen und dem Herzen Gottes zu betrachten, so wie du von Gott angeschaut werden möchtest. Und du wirst wie durch ein Wunder alle Motive für Vorurteile und Feindseligkeiten, alle Ressentiments in sich zusammenfallen sehen. Dein Gegenüber wird dir als ein armes Geschöpf erscheinen, das leidet, das mit seinen Schwächen und Grenzen ringt wie du, wie alle. Wie einer, »für den Christus gestorben ist« (Röm 14, 15)! Und du wirst dich wundern, daß du das nicht früher entdeckt hast und wirst ihn in Frieden ziehen lassen, wie man einen Bruder verabschiedet, nachdem man ihn schweigend geküßt hat. Und so fährst du fort, einer nach dem andern, solange die Gnade, die du empfangen hast, dich unterstützt ... Niemand hat etwas gemerkt; wenn jemand kommt, findet er alles wie zuvor; vielleicht ist dein Gesicht ein wenig strahlender; in dir aber hat unterdessen das Reich Gottes Einzug gehalten. Du bist von der Königin Liebe besucht worden! Ein bißchen vom neuen Himmel und der neuen Erde hat den Platz der alten Erde eingenommen, und die ersten, die daraus einen Nutzen ziehen, werden gerade jene Mitmenschen sein, mit denen du dich versöhnt hast. Denn »die Liebe baut auf« (1 Kor 8, 1). Die versöhnte Welt, die im Frieden ist, in der jedem Menschen seine Würde und sein Platz zuerkannt wird – die wir alle ersehnen und erflehen –, sie hat an jenem Tag um dein Bett herum begonnen, sich zu verwirklichen. Diese Welt wird sich nämlich nicht »außerhalb« des Menschen verwirklichen, wenn sie nicht vorher in irgendeiner Weise »in« ihm, in seinem Herzen, Wirklichkeit geworden ist.

»Überschätzt euch nicht«

Die christliche Demut

Der Perlenfischer der Südsee, der nach kostbaren Perlen taucht, macht eine eigenartige Erfahrung, die in geringerem Maß jeder Schwimmer schon einmal gemacht hat bei dem Versuch, bis auf den Grund hinunterzutauchen. Das Wasser drängt mit all seiner Masse den Körper zurück an die Oberfläche. Es ist das bekannte archimedische Prinzip vom Auftrieb, den ein in Flüssigkeit getauchter Körper erfährt. Je größer und voluminöser ein Körper ist, um so größer ist auch die Masse an Wasser, die er verdrängt und damit der Auftrieb, den er erfährt. Alles tendiert also dahin, den Perlenfischer an der Oberfläche zu halten oder ihn dahin zurückzudrängen. Aber seine Hoffnung und oft auch seine Not – denn mit dieser Arbeit verdient er seinen Lebensunterhalt – locken ihn in die Tiefe. Darum steuert er mit kräftigen Schwimmstößen und schnellen Fußbewegungen senkrecht dem Meeresgrund entgegen. Es ist eine ungeheure Anstrengung, die aber einer unbezähmbaren Freude weicht, wenn auf dem Meeresboden vor seinen Augen plötzlich eine halboffene Muschel erscheint, in der er verschwommen eine glänzende Perle erkennen kann.

Die Suche nach der Demut ist ein Abenteuer, das dem des Perlenfischers ähnelt. Auch hier muß man nämlich nach unten streben, tief unter die ruhige See-Oberfläche der eigenen Selbstillusionen hinuntertauchen, immer weiter hinab, bis man den festen Boden erreicht, wo die Wahrheit über uns zu finden ist. Und all das, während eine weit schrecklichere Kraft als die des Meeres – nämlich die Kraft unseres angeborenen Stolzes – danach strebt, uns »nach oben« zu treiben und »auftauchen« zu lassen, uns über uns selbst und über die anderen zu

erheben. Aber die Perle, die uns am Ende dieses Weges – in der Muschel unseres Herzens geborgen – erwartet, ist zu kostbar, als daß wir
von unserem Vorhaben ablassen und uns geschlagen geben könnten.
Es geht nämlich darum, die illusorische Sphäre des »Scheinens« oder
des »Dünkels« zu überwinden, um zu unserem wahren »Sein« vorzu-
stoßen, da »der Mensch« – wie der hl. Franz sagt – »genau soviel gilt,
wie er vor Gott gilt, und nicht mehr«.[1]

Der Mensch hat zwei Leben: das eine ist das tatsächliche Leben, das
andere das eingebildete, das er seiner eigenen Meinung nach (oder
nach Meinung der Leute) lebt. Wir sind pausenlos bemüht, unseren
Schein zu wahren, unser imaginäres Sein zu verschönern, und ver-
nachlässigen darüber unser wahres Sein. Falls wir irgendwelche Tugenden oder Verdienste haben, bemühen wir uns, das auf die eine
oder andere Weise bekannt zu machen, um unser Scheinwesen um
diese Tugend oder diesen Verdienst zu bereichern, und sind andererseits sogar bereit, in Wirklichkeit auf sie zu verzichten, um unserem
Schein etwas hinzuzufügen, freiwillig feige zu sein, nur um als Hel-
den dazustehen, ja sogar unser Leben hinzugeben, wenn nur die Leute
darüber reden.[2] Die Suche nach der Demut ist also ein Einsatz für das
»Sein« und für die »Authentizität«, und als solche geht sie uns als
Menschen an, noch bevor sie uns als Christen betrifft. Es ist menschlich, demütig zu sein! Das lateinische Wort für »Mensch« *(homo)* und
das für »Demut« *(humilitas)* stammen beide von dem selben Wort
»*humus*« ab, das soviel bedeutet wie »Erde« und »Boden«. Wer wie
Nietzsche erbittert die christliche Moral bekämpft hat, weil sie die Demut predigt, hat sie bekämpft wegen einer der schönsten Gaben, die
das Christentum der Welt gebracht hat. Vertrauen wir uns also der ver-
läßlichen Führung des Apostels Paulus an, oder noch besser: dem
Wort Gottes selbst. Es wird uns durch die Kraft des Geistes zu Fischern
machen, die in ihrem Leben nichts anderes mehr tun können und wollen, als jene kostbare Perle zu suchen.

1   Franz von Assisi, *Ermahnungen*, 19.
2   Vgl. B. Pascal, *Pensées*, Nr. 147 (Brunschvicg).

1. Die Demut als Nüchternheit

Die Aufforderung zur Liebe, die wir im vorigen Kapitel aus dem Mund des Apostels vernommen haben (»Eure Liebe sei ohne Heuchelei ...«) steht zwischen zwei kurzen Aufrufen zur Demut, die so offensichtlich aufeinander bezogen sind, daß sie eine Art Rahmen bilden für die Ausführungen über die Liebe. Wenn man sie unter Auslassung des Zwischentextes hintereinander liest, klingt das folgendermaßen:

»Überschätzt euch nicht, sondern pflegt eine kluge Selbsteinschätzung ... Strebt nicht hoch hinaus, sondern neigt vielmehr zum Geringen, Unbedeutenden. Haltet euch nicht selbst für weise« (Röm 12, 3.16).

Es handelt sich hier nicht um kleinliche Ermahnungen zur Mäßigung und zur Bescheidenheit; mit diesen wenigen Worten tut die apostolische Paränese den ganzen weiten Horizont der Demut vor uns auf. Neben der Liebe erkennt der hl. Paulus in der Demut den zweiten Grundwert, die zweite Richtung, in die man streben muß, um das eigene Leben im Geist zu erneuern.

Paulus wendet die traditionelle biblische Lehre über die Demut, die sich ständig durch die räumliche Metapher des »Sich-Erhebens« und des »Sich-Erniedrigens«, des »Nach-oben-Strebens« und des »Nach-unten-Strebens« ausdrückt, auf das Leben der christlichen Gemeinde an. »Hoch hinaus streben« kann man entweder mit der eigenen Intelligenz, mit einem übertriebenen Forschen, das die eigenen Grenzen nicht zur Kenntnis nimmt und keine Ehrfurcht vor dem Geheimnis besitzt und das sich nicht nach dem apostolischen Kerygma ausrichtet, oder auch mit dem Willen, indem man nach Positionen und Ämtern strebt, die besonderes Ansehen genießen. Der Apostel hat beide Möglichkeiten im Auge, jedenfalls treffen seine Worte die eine wie die andere: sowohl die *Anmaßung* im Geistigen, als auch den *Ehrgeiz* im Bereich des Willens.

Bei der Weitergabe der traditionellen biblischen Lehre über die Demut bringt der hl. Paulus jedoch eine teilweise neue und ganz eigene

Begründung dieser Tugend, welche die biblische Lehre über die Tugend einen Schritt vorantreibt. Im Alten Testament ist das Motiv oder der Grund, der die Demut rechtfertigt, ein Grund von Gott her, daß Gott nämlich »die Hochmütigen zurückweist, den Demütigen aber seine Gnade schenkt« (vgl. Spr 3, 34 [LXX]; Ijob 22, 29). Es wurde jedoch nicht – oder zumindest nicht ausdrücklich – gesagt, warum Gott so handelt, warum er also »die Demütigen erhöht und die Hochmütigen erniedrigt«. Man kann für dieses Faktum, das auch von anderen Völkern und in anderen Religionen festgestellt wird, verschiedene Erklärungen finden: zum Beispiel die Eifersucht oder den »Neid Gottes«, wie manche griechische Autoren meinten, oder einfach den göttlichen Willen, die menschliche Arroganz (die *hybris*) zu bestrafen. Der entscheidende Begriff, den der hl. Paulus in die Erörterung über die Demut einführt, ist der Begriff der Wahrheit. Dem Motiv, das auf der Seite Gottes liegt und das wir deshalb als theologisches Motiv bezeichnen können, fügt er ein weiteres hinzu, das auf der Seite des Menschen angesiedelt ist und damit als anthropologisch bezeichnet werden kann. Gott liebt den Demütigen, weil der Demütige in der Wahrheit lebt. Er ist ein wahrhaftiger Mensch. Er bestraft den Hochmut, weil der Hochmut – mehr noch als Arroganz – in erster Linie Lüge ist. Alles, was im Menschen nicht Demut ist, ist nämlich Lüge. Da es den griechischen Philosophen an dieser Sicherheit fehlte, kannten sie, die doch nahezu alle anderen Tugenden kannten und priesen, die Demut nicht. Das Wort Demut *(tapeinosis)* behielt bei ihnen immer eine vorwiegend negative Bedeutung von Niedrigkeit, Kleinlichkeit, Engstirnigkeit und Kleinmut. Es fehlten ihnen die beiden Eckpfeiler, die es ermöglichen, im Menschen Demut und Wahrheit miteinander zu verbinden: der Gedanke an eine *Schöpfung* und die biblische Vorstellung von *Sünde*. Der Schöpfungsgedanke begründet nämlich die Gewißheit, daß alles, was im Menschen an Gutem und Schönem vorhanden ist, von Gott kommt, ohne Ausnahme. Und die biblische Idee von Sünde begründet die Gewißheit, daß alles, was im Menschen im moralischen Sinne wirklich falsch und schlecht ist, aus seiner Freiheit kommt, also von ihm selbst. Der biblische Mensch wird sowohl durch das Gute als auch durch das Schlechte, das er in sich entdeckt, zur Demut getrieben.

Doch kommen wir zum Gedanken des Apostels. Der Ausdruck, den er in unserem Text verwendet, um die Demut in der Wahrheit zu bezeichnen, ist das Wort *Nüchternheit* oder Weisheit. Er ermahnt die Christen, sich keine falsche und übertriebene Meinung über sich selbst zu bilden, sondern vielmehr eine rechte, nüchterne, wir könnten fast sagen: objektive, Selbsteinschätzung zu pflegen. Bei der Wiederaufnahme der Ermahnung in Vers 16 findet diese »nüchterne Selbsteinschätzung« ihre Entsprechung in der Formulierung »dem Geringen zugeneigt sein«. Damit will er sagen, daß der Mensch weise ist, wenn er demütig ist, und daß er demütig ist, wenn er weise ist. Indem der Mensch sich erniedrigt, kommt er der Wahrheit näher. Dieses Motiv der Demut, das ich anthropologisch genannt habe, ist jedoch in sich selbst ein theologisches Motiv, denn es betrifft auch Gott, nicht nur den Menschen. »Gott ist Licht«, sagt der hl. Johannes (1 Joh 1, 5), »ist Wahrheit«, »der Wahre« (vgl. 1 Joh 5, 6.20) und kann dem Menschen nicht anders begegnen als in der Wahrheit. Er schenkt seine Gnade dem Demütigen, denn nur der Demütige ist imstande, die Gnade anzuerkennen. Er sagt nicht: »Das alles habe ich mit meiner starken Hand und mit meiner Weisheit vollbracht!« (Jes 10, 13; vgl. Dtn 8, 17). Die hl. Teresa von Avila hat geschrieben:

>»Ich überlegte mir einmal, aus welchem Grund wohl unser Herr so sehr die Tugend der Demut liebte, und da kam – wie es mir schien, nicht aus der Überlegung, sondern ganz unvermittelt – die Einsicht: weil Gott die höchste Wahrheit, die Demut aber nichts anderes ist, als in der Wahrheit wandeln.«[3]

Die Heilige gelangte auf ihrem eigenen Weg zu demselben Schluß wie Paulus. Gott teilte ihr – nicht auf dem Weg über die Exegese, sondern durch innere Erleuchtung – die Wahrheit seines Wortes mit.

---

3 *Die innere Burg*, VI, 10 (hrsg. von Fritz Vogelsang, Zürich 1979, S. 180).

2. »Was hast du, das du nicht empfangen hättest?«

So haben wir nun unser Hinuntertauchen bis auf den Grund begonnen, zu der Perle, von der zu Beginn die Rede war. Der Apostel läßt uns jetzt bezüglich dieser Wahrheit über uns selbst nicht im Ungewissen oder an der Oberfläche. Einige lapidare Sätze von ihm, die in anderen Briefen stehen, aber zu diesem selben Gedankenkomplex gehören, haben die Macht, uns jeden »Halt« zu entziehen und uns bei der Entdeckung der Wahrheit wirklich bis auf den Grund gehen zu lassen. Einer dieser Sätze lautet:

»Was hast du, das du nicht empfangen hättest? Wenn du es aber empfangen hast, warum rühmst du dich, als hättest du es nicht empfangen?« (1 Kor 4, 7).

Eine einzige Sache gibt es, die ich nicht empfangen habe, die ganz und allein die meine ist, und das ist die Sünde. Das weiß ich und spüre, daß sie von mir stammt, daß sie ihren Ursprung in mir oder jedenfalls im Menschen und in der Welt, nicht in Gott hat, während alles andere – einschließlich des Eingeständnisses, daß die Sünde von mir stammt – von Gott kommt. Ein anderer Satz besagt:

»Wer sich einbildet, etwas zu sein, obwohl er nichts ist, der betrügt sich« (Gal 6, 3).

Die »rechte Selbsteinschätzung« besteht also darin, unsere Nichtigkeit einzugestehen. Das ist jener feste Boden, dem die Demut zustrebt! Die wertvolle Perle ist eben gerade diese aufrichtige und ruhige Überzeugung, daß wir aus uns selbst nichts sind, nichts denken können und nichts tun können. »Getrennt von mir könnt ihr nichts tun«, sagt Jesus (Joh 15, 5), und der Apostel fügt hinzu: »Nicht, daß wir von uns aus fähig sind, etwas zu *denken* ...« (2 Kor 3, 5). Wir können bei entsprechender Gelegenheit eines dieser beiden Worte wie ein wirkliches »Schwert des Geistes« benutzen, um eine Versuchung, einen Gedanken oder eine Selbstgefälligkeit an der Wurzel abzuschlagen: »Was hast du, das du nicht empfangen hättest?« Die Wirksamkeit des Wortes Gottes erfährt man vor allem in diesem Fall: wenn man es auf sich selbst anwendet – mehr noch, als wenn man es auf die anderen bezieht.

Auf diese Weise werden wir angeleitet, die wahre Natur unseres Nichts zu entdecken, das nicht ein reines, einfaches Nichts ist, eine »unschuldige kleine Nichtigkeit«. Wir erahnen das letzte Ziel, zu dem das Wort Gottes uns führen will, nämlich zu erkennen, was wir wirklich sind: ein *hochmütiges Nichts!* Ich bin dieser Jemand, der »sich einbildet, etwas zu sein«, während ich nichts bin. Ich bin derjenige, der nichts hat, das er nicht empfangen hätte, der sich aber immer irgendeiner Sache rühmt – oder versucht ist, sich zu rühmen –, als habe er sie nicht empfangen! Das ist nicht die Situation einiger weniger, sondern unser aller Misere. Genau das ist die Definition des »alten Menschen«: ein Nichts, das etwas zu sein meint, ein hochmütiges Nichts. Der Apostel gesteht selbst, was er entdeckte, als auch er auf den Grund seines Herzens hinabstieg: »Ich entdecke ein anderes Gesetz in mir ...«, sagt er, »ich entdecke, daß die Sünde in mir wohnt ... Ich unglücklicher Mensch! Wer wird mich befreien?« (vgl. Röm 7, 14–25). Dieses »andere Gesetz«, diese »innewohnende Sünde« ist für den hl. Paulus – wie man weiß – vor allem die Selbstverherrlichung, der Stolz und das Sich-Brüsten.

Am Ende unseres Hinabtauchens bis auf den Grund entdecken wir also in uns nicht die Demut, sondern den Hochmut. Aber gerade dieses Entdecken, daß wir von Grund auf hochmütig sind – und zwar aus eigenem Verschulden, nicht aus Gottes Schuld, denn wir sind durch Mißbrauch unserer Freiheit so geworden – gerade das ist Demut, denn es ist die Wahrheit. Dieses Ziel erkannt oder durch das Wort Gottes auch nur von fern erahnt zu haben, ist eine große Gnade. Es schenkt einen neuen Frieden. Man fühlt sich wie einer, der in Kriegszeiten entdeckt hat, daß er unter seinem eigenen Haus einen sicheren Zufluchtsort vor dem Bombenhagel besitzt, mit direktem Zugang von innen und unerreichbar von außen ... Eine große geistliche Lehrmeisterin – die sel. Angela von Foligno – rief kurz vor ihrem Tod aus:

»O unbekanntes Nichts, o unbekanntes Nichts! Die Seele kann in dieser Welt keine bessere Schau erlangen, als das eigene Nichts zu betrachten und in ihm zu wohnen wie in der Zelle eines Kerkers!«4

Diese Heilige ermahnte ihre geistlichen Kinder, sie sollten, wenn sie diese Zelle aus irgendeinem Grund verlassen hätten, ihr möglichstes tun, um sogleich dahin zurückzukehren. Man muß sich verhalten wie manche besonders scheue Tiere, die sich vom Eingangsloch ihres Baues nie so weit entfernen, daß sie nicht beim ersten Anzeichen einer Gefahr sofort wieder hineinschlüpfen können.

In diesem Rat liegt ein großes, verborgenes Geheimnis, eine geheimnisvolle Wahrheit, die man in seiner praktischen Anwendung erfährt. Dann entdeckt man, daß diese Zelle wirklich existiert und daß man tatsächlich in sie eintreten kann, wann immer man will. Sie besteht in dem ruhigen und gelassenen Gefühl, ein Nichts zu sein, und zwar ein hochmütiges Nichts. Wenn man in dieser Kerkerzelle ist, sieht man die Fehler des Nächsten nicht mehr, oder man sieht sie in einem anderen Licht. Man begreift, daß es mit Hilfe der Gnade und durch Übung möglich ist, das zu verwirklichen, was der Apostel sagt und was auf den ersten Blick übertrieben scheint, nämlich »alle anderen höher einzuschätzen als sich selbst« (vgl. Phil 2, 3), oder man begreift zumindest, wie es den Heiligen möglich sein konnte. Sich in diesen Kerker einzuschließen ist also alles andere, als sich in sich selbst zu verschließen; es bedeutet vielmehr, sich den anderen, dem Wesen, der Objektivität der Dinge zu öffnen. Es ist das Gegenteil von dem, was die Feinde der christlichen Demut immer meinten. Es bedeutet, sich *dem* Egoismus und nicht *im* Egoismus zu verschließen. Es ist der Sieg über eines der Übel, die auch die moderne Psychologie als verhängnisvoll für die menschliche Person beurteilt: den Narzißmus.

In diese Zelle dringt außerdem der Feind nicht ein. Der Mönchsvater Antonius der Große hatte eines Tages diese Vision: Für einen Augenblick sah er all die unendlich vielen Fallstricke des Feindes über die

---

4 *Il libro della B. Angela da Foligno* (vgl. Anm. 13 zu I), S. 737.

Erde ausgespannt, und seufzend sagte er: »Wer wird denn all diese Fallstricke umgehen können?« Da hörte er eine Stimme, die ihm antwortete: »Die Demut!«⁵ Doch das größte Geheimnis dieser Zelle ist, daß man in ihr den Besuch Gottes empfängt. Es gibt keinen Ort auf der Welt, wo Gott seinem Geschöpf lieber begegnet. Diese dunkle Zelle, die das reuevolle und gedemütigte Herz darstellt, ist in Wirklichkeit für ihn strahlend hell, denn dort leuchtet die Wahrheit. Sie ist der bevorzugte Aufenthalt Gottes, der Ort, zu dem er gern hinabsteigt und dort spazierengeht, wie er es vor dem Sündenfall im irdischen Paradies tat. Beim Propheten Jesaja hören wir ein wunderbares Selbstgespräch Gottes. Er betrachtet den Himmel und sagt: »Er ist mein Thron!«; er schaut auf die Erde und sagt: »Sie ist der Schemel meiner Füße!«

> »All das hat meine Hand gemacht; es gehört mir. An welchem Ort könnte ich meine Wohnung aufschlagen? Wem werde ich meinen Blick zuwenden? Dem Demütigen und dem, dessen Herz zerknirscht ist« (vgl. Jes 66, 1f; vgl. auch Jes 57, 15).

Alles im Universum gehört Gott; für ihn gibt es nirgendwo etwas Neues, keine Überraschung; alles hat seine Allmacht geschaffen, und alles kann sie vollbringen. Eines aber gibt es, das seine Allmacht geheimnisvollerweise allein nicht vollbringen kann oder will, und das ist ein menschliches Herz, das sich demütigt und seine Sünde eingesteht. Um das zu erhalten, ist er auf die Mitwirkung der Freiheit angewiesen. Ein demütiges Herz ist für Gott jedesmal wieder etwas Neues, eine Überraschung, die ihn gleichsam vor Freude auffahren läßt. Wahrlich, »ein zerknirschtes und demütiges Herz wird Gott nicht verschmähen« (vgl. Ps 51, 19)! In der Zelle des eigenen Nichts »offenbart Gott den Demütigen seine Geheimnisse« (vgl. Sir 3, 18). Die Zelle der Selbsterkenntnis wird so auch zur Zelle der Gotteserkenntnis, die das Hohelied »die Zelle des Weines« nennt (vgl. Hld 2, 4).

---

5 *Apophthegmata Patrum:* Antonius 7 (PG 65, 77).

»Ich preise dich, Vater, weil du all das den Weisen und Klugen verborgen, den Kleinen aber offenbart hast« (Mt 11, 25).

Den Demütigen – den Kleinen – hat Gott das Geheimnis der Geheimnisse offenbart: Jesus.

Das Evangelium stellt uns ein unübertreffliches Vorbild dieser Demut vor Augen, die wir gerade betrachten, ein Vorbild der Demut in der Wahrheit, und das ist Maria. Gott – singt Maria im *Magnificat* – »hat auf die Niedrigkeit seiner Magd geschaut« (Lk 1, 48). Lukas, der mit dem *Magnificat* bewußt an den Lobgesang Hannas (1 Sam 2, 1–10) anknüpft, verwendet hier dasselbe griechische Wort *tapeinosis*, das auch Hanna in ihrem Gebet zum Herrn gebraucht, um ihm ihre Erniedrigung und ihr Elend zu klagen (1 Sam 1, 11). Was im Fall Hannas unbestreitbar ist, trifft auch auf Maria zu, daß sie nämlich hier nicht von ihrer *Tugend* der Demut spricht, sondern von ihrer bescheidenen *Lage*, ihren ärmlichen Verhältnissen, oder allenfalls von ihrer Zugehörigkeit zur Kategorie der Niedrigen und der Armen, von denen in dem Gesang dann noch weiter die Rede ist, kurz: von ihrer »Niedrigkeit«, wie die deutsche Übersetzung zu Recht besagt. In allen Sprachen, die die Bibel auf ihrem Weg zu uns durchlaufen hat – im Hebräischen, im Griechischen und im Lateinischen – besitzt das Wort jedoch zwei fundamentale Bedeutungen: eine objektive, die eine *tatsächliche* Niedrigkeit, Nichtigkeit, Armseligkeit bezeichnet, und eine subjektive, die das *Empfinden* der eigenen Nichtigkeit ausdrückt. Und damit bestand immer wieder die Gefahr, die Aussage Marias über sich selbst aus dem *Magnificat* zu mißdeuten, obwohl die Sache an sich klar ist. Wie kann man denn behaupten, Maria preise ihre Demut, ohne gerade damit der Demut Marias ihre Glaubwürdigkeit zu entziehen? Wie kann man denn auf den Gedanken kommen, Maria schreibe ihre Erwählung durch Gott ihrer Demut zu, ohne zu bemerken, daß dadurch zwangsläufig das Geschenkhafte dieser Erwählung aufgehoben und das ganze Leben Marias unverständlich würde? Und doch wird immer noch unbedachterweise von Maria als derjenigen gesprochen, die sich keiner anderen Tugend rühmt als allein ihrer Demut, so als erweise man damit dieser Tugend eine große Ehre und nicht im Gegenteil ein großes Unrecht. Die Tugend der Demut hat ein ganz besonderes inneres Gesetz: Es besitzt sie, wer glaubt, sie nicht zu besitzen, und wer sie zu besitzen glaubt, der besitzt sie nicht. Allein Jesus kann sich als »demütig von Herzen« bezeichnen und das auch wirklich sein: das ist, wie wir noch sehen werden, das einzigartige und unwiederholbare Wesensmerkmal der Demut des Gottmenschen.

Besaß also Maria die *Tugend* der Demut nicht? Aber sicher besaß sie sie, und sogar in höchstem Maße, aber das wußte nur Gott, nicht sie. Genau das macht nämlich den unvergleichlichen Wert der wahren Demut aus: daß ihr »Wohlgeruch« nur von Gott wahrgenommen wird, nicht von dem, der ihn ausströmt. Wenn wir von der oben dargelegten doppelten Bedeutung des Wortes *tapeinosis* in seinem objektiven und seinem subjektiven Sinn ausgehen, dann können wir sagen, daß Maria das Wort im objektiven Sinn ausspricht und Gott es im subjektiven Sinn hört! Darin liegt das unbeschreibliche Geheimnis der Demut! Wo Maria nichts als Niedrigkeit sieht, da sieht Gott nichts als Demut. Sicherlich liegt darin auch das »Verdienst« Marias; das aber besteht eben genau darin, daß sie eingesteht, keinerlei Verdienst zu haben.

Dasselbe sehen wir auch im Leben der Heiligen. Eines Tages fragte Bruder Masseo, einer der Gefährten des hl. Franz, diesen ganz unvermittelt, warum eigentlich alle Welt ihm nachlaufe und ihn zu sehen wünsche. Was aber antwortete der hl. Franz? Etwa daß dies geschehe, weil Gott niemanden gefunden habe, der »demütiger« sei als er? Nein. Er antwortete, das geschehe, weil Gott niemanden gefunden habe, der »niedriger« sei als er. Mit glühender Überzeugung sagte er:

»Willst du wissen, warum gerade mir? Willst du wissen, warum alle Welt mir nachläuft? Das hängt damit zusammen, daß die Augen des höchsten Gottes unter den Sündern keinen Niedrigeren, keinen Untauglicheren, keinen größeren Sünder gefunden haben als mich.«[6]

6 *Fioretti* des hl. Franz von Assisi, Kapitel 10.

All das hat der hl. Bernhard in ganz wenigen Worten ausgedrückt:

»Der wahrhaft Demütige will immer für niedrig gehalten und nicht für demütig erklärt werden.«[7]

Die Seele Marias, die frei war von jeder sündhaften Begierde, hat sich angesichts der durch ihre göttliche Mutterschaft entstandenen neuen Situation augenblicklich und in aller Natürlichkeit auf den Platz ihrer Wahrheit begeben – nämlich ihr Nichts –, und von dort konnte sie niemand und nichts mehr vertreiben. Darin erscheint die Demut der Gottesmutter als einzigartiges Wunder der Gnade. Sie hat Luther zu folgender Lobrede veranlaßt:

»Denn ob sie wohl solch überschwengliche Tat Gottes in sich empfand, war sie doch und blieb also gesinnet, daß sie sich nicht erhob über den geringsten Menschen auf Erden ... Also viel mehr ist hier der wunderbar reine Geist Mariens zu preisen, daß sie in solchen übermäßigen Ehren ist und dennoch sich nicht anfechten läßt, tut als sehe sie es nicht, bleibt gleich und richtig auf der Strassen.«[8]

Die Nüchternheit Marias ist selbst unter den Heiligen über jeden Vergleich erhaben. Sie hat der schrecklichen Versuchung des Gedankens widerstanden: »Du bist die Mutter des Messias, die Mutter Gottes! Du bist, was jede Frau aus deinem Volk zu sein begehrte!« ... »Wer bin ich, daß die Mutter meines Herrn zu mir kommt?«, hatte Elisabet ausgerufen, als sie Maria kommen sah, und sie antwortet: »Auf die Niedrigkeit seiner Magd hat er geschaut!« Sie versenkte sich in ihr Nichts und »erhob« nur Gott, indem sie sagte: »Meine Seele preist die Größe des Herrn.« Der Herr, nicht die Magd ... Maria ist wirklich das Meisterwerk der göttlichen Gnade.

---

7   Bernhard von Clairvaux, *Sermo XVI in Canticum*, 10 (PL 183, 853).

8   Vgl. M. Luther, *Das Magnificat verdeutschet und ausgelegt*, Weimarer Ausgabe 7, S. 555 und 558.

Maria – sagte ich – versenkte sich in ihr Nichts vor Gott und blieb dort ihr ganzes Leben lang, trotz der Stürme, die über sie hereinbrachen. Das kann man an der Weise ablesen, wie sie ihrem Sohn zur Seite stand: immer abseits, schweigend, ohne Ansprüche. Sie beanspruchte nicht einmal, in der ersten Reihe zu stehen, um ihm zuzuhören, wenn er zu der Menge sprach, sondern blieb sogar »draußen«, so daß sie der Fürsprache anderer bedurfte, um mit ihm sprechen zu können (vgl. Mt 12, 46ff). Obwohl Maria die Mutter Gottes war, betrachtete sie diese besondere Nähe zu Gott nicht als einen eifersüchtig gehüteten Schatz, als ein Recht, das man geltend machen mußte, sondern sie entäußerte sich selbst, indem sie die Bezeichnung und die Haltung der Magd annahm und jeder anderen Frau gleich wurde ... Maria ist die vollkommene Inkarnation der paulinischen Paränese über die Demut: Sie strebte nicht hoch hinaus, sondern hat sich dem Geringen zugeneigt.

3. Demut und Demütigungen

Wir dürfen uns jedoch nicht der Illusion hingeben, die Demut schon erreicht zu haben, nur weil das Wort Gottes uns dahin geführt hat, unsere Nichtigkeit zu erkennen. Was wir bis jetzt besitzen, ist bestenfalls eine gewisse *Lehre* über die Demut, nicht aber die *Demut* selbst. Wie weit wir es mit der Demut selbst gebracht haben, zeigt sich, wenn die Initiative von uns auf die anderen übergeht, d. h. wenn nicht mehr wir es sind, die unsere Fehler und unser Unrecht erkennen, sondern die anderen; wenn wir nicht nur fähig sind, uns selbst die Wahrheit zu sagen, sondern auch, sie uns in ansehnlichem Ausmaß von anderen sagen zu lassen. Mit anderen Worten, es zeigt sich bei Vorwürfen und Zurechtweisungen, angesichts von Kritik und Demütigungen. Den eigenen Stolz allein überwinden zu wollen, ohne daß jemand von außen eingreift, ist wie der Versuch, sich mit eigener Hand selbst zu bestrafen: Man wird sich nie wirklich weh tun. Es ist, als wolle man sich ganz allein selbst einen Tumor herausoperieren. Es gibt Menschen (und sicher gehöre auch ich zu ihnen), die imstande sind, über sich selbst – sogar in voller Aufrichtigkeit – alles mögliche Schlechte zu sagen, das man sich vorstellen kann; Menschen, die während einer Bußliturgie Selbstanklagen von bewundernswerter Lauterkeit und einem erstaunlichen Mut vorbringen, doch sobald jemand in ihrer Umgebung ihre Bekenntnisse auch nur andeutungsweise ernst nimmt oder es wagt, selbst einen Bruchteil dessen über sie zu sagen, was sie ihrerseits vorgebracht haben, sprühen sie Funken. Offensichtlich ist bis zur wahren Demut und zur demütigen Wahrheit noch ein sehr weiter Weg zurückzulegen.

Wenn ich von einem Menschen für irgend etwas, das ich sage oder tue, gerühmt werden will, ist es fast sicher, daß dieser Mensch für das, was er als Antwort sagt oder tut, wiederum von mir gerühmt werden will. Und so geschieht es, daß jeder die eigene Ehre sucht und niemand sie erhält, und wenn sie ihm zufällig doch zuteil wird, ist es nichts anderes als eitle »Scheinehre«, die mit dem Tod in Rauch aufgeht. Doch die Wirkung ist gleichermaßen schrecklich. Jesus schrieb der Ruhmsucht sogar die Unfähigkeit zu, zum Glauben zu gelangen. Er sagte zu den Pharisäern:

»Wie könnt ihr zum Glauben kommen, wenn ihr eure Ehre voneinander empfangt, nicht aber die Ehre sucht, die von dem einen Gott kommt?« (Joh 5, 44).

Wenn wir uns in Gedanken und Bestrebungen nach menschlicher Ehre hineingezogen sehen, dann werfen wir doch mitten in das Getümmel solcher Gedanken wie eine brennende Fackel das Wort, das Jesus selbst anwendete und das er uns hinterlassen hat: »Ich bin nicht auf meine Ehre bedacht!« (Joh 8, 50). Dieses Wort hat die nahezu sakramentale Kraft, das zu bewirken, was es bezeichnet, und solche Gedanken zu zerstreuen.

Das Ringen um die Demut ist ein Kampf, der das ganze Leben andauert und sich auf alle Lebensbereiche erstreckt. Der Stolz ist imstande, sowohl aus Schlechtem als auch aus Gutem Nahrung zu beziehen und deshalb in jeder Situation und jedem »Klima« zu überleben. Ja im Unterschied zu jedem anderen Laster ist das Gute und nicht das Schlechte der bevorzugte Nährboden für diesen schrecklichen »Virus«.

»Die Eitelkeit hat so tiefe Wurzeln im Herzen des Menschen, daß ein Soldat, ein Troßknecht, ein Koch, ein Gepäckträger sich rühmt und sich einbildet, Verehrer zu haben, und selbst die Philosophen wollen sie. Und diejenigen, die gegen die Eitelkeit schreiben, streben nach dem Ruhm, gut geschrieben zu haben, und wer sie liest, nach dem Ruhm, sie gelesen zu haben; und ich, der ich das schreibe, hege vielleicht denselben Wunsch, und die es lesen werden, vielleicht auch.«9

Die Eitelkeit ist imstande, selbst unser Streben nach Demut in einen Akt des Stolzes zu verwandeln. Aber mit Hilfe der Gnade können wir auch aus diesem schrecklichen Kampf siegreich hervorgehen. Wenn nämlich dein alter Mensch es fertig bringt, selbst deine Demutsakte in eine Haltung des Stolzes zu verwandeln, dann verwandle du mit Hilfe der Gnade sogar deine Akte des Stolzes in eine Demutshandlung, indem du sie eingestehst. Indem du demütig eingestehst, daß du ein hochmütiges Nichts bist. So wird Gott sogar durch unseren Stolz verherrlicht.

In diesem Kampf pflegt Gott den Seinen mit einem äußerst wirkungsvollen und einzigartigen Mittel zu Hilfe zu kommen. Der hl. Paulus schreibt:

»Damit ich mich wegen der einzigartigen Offenbarungen nicht überhebe, wurde mir ein Stachel ins Fleisch gestoßen: ein Bote Satans, der mich mit Fäusten schlagen soll, damit ich mich nicht überhebe« (2 Kor 12, 7).

Damit der Mensch »sich nicht überhebt«, d. h. nicht wieder an die Wasseroberfläche zurückgetrieben wird, nachdem er die Perle gefun-

9   B. Pascal, *Pensées,* Nr. 150 (Brunschvicg).

den hat, macht Gott ihn mit einer Art Anker am Boden fest: Er legt ihm »eine drückende Last auf die Schulter« (Ps 66, 11). Wir wissen nicht, was genau dieser »Stachel im Fleisch« und dieser »Bote Satans« für Paulus war, aber wir wissen sehr wohl, worin er für uns besteht! Jeder, der dem Herrn nachfolgen und der Kirche dienen will, hat so etwas. Es sind demütigende Situationen, durch die man ständig – manchmal Tag und Nacht – an die harte Wirklichkeit dessen erinnert wird, was wir sind. Es kann ein Fehler, eine Krankheit, eine Schwäche, ein Unvermögen sein, die der Herr trotz aller flehentlicher Bitten nicht von uns nimmt: eine hartnäckige und demütigende Versuchung – vielleicht gerade eine Versuchung zum Hochmut! Oder ein Mensch, mit dem man zusammenleben muß und der trotz der Redlichkeit auf beiden Seiten die Macht hat, unsere Anfälligkeit bloßzulegen, unsere Anmaßung niederzureißen. Manchmal handelt es sich um etwas noch Schwerwiegenderes: es sind Situationen, in denen der Diener Gottes machtlos das Scheitern all seiner Bemühungen erleben muß und sich Dingen gegenübersieht, die seine Kräfte übersteigen, die ihn seine Ohnmacht gegenüber der Macht des Bösen und der Finsternis hautnah spüren lassen. Vor allem dann lernt er, was es heißt, sich »in Demut unter die mächtige Hand Gottes« zu beugen (vgl. 1 Petr 5, 6).

In diesem Kapitel haben wir versucht, uns in den Kerker unseres Nichts einzuschließen. Bevor wir jedoch zum Ende unserer Überlegungen kommen, ist noch etwas anzumerken, daß nämlich auch das zeitgenössische philosophische Denken versucht hat, den Menschen in den Kerker seines Nichts einzuschließen. Doch wie anders und schrecklich ist dieser zweite Kerker, zu dem Gott keinen Zutritt hat! Wir kommen darauf zu sprechen, damit wir uns bewußt werden, vor welchem Abgrund uns der Glaube rettet.

Ein bekannter Denker unserer Zeit hat sich gefragt, welches denn jener »feste, sichere und unüberwindliche Kern« sei, an den das »Gewissen« den Menschen verweist und auf den sich seine Existenz gründen muß, um »authentisch« zu sein. Und seine Antwort lautete: sein Nichts! Alle Möglichkeiten des Menschen sind in Wirklichkeit Unmöglichkeiten. Jeder Versuch, sich »zu entwerfen« – aus sich etwas zu machen – und sich zu erheben, ist ein Sprung aus dem Nichts ins Nichts.

»Die existenziale Nichtigkeit hat keineswegs den Charakter einer Privation, eines Mangels gegenüber einem ausgesteckten Ideal, das im Dasein nicht erreicht wird, sondern das Sein dieses Seienden ist vor allem, was es entwerfen kann und meist erreicht, als Entwerfen schon nichtig.«[10]

Eine authentische Existenz ist demnach diejenige, welche die radikale Nichtigkeit der Existenz begreift und weiß, daß sie »auf den Tod hin lebt«. Die einzige Möglichkeit, die dem Menschen bleibt, ist, diese seine Nichtigkeit zu akzeptieren und resigniert – wie man so sagt – aus der Not eine Tugend zu machen. Das weltliche Denken, das sich seinerzeit gegen die christliche Verkündigung der Demut zu wehren pflegte, ist also selbst dahin gelangt, eine Form von Demut und Nüchternheit zu proklamieren, die nicht weniger radikal ist als die christliche, nur daß sie im Unterschied zu dieser ausweglos ist. Nicht »Tugend«, sondern eben »Not«. Auch nach dem Evangelium haben wir offensichtlich von uns aus keinerlei »Möglichkeit« – weder des Denkens, noch des Wollens, noch des Tuns –, aber wir wissen und erfahren ganz konkret, daß im Glauben Gott uns in Christus jegliche Möglichkeit bietet, denn »alles kann, wer glaubt« (Mk 9, 23). Das Positive, das aus dieser flüchtigen Gegenüberstellung mit dem existentialistischen Denken unserer Zeit hervorgeht, ist die unerwartete Bestätigung des Faktums, daß Demut Wahrheit ist und daß man nicht »authentisch« ist, wenn man nicht demütig ist. Und das spornt uns an, diese evangelische Tugend noch mehr zu lieben und zu pflegen.

10   M. Heidegger, *Sein und Zeit*, Tübingen 1953, S. 285.

4. Die Demut als Nachahmung Christi

Um die wirkliche Auffassung des Apostels von der Demut in ihrer Ganzheit kennenzulernen, ist es nötig, noch einen anderen seiner Texte zu berücksichtigen, der im Brief an die Philipper steht. Dort schreibt er:

>»Macht meine Freude dadurch vollkommen, daß ihr eines Sinnes seid, einander in Liebe verbunden, einmütig und einträchtig, daß ihr nichts aus Ehrgeiz und nichts aus Prahlerei tut. Sondern in Demut schätze einer den andern höher ein als sich selbst. Jeder achte nicht nur auf das eigene Wohl, sondern auch auf das der anderen. Seid genauso gesinnt, wie Christus gesinnt war ...« (Phil 2, 2–5).

Neben den zahlreichen und fast wörtlichen Übereinstimmungen bringt dieser Text jedoch auch neue Elemente im Vergleich zu dem des Römerbriefes.

Das erste neue Element besteht im *Begriff* selbst, mit dem die Demut bezeichnet wird. Während im Römerbrief der sozusagen technische Terminus für Demut im paulinischen Vokabular noch fehlt, erscheint er hier in großer Deutlichkeit. Jetzt ist nicht mehr bloß von Nüchternheit *(sophrosyne)* die Rede, sondern auch von Demut *(tapeinophrosyne)*. Indem der Apostel diesen zusammengesetzten Ausdruck verwendet, der »demütig *(tapeino)* empfinden *(phronein)*« bedeutet und den er anscheinend selbst geprägt hat, löst er die bis dahin bestehende Zweideutigkeit des gewöhnlich für Demut verwendeten Wortes *(tapeinosis)* auf. Wie bereits im Zusammenhang mit der Demut Marias erörtert, kann dieser Begriff nämlich sowohl eine *objektive* Bedeutung haben, in der er eine *tatsächliche* Niedrigkeit oder ärmliche *Verhältnisse* bezeichnet, als auch eine *subjektive* Bedeutung, die eine bescheidene *Selbsteinschätzung* zum Ausdruck bringt. Mit dem neuen Terminus setzt Paulus den Akzent deutlich auf diese letztere Bedeutung, die nicht eine äußere Gegebenheit widerspiegelt, sondern eine innere Herzenshaltung, d. h. auf das, was wir heute die Tugend der Demut nennen.

Das zweite neue Element betrifft den *Beweggrund* der Demut oder ihr Fundament – mit anderen Worten: das »Warum« der Demut. In der Sicht des Römerbriefes war die Antwort: Man muß demütig sein, weil die Demut Wahrheit ist. Dieser Beweggrund behält weiter seine volle Gültigkeit. Er wird jedoch jetzt durch einen zweiten, absolut neuen ergänzt: durch die Nachahmung Christi.

»Seid genauso gesinnt, wie Christus gesinnt war: Er ... erniedrigte sich« (Phil 2, 5.8).

Hier ist das Hauptmotiv für die Demut nicht mehr eine Idee, sondern ein Mensch, nicht mehr ein abstraktes Prinzip, sondern ein Ereignis: »Er erniedrigte sich.« Aus einem Werk des Menschen ist die Demut nun zu einem Werk Gottes geworden, das der Mensch kopieren soll. Gott hat an uns gehandelt wie ein Vater, der seinem Kind etwas Bestimmtes beibringen will, zum Beispiel ein Haus zu zeichnen. Zuerst gibt er ihm Anweisungen, ein Blatt Papier, Buntstifte ... Das Kind versucht und versucht, bringt es aber nicht zustande. Schließlich nimmt der Vater das Blatt und macht vor den Augen des Kindes selbst die Zeichnung; dann sagt er zu ihm, er solle es nachzeichnen. Genauso ist Gott auch mit uns verfahren: Zuerst, unter dem Gesetz, hat er uns die Demut als ein Werk vorgestellt, das es zu vollbringen gilt, dann aber, im Evangelium, hat er uns die Demut als ein Werk gegeben, das nachzuahmen ist. Gott befiehlt dem Menschen nicht mehr, wie er es unter dem Gesetz getan hatte: »Geh und nimm den letzten Platz ein!«, sondern er sagt: »Komm, und nimm den letzten Platz ein!« Er drängt ihn nicht bloß zur Demut, sondern er zieht ihn zu ihr hin:

»Lernt von mir, denn ich bin gütig und von Herzen demütig!«
(Mt 11, 29).

Aber was meint Jesus damit? In welcher Hinsicht sollen wir seine Demut nachahmen? Worin war Jesus demütig? Wenn wir die Evangelien durchgehen, finden wir niemals auch nur das geringste Eingeständnis von Schuld im Munde Jesu, weder wenn er mit den Menschen, noch wenn er mit dem Vater spricht. Das ist – nebenbei bemerkt – einer der verborgensten aber auch der überzeugendsten Beweise für die Gottheit Christi und die absolute Einmaligkeit seines Bewußtseins. Bei keinem Heiligen, keinem Großen der Geschichte und keinem Religionsgründer begegnet man einem solchen Unschuldsbewußtsein. Alle geben mehr oder weniger zu, irgendeinen Fehler begangen zu haben und für irgend etwas Verzeihung erlangen zu müssen, zumindest von Gott. Gandhi zum Beispiel war sich in aller Klarheit bewußt, bei einigen Anlässen falsche Positionen bezogen zu haben; auch er hatte seine Gewissensbisse. Jesus nie. Er kann zu seinen Gegnern sagen: »Wer von euch kann mir eine Sünde nachweisen?« (Joh 8, 46). Jesus erklärt, »Meister und Herr« zu sein (vgl. Joh 13, 13) und mehr zu sein als Abraham, Mose, Jona und Salomon. Wo ist also die Demut Jesu, daß er sagen kann: »Lernt von mir, denn ich bin demütig«?

An diesem Punkt machen wir eine wichtige Entdeckung. Die Demut besteht nicht hauptsächlich darin, *klein zu sein*, denn man kann klein und unbedeutend sein, ohne demütig zu sein; sie besteht nicht hauptsächlich darin, sich *klein zu fühlen*, denn man kann sich so fühlen und es tatsächlich sein, und das wäre Objektivität und noch keine Demut; abgesehen davon, daß das Gefühl, klein und unbedeutend zu sein, auch auf einem Minderwertigkeitskomplex beruhen und zu innerer Emigration und Verzweiflung führen kann, anstatt zur Demut. Die Demut an sich in ihrer höchsten Vollendung liegt also nicht darin, klein zu sein, und auch nicht darin, sich klein zu fühlen, sondern darin, sich *klein zu machen*, mit anderen Worten, sich zu erniedrigen! Die größte Demut ist nicht die *objektive* (die *tapeinosis* im Sinne von Niedrigkeit) und auch nicht die *subjektive*, sondern die *operative* Demut, die Demut, die sich im Handeln ausdrückt.

Die vollkommene Demut besteht also darin, sich zu erniedrigen, und das nicht notgedrungen oder um eines persönlichen Vorteils willen, sondern aus Liebe, um die anderen »zu erhöhen«. Solcher Art war die Demut Jesu. Er hat seine Selbsterniedrigung um unseretwillen sogar bis in die »Ver-nichtung« getrieben. Die Demut Jesu ist die Demut, die von Gott herabkommt und ihr höchstes Vorbild in Gott hat, nicht im Menschen. Gott nämlich *ist* nicht klein, noch *fühlt* er sich klein, sondern er hat sich klein *gemacht*, und zwar aus Liebe. Die griechischen Kirchenväter gebrauchten in diesem Zusammenhang das Wort *synkatabasis*, das zweierlei bezeichnet: das Herabsteigen Gottes und zugleich das Motiv, das ihn dazu drängt, nämlich seine Liebe zum Menschen, mit anderen Worten sein »Sich-Erniedrigen« und seine »Zu-Neigung«. Gott kann sich – in der Position, in der er sich befindet – nicht »erhöhen«; über ihm gibt es nichts. Wenn Gott »aus sich herausgeht« und etwas tut, was sich außerhalb der Trinität vollzieht, kann das immer nur ein Sich-Erniedrigen, ein Sich-klein-Machen sein; es kann – mit anderen Worten – nichts anderes sein als Demut. In diesem Licht erscheint uns die gesamte Heilsgeschichte als die Geschichte der ständig aufeinander folgenden Demütigungen Gottes. Als Gott die Welt erschafft, »läßt er sich herab«, als er sich anpaßt, um sich im Gestammel der ärmlichen menschlichen Sprache auszudrücken, und die Bibel inspiriert, »läßt er sich herab«. Als Gott sich inkarniert, ist das die äußerste Demütigung, die alle anderen krönt. »Seht, Brüder, die Demut Gottes!«, rief der hl. Franz von Assisi erstaunt aus. »Jeden Tag erniedrigt er sich so wie damals, als er von seinem königlichen Thron herabkam in den Schoß der seligen Jungfrau.«[11] In seinem *Lob des Allerhöchsten Gottes*, dessen handschriftliches Original in Assisi aufbewahrt wird, fügt der Heilige in seiner Aufzählung der Vollkommenheiten Gottes (»Du bist der Heilige. Du bist der Starke. Du bist der Dreifaltige und Eine. Du bist die Liebe. Du bist die Weisheit ...«) an einem gewissen Punkt hinzu: »Du bist die Demut!«[12] Damit hat der Heilige eine der einfachsten und schönsten Definitionen Gottes gegeben. Nur Gott ist wirklich demütig. Wir müssen aus diesem tiefsten Grunde, der alle anderen Motive an Sinntiefe übertrifft, demütig sein: um diese Eigenschaft von unserem himmlischen Vater zu »erben« und ihm ähnlich zu sein – und nicht dem »Vater der Lüge«, der im

11 Franz von Assisi, *Brief an das Generalkapitel*, 28, und *Ermahnungen*, 1.

12 Ders., *Lobpreis Gottes*.

Gegensatz zu ihm stets danach strebt, sich zu »erhöhen« und seinen Thron im Himmel aufzurichten. Der hl. Franz macht »Schwester Wasser« zum Symbol der Demut und umschreibt sie als »nützlich, *demütig*, kostbar und rein«. Das Wasser »erhöht« sich nämlich nie, niemals steigt es bergauf, sondern fließt immer »abwärts«, bis es den tiefstmöglichen Punkt erreicht hat.

Nun wissen wir, was das Wort Jesu: »Lernt von mir, denn ich bin demütig« sagen will. Es ist eine Aufforderung, uns aus Liebe klein zu machen, den anderen »die Füße zu waschen«. An Jesus sehen wir jedoch auch den Ernst dieser Wahl. Es geht nämlich nicht darum, sich ab und zu einmal zu erniedrigen und klein zu machen, wie ein König, der in seiner Großmut gelegentlich geruht, unter das Volk zu gehen und ihm vielleicht sogar in irgendeiner Weise zu dienen. Jesus wurde in gleicher Weise »klein«, wie er »Fleisch« wurde, d. h. dauerhaft, bis zum Letzten. Er traf die Wahl, zur *Kategorie* der Kleinen und Niedrigen zu gehören. Auch das bedeutet »gütig und von Herzen demütig«: eine Zugehörigkeit zum Volk der Niedrigen und Armen Gottes. Aus der Demut, die ich operativ oder »tatorientiert« genannt habe, erwächst eine neue Objektivität, d. h. eine neue *Lage* der Niedrigkeit, die jedoch nicht mehr bloß ererbt, auferlegt oder erlitten ist, sondern frei gewählt: klein sein mit den Kleinen und auf der Seite der Kleinen stehen.

Dieses neue Antlitz der Demut läßt sich in einem Wort zusammenfassen: Dienst. Eines Tages – so liest man im Evangelium – hatten die Jünger miteinander diskutiert, wer wohl »der Größte« unter ihnen sei. Da »setzte Jesus sich« – gleichsam um der Lektion, die er erteilen wollte, mehr Gewicht zu verleihen –, rief die Zwölf zu sich und sagte zu ihnen:

»Wer der Erste sein will, soll der Letzte von allen und der Diener aller sein« (Mk 9, 35).

Wer der »Erste« sein will, soll der »Letzte« sein, d. h. soll hinabsteigen, soll sich erniedrigen. Dann aber erklärt er sogleich, was er unter dem Begriff »der Letzte« versteht: Er soll »Diener aller« sein. Die von

Jesus geforderte Demut ist also Dienst. Im Matthäus-Evangelium wird diese Lektion Jesu noch durch ein Beispiel bekräftigt:

>»Denn auch der Menschensohn ist nicht gekommen, um sich dienen zu lassen, sondern um zu dienen« (Mt 20, 28).

Wieviel Neues ist in diesen einfachen Worten über die Demut enthalten! In ihnen geschieht unter anderem eine vollkommene »Aussöhnung« der beiden Tugenden der Demut und der Großmut miteinander. Nach dem Evangelium ist gerade die Demut das Maß der Großmut: »Wer der *Erste* sein will ...«, »wer bei euch *groß* sein will ...« (Mt 20, 26f): Es ist also durchaus legitim, »den ersten Platz einnehmen« und Großes vollbringen zu wollen. Nur hat sich die Weise, das zu verwirklichen, mit dem Evangelium geändert. Es geschieht nicht mehr auf Kosten der anderen, indem man sie unterdrückt wie die Herrscher ihre Völker (vgl. Mt 20, 25), sondern zu ihrem Vorteil. Das Evangelium hat die Werteskala im Vergleich zu der alten, von der Sünde aufgestellten und gefestigten Ordnung auf den Kopf gestellt. Man muß sich klein machen, um wirklich groß zu werden. Die Heiligen haben diese neue und schönere Großmut verwirklicht, die sich nicht nur an dem mißt, was man tut, sondern auch und vor allem daran, mit welcher inneren Einstellung man es tut, d. h. an der Liebe. Sie waren auf göttliche Weise großmütig, nicht auf menschliche.

Beschließen wir diese Meditation über die Demut betend, mit Psalm 131, der so sehr in Einklang steht mit der paulinischen Lehre von der Demut, die mit der Nüchternheit verschmolzen ist:

>»Herr, mein Herz ist nicht stolz,
>nicht hochmütig blicken meine Augen.
>Ich gehe nicht um mit Dingen,
>die mir zu wunderbar und zu hoch sind.
>Ich ließ meine Seele ruhig werden und still;
>wie ein kleines Kind bei der Mutter
>ist meine Seele still in mir.«

»Durch den Gehorsam des einen ...«

Der Gehorsam gegenüber Gott im christlichen Leben

Bei der Beschreibung der Wesenszüge oder Tugenden, die im Leben der aus dem Geist Wiedergeborenen leuchten müssen – »was Gott gefällt, was gut und vollkommen ist« (Röm 12, 2) – kommt der hl. Paulus nach seinen Ausführungen über die Liebe und die Demut im 13. Kapitel auch auf den Gehorsam zu sprechen:

»Jeder leiste den Trägern der staatlichen Gewalt den schuldigen Gehorsam; denn es gibt keine staatliche Gewalt, die nicht von Gott stammt; jede ist von Gott eingesetzt. Wer sich daher der staatlichen Gewalt widersetzt, stellt sich gegen die Ordnung Gottes« (Röm 13, 1f).

Der folgende Abschnitt, wo vom Schwert und von den Steuern die Rede ist, wie auch der Vergleich mit anderen Texten des Neuen Testaments zu demselben Thema (vgl. Tit 3, 1; 1 Petr 2, 13–15) zeigen in aller Deutlichkeit, daß der Apostel hier mit dem Wort *exousia* nicht von der Autorität im allgemeinen und von jeder Amtsgewalt spricht, sondern nur von der öffentlichen und staatlichen Gewalt, was die modernen Übersetzungen entsprechend berücksichtigen. Der hl. Paulus behandelt hier einen Teilaspekt des Gehorsams, der zum Zeitpunkt, zu dem er schrieb, und vielleicht auch in der Gemeinde, an die er schrieb, in besonderer Weise wahrgenommen wurde. Es war der Moment, als im Herzen des palästinensischen Judentums die zelotische Erhebung gegen Rom reifte, die wenige Jahre später mit der Zerstörung Jerusalems enden sollte. Das Christentum war aus dem Judentum hervorgegangen; viele Mitglieder der christlichen Gemeinde, auch der von Rom, waren konvertierte Juden. So stellte sich das Problem, ob man dem römischen Staat gehorchen sollte oder nicht, indirekt auch den Christen. Die apostolische Kirche stand vor einer ausschlaggebenden Entscheidung. Der hl. Paulus – wie im übrigen das ganze Neue Testament – löst das Problem im Licht des Verhaltens und der Worte Jesu, speziell seiner Aussage über die kaiserlichen Steuern (vgl. Mk 12, 17). Das von Christus verkündete Reich »ist nicht von dieser Welt«, d. h. es ist nicht nationaler oder politischer Natur. Es kann daher unter jedwedem politischen Regime leben, indem es dessen Vorteile (wie z. B. das römische Bürgerrecht) wahrnimmt, aber zugleich auch dessen Gesetze akzeptiert. Kurz, das Problem wird im Sinne des Gehorsams gegenüber dem Staat gelöst. Der Gehorsam gegenüber dem Staat ist eine Konsequenz und ein Aspekt eines weit bedeutenderen und umfassenderen Gehorsams, den der Apostel als »Gehorsam gegenüber dem Evangelium« bezeichnet (vgl. Röm 10, 16).

Wir können unsere Ausführungen über den Gehorsam natürlich nicht auf diesen einen Aspekt des Gehorsams gegenüber dem Staat begrenzen. Der hl. Paulus zeigt uns den Zusammenhang, in dem die Rede vom christlichen Gehorsam ihren Platz hat, sagt uns aber in diesem einen Text nicht alles, was über diese Tugend gesagt werden kann. Er zieht hier die Konsequenzen aus vorher im Römerbrief selbst und auch anderswo aufgestellten Prinzipien, und wir müssen uns auf die Suche nach diesen Prinzipien begeben, um etwas über den Gehorsam aussagen zu können, das für uns heute nützlich und aktuell ist. Wir müssen zur Entdeckung des »wesentlichen« Gehorsams gelangen, aus dem jeder spezielle Gehorsam, einschließlich jener gegenüber der zivilen Macht, hervorgeht. Es gibt nämlich einen Gehorsam, der alle betrifft – Vorgesetzte wie Untergebene, Ordensangehörige wie Laien –, der der wichtigste von allen ist, der alle anderen »orientiert« und belebt, und dieser Gehorsam ist nicht der eines Menschen gegenüber einem anderen, sondern es ist der Gehorsam des Menschen gegenüber Gott. Dieser Gehorsam ist es, den wir unter der Anleitung des Wortes Gottes entdecken wollen. Jemand hat behauptet, wenn es heute ein Gehorsamsproblem gebe, so betreffe es nicht das bereitwillige Hören auf den Heiligen Geist – auf den sich im Gegenteil anscheinend jeder gern beruft –, sondern vielmehr die Unterwerfung unter eine Hierarchie, unter menschliche Gesetze und Autoritäten. Auch ich bin überzeugt, daß es so ist. Aber gerade um diesen konkreten Gehorsam gegenüber dem Gesetz und der sichtbaren Autorität wieder möglich zu machen, müssen wir vom Gehorsam gegenüber Gott und seinem Geist ausgehen. Deswegen vertrauen wir uns dem Heiligen Geist an, damit er uns bei der Hand führt auf unserem Weg, den wir nun gehen wollen, um das große Geheimnis des Gehorsams wiederzuentdecken.

1. Der Gehorsam Christi

Es ist relativ einfach, die Natur und den Ursprung des christlichen Gehorsams zu entdecken: Es genügt zu schauen, aufgrund welchen Verständnisses von Gehorsam Jesus von der Schrift als »der Gehorsame« bezeichnet wird. Auf diese Weise geht uns sogleich auf, daß das wahre Fundament des christlichen Gehorsams nicht eine *Idee* des Gehorsams, sondern ein *Akt* des Gehorsams ist; nicht ein abstraktes Prinzip (»der Untergebene muß dem Vorgesetzten unterworfen sein«), sondern ein Ereignis. Es ist nicht auf eine »vorgegebene natürliche Ordnung« gegründet, sondern gründet und bildet selbst eine neue Ordnung. Es liegt nicht in der Vernunft (der *recta ratio*), sondern im Kerygma. Und dieses Fundament besteht darin, daß Christus »gehorsam bis zum Tod« war (Phil 2, 8), daß Christus

> »durch Leiden den Gehorsam gelernt hat und, zur Vollendung gelangt, für alle, die ihm gehorchen, der Urheber des ewigen Heils geworden ist« (vgl. Hebr 5, 8f).

Das leuchtende Zentrum, von dem aus die ganze Erörterung über den Gehorsam im Römerbrief Licht erhält, ist Röm 5, 19: »Durch den Gehorsam des einen werden die vielen zu Gerechten gemacht werden.« Der Gehorsam Christi ist die unmittelbare und geschichtliche Quelle der Gerechtmachung; beides ist eng miteinander verbunden. Wer den Stellenwert kennt, den im Römerbrief die Gerechtmachung einnimmt, kann aus diesem Text erkennen, welchen Stellenwert darin der Gehorsam hat! Für das Neue Testament ist der Gehorsam Christi nicht nur das erhabenste *Beispiel* von Gehorsam, sondern er ist sein *Fundament*. Er ist die »Konstitution« (also die »Grundlegung« und die »Verfassung«) des Reiches Gottes!

Versuchen wir, dem Wesen dieses Gehorsams*aktes* auf die Spur zu kommen, auf den die neue Ordnung gegründet ist; mit anderen Worten: versuchen wir zu erkennen, worin der Gehorsam Christi bestand. Als Kind gehorchte Jesus seinen Eltern; später, als Erwachsener, unterwarf er sich dem mosaischen Gesetz, dem Hohen Rat, dem Pilatus ... Aber an keine dieser Formen des Gehorsams denkt der hl. Paulus. Er denkt vielmehr an den Gehorsam Christi gegenüber dem Vater. Der Gehorsam Christi wird nämlich als die genaue Antithese zum Ungehorsam Adams betrachtet:

»Wie durch den Ungehorsam des einen Menschen die vielen zu Sündern wurden, so werden auch durch den Gehorsam des einen die vielen zu Gerechten gemacht werden« (Röm 5, 19; vgl. 1 Kor 15, 22).

Auch im Hymnus des Philipperbriefes wird der Gehorsam Christi »bis zum Tod, bis zum Tod am Kreuz« (unausdrücklich) dem Ungehorsam Adams gegenübergestellt, der »wie Gott« werden wollte (vgl. Phil 2, 6ff; Gen 3, 5). Aber gegen wen war Adam ungehorsam? Sicher nicht gegen Eltern, Autoritäten und Gesetze ... Er war ungehorsam gegen Gott. Am Ursprung allen Ungehorsams steht ein Ungehorsam gegen Gott, und am Ursprung allen Gehorsams steht der Gehorsam gegen Gott.

Der hl. Irenäus interpretiert den Gehorsam Jesu im Licht der Lieder vom Gottesknecht als eine innere, absolute Unterwerfung unter Gott, die in extrem schwieriger Situation verwirklicht wurde:

»Jene Sünde, die durch einen Baum entstanden war, wurde durch den Gehorsam an einem Baum aufgehoben, denn im Gehorsam gegen Gott wurde der Menschensohn ans Holz geschlagen und vernichtete so die Erkenntnis des Bösen und führte die Erkenntnis des Guten ein und ließ sie die Welt durchdringen. Das Böse ist, Gott nicht zu gehorchen, so wie Gott zu gehorchen das Gute ist. Deshalb spricht das WORT durch den Propheten Jesaja: ›Ich lehne mich nicht auf und widerspreche nicht. Meinen Rücken bot ich den Schlägen und meine Wangen den Backenstreichen und verbarg nicht mein Antlitz vor Beschimpfung und Speichel‹ [Jes 50, 5f]. Kraft dieses Gehorsams also, den er, am Holz hängend, bis zum Tod leistete, löste er jenen alten Ungehorsam auf, der am Holz geschehen war.«[1]

Der Gehorsam steht über dem gesamten Leben Jesu. Wenn der hl. Paulus und der Brief an die Hebräer den Stellenwert des Gehorsams in Jesu Tod betonen, vervollständigen der hl. Johannes und die Synoptiker das Bild, indem sie den Stellenwert hervorheben, den der Gehorsam im Leben Jesu, in seinem Alltag innehatte. Im Johannes-Evangelium sagt Jesus über sein Verhältnis zum Vater:

»Meine Speise ist es, den Willen dessen zu tun, der mich gesandt hat« und »Ich tue immer, was ihm gefällt« (Joh 4, 34; 8, 29).

Der Gehorsam Jesu gegenüber dem Vater vollzieht sich vor allem durch den Gehorsam gegenüber dem geschriebenen Wort. Bei den Versuchungen in der Wüste besteht der Gehorsam Jesu darin, an die Worte Gottes zu erinnern – »Es steht geschrieben!« – und sich an sie zu halten. Die Worte Gottes werden unter der aktuellen Einwirkung des Geistes zu Überbringern des lebendigen Willens Gottes und offenbaren ihren »verbindlichen« Charakter als Befehle Gottes. Darin also besteht der Gehorsam des neuen Adam in der Wüste. Lukas schließt seinen Bericht über dieses Ereignis ab, indem er erzählt, daß nach

---

[1] Irenäus von Lyon, *Darlegung der apostolischen Verkündigung*, 34.

dem letzten »Es steht geschrieben« Jesu »der Teufel von ihm abließ« (vgl. Lk 4, 12f) und daß Jesus »erfüllt von der Kraft des Geistes« nach Galiläa zurückkehrte (Lk 4, 14). Der Heilige Geist wird denen verliehen, die »Gott gehorchen« (vgl. Apg 5, 32). Der hl. Jakobus sagt: »Ordnet euch Gott unter, leistet dem Teufel Widerstand; dann wird er vor euch fliehen« (Jak 4, 7). Und so ist es bei den Versuchungen Jesu geschehen. Der Gehorsam Jesu erstreckt sich in besonderer Weise auf die Worte, die »im Gesetz, bei den Propheten und in den Psalmen« über ihn und für ihn geschrieben sind und die er als Mensch Schritt für Schritt entdeckt, je weiter er im Verständnis und in der Erfüllung seiner Sendung voranschreitet. Die vollkommene Übereinstimmung der Weissagungen des Alten Testamentes mit den Taten Jesu, die bei der Lektüre des Neuen Testamentes auffällt, kann nicht durch die Behauptung erklärt werden, diese Weissagungen seien erst nachträglich auf die Taten Jesu bezogen worden und insofern von ihnen abhängig, sondern umgekehrt durch die Feststellung, daß die Taten von den Weissagungen abhängen: Jesus hat in vollkommenem Gehorsam »ausgeführt«, was der Vater über ihn »geschrieben« hatte. Als einer der Seinen sich der Gefangennahme Jesu widersetzen will, sagt er:

»Wie würde dann aber die Schrift erfüllt, nach der es so geschehen muß?« (Mt 26, 54).

Das Leben Jesu ist gleichsam von einer Leuchtspur geleitet, welche die anderen nicht sehen und die aus den Worten gebildet ist, die für ihn geschrieben sind; er entnimmt aus den Schriften das »Muß«, das sein ganzes Leben bestimmt.

Die Größe des Gehorsams Jesu kann man *objektiv* ermessen »an seinem Leiden« und *subjektiv* an der Liebe und der Freiheit, mit der er gehorchte. In Jesus leuchtet in höchstem und grenzenlosem Maß der »kindliche« Gehorsam auf. Sogar in den extremsten Momenten – als der Vater ihm den Kelch der Passion zu trinken gibt – verstummt auf seinen Lippen nie der kindliche Ruf: »Abba!«. »Mein Gott, mein Gott, warum hast du mich verlassen?« ruft er am Kreuz aus (Mt 27, 46);

aber nach Lukas fügt er sogleich hinzu: »Vater, in deine Hände lege ich meinen Geist« (Lk 23, 46). Am Kreuz hat Jesus sich ganz »auf den Vater verlassen, der ihn verlassen hatte«! Das ist der Gehorsam bis zum Tod; das ist »der Fels unseres Heiles«.

2. Der Gehorsam als Gnade: die Taufe

Im fünften Kapitel des Römerbriefes stellt der hl. Paulus uns Christus als den Stammvater der Gehorsamen vor, im Gegensatz zu Adam, der der Stammvater der Ungehorsamen war. Im folgenden, dem sechsten Kapitel, legt der Apostel dar, auf welche Weise wir in die Sphäre dieses Geschehens Eingang finden, nämlich durch die Taufe. Zunächst stellt Paulus ein Prinzip auf: Wenn du dich freiwillig unter die Jurisdiktion eines anderen stellst, bist du danach verpflichtet, ihm zu dienen und zu gehorchen:

> »Ihr wißt doch: Wenn ihr euch als Sklaven zum Gehorsam verpflichtet, dann seid ihr Sklaven dessen, dem ihr gehorchen müßt; ihr seid entweder Sklaven der Sünde, die zum Tod führt, oder des Gehorsams, der zur Gerechtigkeit führt« (Röm 6, 16).

Nachdem der Grundsatz feststeht, erinnert Paulus nun an das Faktum: Die Christen haben sich in der Tat freiwillig unter die Jurisdiktion Christi begeben, und zwar an dem Tag, als sie ihn in der Taufe als ihren Herrn anerkannten:

> »Ihr wart Sklaven der Sünde, seid jedoch von Herzen der Lehre gehorsam geworden, an die ihr übergeben wurdet. Ihr wurdet aus der Macht der Sünde befreit und seid zu Sklaven der Gerechtigkeit geworden« (Röm 6, 17f).

In der Taufe hat ein Herrschaftswechsel, ein Wechsel von einem Lager zum anderen stattgefunden: von der Sünde zur Gerechtigkeit, vom Ungehorsam zum Gehorsam, von Adam zu Christus. Die Liturgie bringt all das durch die Gegenüberstellung von »Ich widersage ...« und »Ich glaube ...« zum Ausdruck. Im Altertum gab es in einigen Taufriten Gesten, die dieses innere Geschehen sozusagen sichtbar machten. Zuerst wendete sich der Täufling gen Westen – Symbol der Finsternis – und drückte durch Zeichen seine Ablehnung und Distanzierung von Satan und seinen Werken aus; danach wandte er sich dem Osten zu – Symbol des Lichtes – und begrüßte mit einer tiefen Verneigung Christus als seinen neuen Herrn. Es war, wie wenn in einem Krieg zwischen zwei Reichen ein Soldat das Heer des Tyrannen verläßt, um sich dem des Befreiers anzuschließen.

Der Gehorsam ist also für das christliche Leben gewissermaßen konstitutiv; er ist die praktische und notwendige Kehrseite der Annahme der Herrschaft Christi. Es gibt keine funktionierende Herrschaft, wenn seitens des Menschen kein Gehorsam vorhanden ist. In der Taufe haben wir einen Herrn, einen *Kyrios* anerkannt, aber einen »gehorsamen« Herrn, einen, der gerade aufgrund seines Gehorsams zum Herrn geworden ist (vgl. Phil 2, 8–11), einen, dessen Herrschaft sozusagen wesenhaft geprägt ist vom Gehorsam. Hier ist der Gehorsam nicht so sehr *Untertänigkeit* als vielmehr *Ähnlichkeit;* einem solchen Herrn zu gehorchen, bedeutet, ihm ähnlich zu sein, denn auch er hat gehorcht.

Zu diesem Punkt finden wir eine glänzende Bestätigung des paulinischen Gedankens im 1. Petrusbrief. Die Gläubigen sind

»von Gott, dem Vater, von jeher ausersehen und durch den Geist geheiligt, um Jesus Christus gehorsam zu sein« (1 Petr 1, 2).

Die Christen sind ausersehen und geheiligt, »um zu gehorchen«; die christliche Berufung ist eine Berufung zum Gehorsam! Wenig später in demselben Text werden die Christen mit einer sehr eindrucksvollen Formulierung als »Kinder des Gehorsams« *(tekna hypakoés)* definiert (1 Petr 1, 14), d. h. als geboren aus der Entscheidung, Christus zu gehorchen. Es ist nicht richtig, den Ausdruck mit »gehorsame Kinder« zu übersetzen, als handele es sich um einen bloßen Hebraismus, denn der Autor erläutert sogleich, daß die Christen in ihrer Taufe »gereinigt« worden sind »durch den Gehorsam gegenüber der Wahrheit« (vgl. 1 Petr 1, 22). Der Kontext ist kerygmatisch, nicht moralisch.

Wir ersehen daraus, daß der Gehorsam nicht in erster Linie Tugend, sondern Geschenk, weniger Gesetz als vielmehr Gnade ist. Der Unterschied zwischen beidem besteht darin, daß das Gesetz das Tun *vorschreibt*, während die Gnade das Tun *schenkt* bzw. ermöglicht. Der Gehorsam ist zunächst Werk Gottes in Christus, das dann dem Gläubigen vor Augen geführt wird, damit er ihn seinerseits durch eine getreue Nachahmung in seinem Leben ausprägt. Wir haben – mit anderen Worten – nicht nur die *Pflicht* zu gehorchen, sondern wir besitzen nunmehr auch die *Gnade* zu gehorchen!

Der christliche Gehorsam wurzelt also in der Taufe; durch die Taufe sind alle Christen gewissermaßen durch ein »Gelübde« dem Gehorsam »geweiht«. Die Wiederentdeckung dieses auf der Taufe beruhenden und allen gemeinsamen Tatbestandes kommt einem lebendigen Bedürfnis der Laien in der Kirche entgegen. Das Zweite Vatikanische Konzil hat das Prinzip der »allgemeinen Berufung zur Heiligkeit« des Gottesvolkes verkündet,[2] und da es ohne Gehorsam keine Heiligkeit gibt, ist die Aussage, alle Getauften seien zur Heiligkeit berufen, gleichbedeutend mit der Aussage, daß alle Getauften zum Gehorsam berufen sind, daß es also auch eine allgemeine Berufung zum Gehorsam gibt. Es ist jedoch notwendig, daß den Getauften jetzt Formen von Heiligkeit und Gehorsam vor Augen gestellt werden, die auch auf sie zugeschnitten sind, die nicht durch zu außergewöhnliche Merkmale gekennzeichnet und an Bedingungen, Umstände und Traditionen gebunden sind, die ihrem Leben zu fern sind. Und diese Heiligkeit kann in ihrem objektiven Element nichts anderes sein als jene wesentliche, vom Wort Gottes vorgezeichnete und in der Taufe grundgelegte Heiligkeit.

2 *Lumen gentium*, Nr 39.

3. Der Gehorsam als »Pflicht«: die Nachahmung Christi

Im ersten Teil des Römerbriefes stellt uns der hl. Paulus Jesus Christus vor Augen als *Geschenk*, das im Glauben anzunehmen ist, während er ihn uns im zweiten – dem paränetischen – Teil als *Vorbild* zeigt, das mit dem Leben nachgeahmt werden soll. Diese beiden Aspekte des Heils finden sich auch innerhalb der einzelnen Tugenden oder Früchte des Geistes wieder. In jeder christlichen Tugend gibt es ein mysterisches und ein asketisches Element, einen Teil, der der Gnade überlassen bleibt, und einen, der der Freiheit anheimgestellt ist. Es gibt einen Gehorsam, der in uns gleichsam *eingeprägt* ist, und einen Gehorsam, der von uns *ausgeprägt* werden muß. Jetzt ist der Moment gekommen, diesen zweiten Aspekt zu betrachten, nämlich unsere tätige Nachahmung des Gehorsams Christi: Gehorsam als Pflicht.

Sobald man versucht, anhand des Neuen Testamentes zu erforschen, worin die Pflicht des Gehorsams besteht, macht man eine überraschende Entdeckung, daß nämlich der Gehorsam fast immer als Gehorsam gegenüber Gott gesehen wird. Natürlich ist auch von allen anderen Formen des Gehorsams die Rede: vom Gehorsam gegenüber den Eltern, den Herren, den Vorgesetzten, den staatlichen Autoritäten, gegenüber »jeder menschlichen Ordnung« (1 Petr 2, 13), aber weniger häufig und in viel weniger feierlicher Weise. Mit dem Substantiv »Gehorsam« selbst – dem stärksten Begriff – wird immer und ausschließlich nur der Gehorsam gegenüber Gott oder jedenfalls gegenüber Instanzen auf seiten Gottes bezeichnet, ausgenommen eine einzige Stelle im Brief an Philemon, wo es für den Gehorsam gegenüber dem Apostel steht. Der hl. Paulus spricht von Gehorsam gegenüber dem *Glauben* (Röm 1, 5; 16, 26), gegenüber der *Lehre* (Röm 6, 17), gegenüber dem *Evangelium* (Röm 10, 16; 2 Thess 1, 8), gegenüber der *Wahrheit* (Gal 5, 7) und von Gehorsam gegenüber *Christus* (2 Kor 10, 5). Denselben Sprachgebrauch finden wir auch woanders: Die Apostelgeschichte spricht von Gehorsam gegenüber dem *Glauben* (Apg 6, 7), der erste Petrusbrief von Gehorsam gegenüber *Christus* (1 Petr 1, 2) und von Gehorsam gegenüber der *Wahrheit* (1 Petr 1, 22).

Aber ist es denn überhaupt möglich und sinnvoll, heute von Gehorsam gegenüber Gott zu sprechen, nachdem der neue und lebendige Wille Gottes, der sich in Christus manifestiert hat, in einer ganzen Reihe von Gesetzen und Hierarchien ausführlich ausgedrückt und objektiviert worden ist? Ist es zulässig, zu meinen, daß es nach alldem noch »freie« Willensäußerungen Gottes gibt, die aufzugreifen und zu erfüllen wären? Wenn man den lebendigen Willen Gottes in einer Reihe von Gesetzen, Normen und Institutionen, in einer ein für allemal aufgestellten und klar umrissenen »Ordnung« erschöpfend und endgültig einfangen und objektivieren könnte, würde die Kirche allmählich versteinern. Die Wiederentdeckung der Bedeutung des Gehorsams gegenüber Gott ist eine natürliche Konsequenz der Wiederentdeckung der pneumatischen – neben der hierarchischen – Dimension der Kirche und in ihr des Primats des Wortes Gottes. Mit anderen Worten: der Gehorsam gegenüber Gott ist nur vorstellbar, wenn man in aller Deutlichkeit betont:

»Der Heilige Geist führt die Kirche in alle Wahrheit ein, eint sie in Gemeinschaft und Dienstleistung, bereitet und lenkt sie durch die verschiedenen hierarchischen und charismatischen Gaben und schmückt sie mit seinen Früchten. Durch die Kraft des Evangeliums läßt er die Kirche allezeit sich verjüngen, erneuert sie immerfort und geleitet sie zur vollkommenen Vereinigung mit ihrem Bräutigam.«[3]

Nur wenn man an eine aktuelle und ins Einzelne gehende »Herrschaft« des Auferstandenen über die Kirche glaubt, nur wenn man im Innersten überzeugt ist, daß auch heute – wie der Psalm sagt – »der Gott der Götter, der Herr, spricht und nicht schweigt« (vgl. Ps 50, 1), nur dann ist man imstande, die Notwendigkeit und die Bedeutung des Gehorsams gegenüber Gott zu begreifen. Er ist ein Hören auf den Gott, der in der Kirche spricht, und zwar durch seinen Geist, der die Worte Jesu und der gesamten Bibel erhellt und ihnen Autorität ver-

3 *Lumen gentium*, Nr. 4.

leiht, indem er sie zu Kanälen des lebendigen und aktuellen Willens Gottes für uns macht.

In der Zeit, als man mit der Kirche vor allem die Vorstellung von einer Institution verband, von einer »societas perfecta«, die von Anfang an mit allen Mitteln, aller Macht und den geeigneten Strukturen ausgestattet war, um die Menschen zum Heil zu führen, ohne daß es weiterer spezieller Eingriffe Gottes bedurfte, stand der Gehorsam gegenüber Gott und dem Evangelium – zumindest auf der Ebene des reflektierten Bewußtseins – zwangsläufig ein wenig im Schatten. In dem Moment, wo die Kirche erneut und in aller Klarheit als »Mysterium und Institution« zugleich begriffen wird, gestaltet sich der Gehorsam automatisch wieder als ein Gehorsam nicht nur gegenüber der Institution, sondern auch gegenüber dem Geist, nicht nur gegenüber den Menschen, sondern auch und zuallererst gegenüber Gott, wie es für Paulus der Fall war.

Aber wie in der Kirche Institution und Mysterium nicht gegeneinander stehen, sondern eine Einheit bilden, so müssen wir jetzt zeigen, daß der geistliche Gehorsam gegenüber Gott nicht vom Gehorsam gegenüber der sichtbaren und institutionellen Autorität dispensiert, sondern ihn im Gegenteil erneuert, stärkt und verlebendigt, so daß der Gehorsam gegenüber den Menschen das Kriterium wird, um zu beurteilen, ob ein Gehorsam gegenüber Gott überhaupt vorhanden ist oder nicht und ob er authentisch ist. Normalerweise vollzieht sich ein Gehorsam gegenüber Gott nämlich so: Gott läßt in deinem Herzen seinen dich betreffenden Willen blitzartig aufleuchten; es ist eine »Inspiration«, die gewöhnlich aus einem Wort Gottes entspringt, das du im Gebet gehört oder gelesen hast. Du weißt nicht, woher ein gewisser Gedanke kommt und wie er in dir aufgekommen ist, aber er ist auf einmal da wie ein noch zarter Keim, den man ohne weiteres erdrücken könnte. Du fühlst dich durch jenes Wort oder jene Inspiration »angefragt«; spürst, daß es etwas Neues von dir »verlangt«, und du sagst »Ja«. Es ist ein noch unsicheres und dunkles »Ja« hinsichtlich dessen, was zu tun ist, und hinsichtlich der Art und Weise, wie es getan werden soll, aber absolut klar und fest in seinem Kern. Es ist, als erhieltest du einen geschlossenen Brief, den du mit seinem vollen Inhalt annimmst, indem du an diesem Punkt deinen Glaubensakt vollziehst. In der Folge verschwindet die im ersten Moment wahrgenommene innere Klarheit; die zuerst so offensichtlichen Motivationen verdunkeln sich. Nur eines bleibt, woran du, selbst wenn du wolltest, nicht zweifeln kannst: daß du einmal einen Auftrag von Gott erhalten und dazu »Ja« gesagt hast. Was ist in dieser Lage zu tun? Es hilft gar nichts, immer wieder die Erinnerung an jenen Moment wachzurufen und die Selbstprüfungen zu vervielfachen. Diese Sache ist nicht aus dem »Fleisch«, d. h. aus deiner Intelligenz geboren, und darum kannst du sie auch mit deiner Intelligenz nicht wiederfinden; sie ist »aus dem Geist« geboren und läßt sich nur im Geist wiederfinden. Nun aber spricht der Geist nicht mehr, wie beim ersten Mal, direkt und in deinem Innern zu dir, sondern er schweigt und verweist dich an die Kirche und ihre institutionellen Kanäle. Du mußt deine Berufung in die Hände deiner Oberen oder derer legen, die in irgendeiner Weise eine geistliche Autorität für dich sind, und daran glauben, daß Gott, wenn diese Eingebung von ihm stammt, auch dafür sorgen wird, daß seine Repräsentanten sie als eine solche erkennen.

Was aber tun, wenn sich ein Konflikt zwischen den beiden Gehorsams-Instanzen abzeichnet und der Obere etwas von dir verlangt, was deiner Meinung nach von dem, was Gott dir aufgetragen hat, abweicht oder ihm sogar entgegengesetzt ist? Es genügt, sich zu fragen: Was tat Jesus in diesem Fall? Er akzeptierte den äußeren Gehorsam und unterwarf sich den Menschen, aber indem er das tat, fiel er nicht vom Gehorsam gegenüber dem Vater ab, sondern erfüllte ihn. Genau das war es nämlich, was der Vater wollte. Ohne es zu wissen und zu wollen, werden die Menschen – manchmal im guten Glauben, manchmal nicht, wie einst Kajaphas, Pilatus und die Volksmenge – zu Werkzeugen, damit sich der Wille Gottes erfüllt, und nicht der ihre. Trotzdem ist auch dieses keine absolute Regel. Der Wille Gottes und seine Freiheit können vom Menschen verlangen – wie im Fall des Petrus angesichts des Befehls des Hohen Rates – daß er Gott mehr gehorcht als den Menschen (vgl. Apg 4, 19f).

Der Gehorsam Gott gegenüber ist der Gehorsam, den wir immer leisten können. Daß wir sichtbaren Ordnungen und Autoritäten gehorchen müssen, kommt nur ab und zu, vielleicht drei- oder viermal im ganzen Leben, vor – selbstverständlich spreche ich hier von Anlässen, die eine gewisse Bedeutung haben; aber Gelegenheiten, Gott zu gehorchen, finden sich unzählige. Je mehr man gehorcht, um so mehr Weisungen kommen von Gott, denn er weiß, daß es das schönste Geschenk ist, das er machen kann, eben dasselbe, was er seinem geliebten Sohn machte. Wenn Gott einen Menschen findet, der entschlossen ist, ihm zu gehorchen, dann nimmt er dessen Leben in die Hand, wie man das Ruder eines Bootes ergreift oder die Zügel eines Pferdekarrens in die Hand nimmt. Er wird ernstlich, nicht nur in der Theorie, der »Herr«, d. h. derjenige, der »herrscht«, der »regiert«, indem er sozusagen Moment für Moment die Taten und die Worte jenes Menschen bestimmt, seine Art, die Zeit zu verwenden, einfach alles.

Ich sagte, daß der Gehorsam gegenüber Gott etwas ist, das man *immer* praktizieren kann. Und ich muß ergänzen, daß dies auch der Gehorsam ist, den wir *alle* – Untergebene wie Vorgesetzte – praktizieren können. Gewöhnlich wird gesagt, man müsse zu gehorchen verstehen, um befehlen zu können. Das ist nicht nur ein Prinzip des gesunden Menschenverstandes, es ist auch theologisch begründet. Es bedeutet, daß die wahre Quelle geistlicher Autorität mehr im Gehorsam liegt als im Titel oder im Amt, das einer bekleidet. Die Autorität als Gehorsam zu begreifen bedeutet, sich nicht mit der bloßen *Macht* zufriedenzugeben, sondern auch nach jener *Vollmacht* und *Maßgeblichkeit* zu streben, die aus der Tatsache entspringt, daß Gott hinter dir steht und deine Entscheidung unterstützt. Es bedeutet, sich jener Art von Autorität anzunähern, die das Handeln Christi ausstrahlte und die die Leute dazu veranlaßte, sich verwundert zu fragen: »Was hat das zu bedeuten? Hier wird mit Vollmacht eine ganz neue Lehre verkündet« (Mk 1, 27). Es handelt sich tatsächlich um eine anders geartete Autorität, um eine wirkliche und wirksame Voll-Macht, nicht nur um eine nominelle oder amtliche Befugnis, um eine innewohnende, nicht eine äußere Macht. Wenn eine Weisung von Eltern oder Vorgesetzten erteilt wird, die sich bemühen, nach dem Willen Gottes zu leben, die vorher gebetet haben, die keine eigenen Interessen vertreten, sondern nur das Beste des Mitmenschen bzw. des eigenen Kindes anstreben, dann wird die persönliche Autorität Gottes zum Stützpfeiler einer solchen Weisung oder Entscheidung. Wenn Protest aufkommt, sagt Gott zu seinem Repräsentanten dasselbe, was er einst zu Jeremia sagte:

»Ich selbst mache dich heute zur befestigten Stadt, zur eisernen Säule und zur ehernen Mauer ... Mögen sie dich bekämpfen, sie werden dich nicht bezwingen, denn ich bin mit dir« (Jer 1, 18f).

Der hl. Ignatius von Antiochien gab einem seiner Kollegen im Bischofsamt folgenden wunderbaren Rat:

»Nichts soll ohne deine Zustimmung getan werden, du aber tue nichts ohne die Zustimmung Gottes.«4

Dieser Weg des Gehorsams gegenüber Gott hat an sich nichts Mystisches oder Außergewöhnliches, sondern steht allen Getauften offen. Er besteht darin, »die Angelegenheiten vor Gott zu bringen« (vgl. Ex 18, 19). Ich kann allein entscheiden, ob ich eine Reise, eine Arbeit, einen Besuch, eine Anschaffung mache oder nicht, und dann nach getroffener Entscheidung Gott um ein gutes Gelingen der Angelegenheit bitten. Doch wenn in mir die Liebe zum Gehorsam gegenüber Gott aufkeimt, werde ich anders vorgehen: Ich werde zuerst Gott befragen – und zwar mit dem einfachsten Mittel, das uns allen zur Verfügung steht, nämlich dem Gebet –, ob es sein Wille ist, daß ich diese Reise, diese Arbeit, diesen Besuch, diese Anschaffung mache, und dann werde ich es tun oder auch nicht tun, in jedem Fall aber wird es nunmehr ein Akt des Gehorsams gegen Gott sein und nicht mehr eine freie Initiative von mir. Es ist klar, daß ich normalerweise in meinem kurzen Gebet keine Stimme vernehmen und keine ausdrückliche Ant-

---

4 Ignatius von Antiochien, *Brief an Polykarp*, 4, 1.

wort erhalten werde, was zu tun sei, oder zumindest brauche ich sie nicht, damit das, was ich tue, Gehorsam sei. Indem ich mich nämlich so verhalte, habe ich die Angelegenheit Gott vorgelegt und unterstellt, ich habe meinen eigenen Willen fallen gelassen, habe darauf verzichtet, allein zu entscheiden, und habe Gott die Möglichkeit gegeben, in mein Leben einzugreifen, wenn er das will. Was auch immer ich nun zu tun entscheide, indem ich mich nach den gewöhnlichen Kriterien der Vernunft richte, wird Gehorsam gegenüber Gott sein. Wie ein treuer Diener nie eine Initiative oder eine Weisung Fremder annimmt, ohne zu sagen: »Ich muß zuerst meinen Herrn fragen«, so unternimmt der wahre Diener Gottes nichts, ohne zu sich selbst zu sagen: »Ich muß ein wenig beten, um zu erfahren, was mein Herr wünscht, daß ich tue!« So übergibt man die Zügel des eigenen Lebens an Gott! Der Wille Gottes dringt auf diese Weise immer feinmaschiger in das Gewebe eines Lebens ein, macht es kostbar und gestaltet es zu einem »lebendigen und heiligen Opfer, das Gott gefällt« (vgl. Röm 12, 1).

Wenn diese Regel, »die Angelegenheiten vor Gott zu bringen«, schon für die kleinen Dinge des Alltags gilt, so erst recht und noch viel mehr für die großen Entscheidungen, wie z. B. die Wahl der eigenen Berufung: ob man heiraten soll oder nicht, ob man Gott in der Ehe dienen soll oder in einem »gottgeweihten Leben«. Das Wort »Berufung« selbst – das von Gott aus gesehen »Ruf« bedeutet – ist aus der Sicht des Menschen im passiven Sinne eine Antwort, d. h. Gehorsam. In diesem Sinne ist die Berufung sogar der fundamentale Gehorsam des Lebens, der, indem er die Taufe in eine bestimmte Richtung ausformt, im Glaubenden einen permanenten Zustand des Gehorsams entstehen läßt. Auch wer heiratet, soll das »im Herrn« tun (1 Kor 7, 39), d. h. im Gehorsam. So wird die Ehe zu einem Gehorsam gegenüber Gott, aber im befreienden, nicht im nötigenden Sinne, wie das der Fall ist, wenn man heiratet, um den Eltern oder irgendwelchen zwingenden Umständen zu gehorchen. Sie ist nicht mehr eine ausschließlich eigene Wahl, die danach vor Gott getragen wird, nur damit er sie billige und segne, sondern sie ist eine gemeinsam mit ihm getroffene Wahl, in kindlicher Anlehnung an seinen Willen, der sicherlich ein Wille der

Liebe ist. Der Unterschied ist nicht gering; es ist etwas anderes, wenn man in schwierigen Situationen, die sich aus der eigenen Wahl ergeben, sagen kann, daß man durch Gottes Willen dort steht, wo man sich befindet, daß man es nicht allein gewollt hat und daß Gott es deshalb nicht an seiner Hilfe und seiner Gnade fehlen lassen wird.

Der Gehorsam gegenüber Gott ist, wie man sieht, auch in seiner konkreten Form kein alleiniges Vorrecht der Ordensleute in der Kirche, sondern er steht allen Getauften offen. Die Laien haben in der Kirche keinen Oberen, dem sie gehorchen müssen – zumindest nicht in dem Sinne wie die Ordensleute und die Kleriker –, doch sie haben dafür einen »Herrn«, dem sie gehorchen sollen! Sie haben sein Wort! Bis in seine ältesten hebräischen Wurzeln hinein bezeichnet das Wort »gehorchen« ein Hinhorchen und wird auf das Wort Gottes bezogen. Das griechische Wort *hypakouein*, das im Neuen Testament für »gehorchen« verwendet wird, bedeutet wörtlich übersetzt »aufmerksam zuhören« oder »Gehör schenken«, und auch das lateinische Wort *oboedientia* (von *ob-audire*) hat denselben Sinn. In seiner ursprünglichsten Bedeutung heißt gehorchen also, sich dem Wort unterwerfen, ihm eine reale Macht über sich zuerkennen.

Daraus wird verständlich, daß mit der Wiederentdeckung des Wortes Gottes in der Kirche von heute eine Wiederentdeckung des Gehorsams Schritt halten muß. Man kann das Wort Gottes nicht pflegen, ohne auch den Gehorsam zu pflegen. Andernfalls wird man *ipso facto* ungehorsam. Das griechische Wort *parakouein* für »ungehorsam sein« bedeutet »nicht genau hinhören«, »unaufmerksam zuhören« oder auch »überhören«. Wir könnten sagen, daß es bedeutet, mit innerer Distanz, auf neutrale Weise zu hören, ohne sich durch das, was man hört, gebunden zu fühlen, so daß man gegenüber dem Wort Gottes die eigene Entscheidungsgewalt beibehält. Die Ungehorsamen sind diejenigen, die das Wort hören, aber – wie Jesus sagt – nicht danach handeln (vgl. Mt 7, 26). Jedoch nicht so sehr in dem Sinn, daß sie mit ihrem Handeln hinter seinem Anspruch zurückbleiben, als vielmehr in dem Sinn, daß sie sich das Problem der Umsetzung in die Praxis nicht einmal stellen. Sie erforschen das Wort Gottes, aber ohne den Gedanken daran, daß sie sich ihm unterwerfen müssen. Sie beherrschen das Wort in dem Sinne, daß sie das Instrumentarium zu seiner Analyse »beherrschen«, wollen aber nicht von ihm beherrscht werden; sie wollen die Neutralität wahren, die jeder Gelehrte im Verhältnis zu dem Objekt seiner Forschung einzuhalten hat.

Im Gegensatz dazu öffnet sich der Weg des Gehorsams demjenigen, der sich entschlossen hat, »für den Herrn« zu leben; es ist ein Anspruch, der mit der Umkehr in Kraft tritt. Wie den Ordensleuten unmittelbar nach Ablegung der Gelübde die Regel überreicht wird, die sie befolgen müssen, so wird dem Christen, der sich im Heiligen Geist neuerlich zum Evangelium bekehrt hat, diese einfache Regel übergeben, die in einem einzigen Satz enthalten ist: »Sei gehorsam! Gehorche dem Wort Gottes!« In der laufenden Auseinandersetzung zwischen den beiden »Reichen« wird das Heil im Gehorsam liegen. Die Schar der Gehorsamen wird gerettet werden, und ihre Losung wird lauten: »Gehorsam gegenüber Gott!«

4. *»Ja, ich komme, o Gott ...«*

Um die augenblickliche Gehorsamskrise in der Kirche zu überwinden, muß man sich in den Gehorsam verlieben, denn wer sich in den Gehorsam verliebt, wird dann leicht den Modus finden, ihn zu praktizieren. Ich habe versucht, einige Motive hervorzuheben, die bei dieser Aufgabe hilfreich sind: das Beispiel Jesu, unsere Taufe ... Aber eines gibt es, das mehr als alle anderen imstande ist, unser Herz anzusprechen, und das ist das Wohlgefallen Gottes, des Vaters. Der Gehorsam ist der Schlüssel, der das Herz Gottes des Vaters öffnet. Zu Abraham, der gerade vom Berg Morija zurückkam, sagte Gott:

> »Ich will dir Segen schenken in Fülle ... Segnen sollen sich mit deinen Nachkommen alle Völker der Erde, *weil du auf meine Stimme gehört hast*« (Gen 22, 17f).

Der Ton dieser Worte läßt an jemanden denken, der sich lange Zeit und mit Mühe zurückhalten mußte und der nun endlich seinem Herzen freien Lauf lassen kann. Dasselbe wiederholt sich auf unendlich höherem Niveau mit Jesus: Weil Christus gehorsam war bis zum Tode, hat der Vater ihn erhöht und ihm den Namen gegeben, der größer ist als alle anderen Namen (vgl. Phil 2, 8–11). Das Wohlgefallen des Vaters ist nicht eine nur metaphorische »Redensart« ohne jeden Realitätsgehalt; es ist der Heilige Geist! Gott – sagt der hl. Petrus in der Apostelgeschichte – gibt den Heiligen Geist denen, die ihm gehorchen (vgl. Apg 5, 32).

Wenn wir möchten, daß dieses Wohlgefallen Gottes sich auch auf uns erstreckt, dann müssen auch wir lernen, »Hier bin ich!« zu sagen. Dieses kleine Wort (auf hebräisch *hineni*), eines der einfachsten und kürzesten der menschlichen Sprache, aber so wertvoll in den Augen Gottes, durchtönt die gesamte Bibel. Es drückt das Geheimnis des Gehorsams gegenüber Gott aus. Abraham sagte: »Hier bin ich!« (Gen 22, 1); Mose sagte: »Hier bin ich!« (Ex 3, 4); Samuel sagte: »Hier bin ich!« (1 Sam 3, 4); Jesaja sagte: »Hier bin ich!« (Jes 6, 8); Maria sagte: »Hier bin ich!« (Lk 1, 38). Es scheint, als sei man bei einer Art Appell zugegen, bei dem die Aufgerufenen einer nach dem anderen antworten: »Hier!« Diese Menschen haben wirklich auf den Appell Gottes geantwortet!

Psalm 40 beschreibt uns eine geistliche Erfahrung, die uns hilft, am Ende dieser Meditation einen Vorsatz zu formulieren. Eines Tages, als der Psalmist voll Freude und Dankbarkeit für die Wohltaten seines Gottes war (»Ich hoffte, ja ich hoffte auf den Herrn. Da neigte er sich mir zu ... Er zog mich herauf aus der Grube des Grauens ...«) und sich in einem wahren Zustand der Gnade befand, fragte er sich, was er wohl tun könne, um auf so viel Güte Gottes zu antworten: Brandopfer darbringen, Tiere opfern? Er begreift sofort: Das ist es nicht, was Gott von ihm will; es ist zu wenig, um das auszudrücken, was sein Herz empfindet. Aber siehe da, eine plötzliche Intuition offenbart ihm: Was Gott von ihm erwartet, ist eine großherzige und feierliche Entscheidung, von nun an alles zu erfüllen, was Gott von ihm will, ihm in allem zu gehorchen. Daher sagt er:

»Ja, ich komme.
In der Schriftrolle steht über mich,
daß ich deinen Willen erfüllen muß.
Danach, mein Gott, verlangt mich,
deine Weisung trag' ich im Herzen.«

Diese Worte hat Jesus sich bei seinem Eintritt in die Welt zu eigen gemacht und gesagt: »Ja, ich komme, um deinen Willen, o Gott, zu tun« (vgl. Hebr 10, 5ff). Nun sind wir an der Reihe. Das ganze Leben kann Tag für Tag unter dem Zeichen dieser Worte gelebt werden: »Ja, ich komme, deinen Willen, o Gott, zu tun!« Am Morgen, wenn wir einen neuen Tag beginnen, und später, wenn wir uns zu einer Verabredung, zu einem Treffen begeben, wenn wir eine neue Arbeit anfangen: »Ja, ich komme, um deinen Willen, o Gott, zu tun!« Wir wissen nicht, was dieser Tag, diese Begegnung, diese Arbeit für uns bereithält. Nur eines wissen wir mit Gewißheit: daß wir darin den Willen Gottes erfüllen wollen. Wir wissen nicht, was einem jeden von uns seine Zukunft bringen wird. Aber es ist schön, ihr mit diesem Wort auf den Lippen entgegenzugehen: »Ja, ich komme, um deinen Willen, o Gott, zu tun!«

XIII

»Laßt uns die Waffen des Lichts anlegen!«

Die christliche Reinheit

In unserer Lektüre des Römerbriefes sind wir an der Stelle angekommen, wo es heißt:

»Die Nacht ist vorgerückt, der Tag ist nahe. Darum laßt uns ablegen die Werke der Finsternis und anlegen die Waffen des Lichts. Laßt uns ehrenhaft leben wie am Tag, ohne maßloses Essen und Trinken, ohne Unzucht und Ausschweifung, ohne Streit und Eifersucht. Sondern bekleidet euch mit dem Herrn Jesus Christus und sorgt nicht so für euren Leib, daß die Begierden erwachen« (Röm 13, 12–14).

Der hl. Augustinus erzählt, welche Rolle dieser Abschnitt in seiner Bekehrung spielte. Er war inzwischen so weit gelangt, dem Glauben innerlich fast völlig zustimmen zu können; seine Einwände waren einer nach dem anderen in sich zusammengefallen, und die Stimme des Herrn war immer bedrängender geworden. Eines aber hielt ihn noch zurück: die Angst, nicht enthaltsam leben zu können.

»Noch hielten sie mich auf, Torheit über Torheit und Eitelkeit über Eitelkeit, diese meine alten Freundinnen, und zupften heimlich am Gewand meiner Sinnlichkeit und flüsterten mir zu: ›Schickst du uns weg?‹ und: ›Von jenem Augenblick an werden wir nicht mehr bei dir sein in alle Ewigkeit‹ und: ›Von jenem Augenblick an darfst du dieses und jenes nicht mehr tun, nicht in alle Ewigkeit‹. Und was war es denn schon, was sie mir mit diesem ›dieses und jenes‹ vorgaukelten, was war es denn schon, o mein Gott!«

Andererseits hörte er die immer stärkere Mahnung des Gewissens, das ihn aufforderte, auf Gott zu vertrauen, und ihm sagte:

»Wirf dich ihm in die Arme, hab' keine Angst. Er wird nicht zurückweichen und dich fallen lassen. Wirf dich getrost in seine Arme; er wird dich auffangen und heilen!«[1]

Er befand sich im Garten des Hauses, wo er zu Gast war, ganz gefangen in dem inneren Kampf und mit Tränen in den Augen, als er von einem Nachbarhaus eine Kinderstimme hörte, die immerzu wiederholte: »*Tolle, lege!* – Nimm und lies, nimm und lies!« Er interpretierte diese Worte als einen Aufruf Gottes, und da er gerade das Buch mit den Briefen des hl. Paulus zur Hand hatte, öffnete er es, wo der Zufall wollte, in der Absicht, den ersten Satz, auf den sein Blick fallen würde, als den Willen Gottes für sich zu betrachten. Das Wort, das ihm unter die Augen kam, war gerade der Abschnitt aus dem Römerbrief, den wir eben erwähnt haben. Und in ihm ging das Licht einer heiteren Gelassenheit auf, das all die Finsternisse der Unsicherheit verschwinden ließ. Jetzt wußte er, daß er mit Gottes Hilfe enthaltsam leben konnte.[2]

Was der Apostel in dem oben zitierten Abschnitt »Werke der Finsternis« nennt, ist dasselbe, was er anderswo als »Begierden« oder »Werke des Fleisches« bezeichnet (vgl. Röm 8, 13; Gal 5, 19) und was er »Waffen des Lichts« nennt, ist dasselbe, was er an anderer Stelle als »Werke des Geistes« oder »Früchte des Geistes« bezeichnet (vgl. Gal 5, 22). Unter diesen Werken des Fleisches wird mit zwei Begriffen *(koite* und *aselgeia)* die sexuelle Ausschweifung besonders hervorgehoben, der die Waffe des Lichts, die Reinheit, gegenübergestellt wird. Der Apostel läßt sich im vorliegenden Textzusammenhang nicht lang und breit über diesen Aspekt des christlichen Lebens aus; aber aus der Aufzählung der Laster, die an den Anfang des Briefes gestellt ist (vgl. Röm

1 Augustinus, *Confessiones*, VIII, 11.
2 Vgl. ebd., VIII, 12.

1, 26ff), erfahren wir, welche Bedeutung ihm in seinen Augen zukam. Auch wenn er das Thema der Reinheit an dieser Stelle nicht ausdrücklich behandelt, so ist doch zumindest gesagt, daß es hier seinen Ort hat. Nachdem die Beziehung zu Gott und die Beziehung zum Nächsten durch den Gehorsam bzw. die Liebe geheilt wurden, handelt es sich nun um eine dritte fundamentale Beziehung, die der Geist von Grund auf heilen will: die Beziehung zu sich selbst. Der hl. Paulus stellt eine äußerst enge Verbindung zwischen Reinheit und Heiligkeit und zwischen Reinheit und Heiligem Geist her:

> »Das ist es, was Gott will: eure Heiligung. Das bedeutet, daß ihr die Unzucht meidet, daß jeder von euch versteht, seinen Leib in Heiligkeit und Achtung zu bewahren, nicht als Objekt von Leidenschaften und Begierden wie die Heiden, die Gott nicht kennen; daß keiner in dieser Sache seinen Bruder verletzt und betrügt, denn all das rächt der Herr ... Gott hat uns nicht dazu berufen, unrein zu leben, sondern heilig zu sein. Wer das verwirft, der verwirft also nicht Menschen, sondern Gott, der euch seinen Heiligen Geist schenkt« (1 Thess, 4, 3–8).

Versuchen wir also, diese letzte »Ermahnung« des Wortes Gottes anzunehmen, indem wir unser Verständnis dieser Frucht des Geistes, nämlich der Reinheit, vertiefen.

1. Die christliche Motivation für die Reinheit

Im Brief an die Galater schreibt der hl. Paulus:

> »Die Frucht des Geistes ist Liebe, Freude, Friede, Langmut, Freundlichkeit, Güte, Treue, Sanftmut und Selbstbeherrschung« (Gal 5, 22).

Der originale griechische Terminus, den wir mit »Selbstbeherrschung« übersetzen, ist *enkrateia*. Er hat eine sehr weit gespannte Bedeutungspalette: Man kann nämlich Selbstbeherrschung üben im Essen, im Sprechen, indem man seinen Zorn zügelt und in anderem mehr. Hier jedoch – wie übrigens fast immer im Neuen Testament – steht der Begriff für die Selbstbeherrschung in einem ganz bestimmten Bereich des Menschen, nämlich auf dem Gebiet der Sexualität. Das entnehmen wir der Tatsache, daß der Apostel etwas weiter oben, als er die »Werke des Fleisches« aufzählt, das Gegenteil der Selbstbeherrschung mit *porneia*, also mit Unreinheit, bezeichnet. (Es ist derselbe Begriff, von dem unser Wort »Pornographie« abgeleitet ist!)

Wir haben damit also zwei Schlüsselbegriffe, um die Realität zu verstehen, über die wir sprechen wollen: einen positiven *(enkrateia)* und einen negativen *(porneia)*. Der eine beschreibt uns die Sache selbst und der andere ihr Fehlen oder ihr Gegenteil. Nun, ich sagte, daß der Begriff *enkrateia* wörtlich Selbstbeherrschung bedeutet, die Beherrschung des eigenen Körpers und speziell der eigenen sexuellen Triebe. Was aber bedeutet *porneia?* In den modernen Bibel-Übersetzungen wird dieser Begriff mit Prostitution, mit Schamlosigkeit, mit Unzucht, mit Ehebruch oder mit anderen Wörtern wiedergegeben. Die Grundvorstellung, die der Begriff *porneia* beinhaltet, ist jedoch die, »sich zu verkaufen«, den eigenen Körper zu veräußern, also sich der Prostitution hinzugeben *(pernemi* bedeutet »ich verkaufe mich«). Indem die Bibel diesen Begriff verwendet, um nahezu alle Manifestationen sexueller Unordnung zu bezeichnen, gibt sie zu verstehen, daß jede Sünde der Unreinheit in gewissem Sinne eine Prostitution, ein Sich-Verkaufen ist.

Die von Paulus verwendeten Begriffe sagen uns also, daß gegenüber dem eigenen Körper und der eigenen Sexualität zwei entgegengesetzte Verhaltensweisen möglich sind, die eine ist Frucht des Geistes, die andere Werk des Fleisches, die eine Tugend, die andere Laster. Die erste besteht darin, die Selbstbeherrschung und die Beherrschung des eigenen Körpers zu wahren; die andere hingegen bedeutet, den eigenen Körper zu verkaufen oder zu veräußern, d. h. über die Sexualität nach eigenem Gutdünken zu verfügen, unter Gesichtspunkten der Nützlichkeit und zu anderen Zwecken als denen, für die sie geschaffen ist; aus dem Sexualakt ein Geschäft zu machen, auch wenn der »Ge-

winn« nicht immer in barer Münze besteht wie im Fall der Prostitution im eigentlichen Sinne, sondern auch im egoistischen Lustgewinn
als Selbstzweck.

Wenn von der Reinheit und der Unreinheit in einfachen Tugend-
oder Lasterkatalogen die Rede ist, ohne daß die Materie weiter vertieft
wird, unterscheidet sich der Sprachgebrauch des Neuen Testaments
nicht wesentlich von dem der heidnischen Moralisten, z. B. der Stoi-
ker. Auch bei ihnen waren die beiden Begriffe, die wir bisher betrachtet haben – nämlich *enkrateia* und *porneia*, Selbstbeherrschung und
Unreinheit – allgemein gebräuchlich. Wer einzig bei diesen Begriffen
stehenbliebe, würde deshalb nichts spezifisch Biblisches und Christliches wahrnehmen. Auch die heidnischen Moralisten priesen die
Selbstbeherrschung, aber nur als Mittel zur Erlangung der inneren
Ruhe und Gelassenheit, des Gleichmuts *(apatheia)* und der Unabhängigkeit von allem Äußeren. Die Reinheit war bei ihnen dem Prinzip
der »rechten Vernunft« untergeordnet. In Wirklichkeit liegt in diesen
alten heidnischen Wörtern jedoch bereits ein völlig neuer Gehalt, der –
wie immer – aus dem *Kerygma* hervorgeht. Das wird schon in unserem
Text sichtbar, wo der sexuellen Ausschweifung als deren Gegensatz be-
zeichnenderweise das »Sich-Bekleiden mit dem Herrn Jesus Christus«
gegenübergestellt wird. Die ersten Christen waren imstande, diesen
neuen Gehalt zu erfassen, denn er war Thema besonderer Katechesen
in anderen Zusammenhängen.

Untersuchen wir nun eine dieser Sonderkatechesen über die Reinheit, um den wahren Gehalt und die wahren christlichen Motive dieser
Tugend zu entdecken, die sich aus dem Pascha-Geschehen Christi her-
leiten. Es handelt sich um den Text in 1 Korinther 6, 12–20. Anscheinend hatten die Korinther – möglicherweise indem sie einen Satz des
Apostels verdrehten – das Prinzip: »Alles ist mir erlaubt« angeführt,
um sogar die Sünden der Unreinheit zu rechtfertigen. In der Antwort
des Apostels ist eine völlig neue Begründung der Reinheit enthalten,
die aus dem Mysterium Christi hervorgeht. Es ist nicht erlaubt – sagt
er –, sich der Unzucht hinzugeben, es ist nicht erlaubt, sich zu verkaufen oder zum eigenen Vergnügen über sich zu verfügen, und

zwar aus dem einfachen Grund, weil wir nicht mehr uns selbst gehören, sondern Christus. Man kann nicht über etwas verfügen, das einem nicht gehört:

>»Wißt ihr nicht, daß eure Leiber Glieder Christi sind? ... Ihr gehört nicht euch selbst!« (1 Kor 6, 15.19).

Die heidnische Begründung ist in gewissem Sinne auf den Kopf gestellt: Der höchste zu hütende Wert ist nicht mehr die Selbstbeherrschung, sondern die »Nicht-Selbst-Beherrschung«. »Der Leib ist nicht für die Unzucht da, sondern für den Herrn!« (1 Kor 6, 13). Die letzte Begründung für die Reinheit ist also: »Jesus ist der Herr!« Mit anderen Worten, die christliche Reinheit besteht weniger darin, die Herrschaft der Vernunft über die Triebe herzustellen, als vielmehr die Herrschaft Christi über den gesamten Menschen – Vernunft und Triebe – zu festigen. Das Wichtigste ist nicht, daß ich die Herrschaft über mich selbst habe, sondern daß Jesus die Herrschaft über mich hat. Zwischen diesen beiden Perspektiven liegt ein nahezu unendlicher Qualitätssprung. Im ersten Fall ist die Reinheit in ihrer Funktion auf mich ausgerichtet, der Endzweck bin ich; im zweiten Fall ist sie auf Jesus ausgerichtet, Jesus ist das Ziel. Es ist zwar nötig, die Selbstbeherrschung zu erringen, aber nur, um sie dann an Christus abzutreten. Diese christologische Begründung der Reinheit wird noch zwingender durch das, was Paulus in demselben Text hinzufügt: Wir »gehören« Christus nicht nur ganz generell, als sein Eigentum, als etwas, das er besitzt, sondern wir sind der Leib Christi selbst, sind seine Glieder! Das macht alles noch ungeheuer viel heikler, denn es besagt, daß ich, wenn ich eine unreine Handlung begehe, den Leib Christi prostituiere, eine Art abscheuliches Sakrileg begehe; ich »vergewaltige« den Leib des Sohnes Gottes. Der Apostel sagt:

>»Darf ich nun die Glieder Christi nehmen und zu Gliedern einer Dirne machen?« (1 Kor 6, 15).

Dieser *christologischen* Begründung wird dann unmittelbar die *pneumatologische,* d. h. die den Heiligen Geist betreffende, hinzugefügt:

>»Oder wißt ihr nicht, daß euer Leib ein Tempel des Heiligen Geistes ist, der in euch wohnt?« (1 Kor 6, 19).

Den eigenen Leib zu mißbrauchen bedeutet also, den Tempel Gottes zu schänden; aber »wer den Tempel Gottes verdirbt, den wird Gott verderben« (1 Kor 3, 17). Unzucht zu treiben heißt, »den Heiligen Geist Gottes zu beleidigen« (vgl. Eph 4, 30).

Neben der christologischen und der pneumatologischen Begründung deutet der Apostel auch eine *eschatologische* Begründung an, die sich auf die letzte Bestimmung des Menschen bezieht:

>»Gott hat den Herrn auferweckt; er wird durch seine Macht auch uns auferwecken« (1 Kor 6, 14).

Unser Leib ist für die Auferstehung bestimmt; er ist dafür vorgesehen, einst an der Seligkeit und der Herrlichkeit der Seele teilzuhaben. Die christliche Reinheit ist nicht auf eine Verachtung des Leibes gegründet, sondern basiert im Gegenteil auf der hohen Wertschätzung seiner Würde. Das Evangelium – sagten die Kirchenväter in Auseinandersetzung mit den Gnostikern – predigt nicht die Rettung »vom« Fleisch, sondern die Rettung »des« Fleisches. Diejenigen, die den Leib als eine »äußere Hülle« ansehen, die dazu bestimmt ist, hier auf Erden zurückgelassen zu werden, besitzen nicht die Motivationen, die der Christ hat, ihn unbefleckt zu bewahren. Die »libertinistischen« Bewegungen in der Geschichte sind fast immer im Schoße von Strömungen entstanden, die einen radikalen Spiritualismus predigten, wie z. B. die Katharer. Ein Kirchenvater schrieb:

>»Da der Leib in jeder Aktion mit der Seele vereint ist, wird er ihr auch in allem, was in Zukunft geschieht, Gefährte sein. Achten wir darum

unseren Leib, liebe Brüder, und mißbrauchen wir ihn nicht wie etwas Fremdes; sagen wir nicht wie die Häretiker, die leibliche Hülle sei etwas Äußeres, sondern achten wir sie als etwas, das zu unserer Person gehört. Für alles, was wir mit Hilfe unseres Leibes getan haben, werden wir Gott Rechenschaft geben müssen.«[3]

Der Apostel beschließt diese seine Katechese über die Reinheit mit dem leidenschaftlichen Aufruf:

»Verherrlicht also Gott in eurem Leib!« (1 Kor 6, 20).

Der menschliche Leib ist also zur Verherrlichung Gottes da, und er drückt diese Herrlichkeit aus, wenn der Mensch die eigene Sexualität und seine gesamte Körperlichkeit in liebevollem Gehorsam gegenüber dem Willen Gottes lebt, d. h. im Gehorsam gegenüber dem eigentlichen Sinn der Sexualität, gegenüber ihrem inneren und ursprünglichen Wesen, das nicht im »Sich-Verkaufen« besteht, sondern im »Sich-Verschenken«. Eine solche Verherrlichung Gottes durch den eigenen Leib erfordert nicht notwendigerweise den Verzicht auf die Ausübung der eigenen Sexualität. In dem unmittelbar anschließenden Kapitel, also in 1 Kor 7, erklärt der hl. Paulus nämlich, daß diese Verherrlichung Gottes auf zwei Weisen und in zwei verschiedenen Charismen ihren Ausdruck findet: entweder durch die Ehe oder durch die Jungfräulichkeit. Die Jungfrau und der Ehelose verherrlichen Gott in ihrem Leib, aber es verherrlicht ihn ebenso, wer heiratet – vorausgesetzt, daß jeder den Anforderungen des eigenen Standes entsprechend lebt.

---

3 Cyrill von Jerusalem, *Katechesen*, 8, 20 (PG 33, 1041).

2. Reinheit, Schönheit und Nächstenliebe

Das Pascha-Mysterium läßt – wie Paulus uns verdeutlicht hat – das Ideal der Reinheit in neuem Licht erscheinen. So beleuchtet und verstanden nimmt es in jeder Zusammenfassung der christlichen Moral des Neuen Testamentes einen bevorzugten Platz ein. Man kann sagen, daß es keinen Brief des hl. Paulus gibt, in dem er bei der Beschreibung des neuen Lebens im Geist diesem Ideal keinen Raum widmet (vgl. z. B. Eph 4, 17 – 5, 33; Kol 3, 5–12). Diese grundlegende Aufforderung zur Reinheit wird von Mal zu Mal entsprechend dem verschiedenen Lebensstand der Christen spezifiziert. Die Pastoralbriefe zeigen, wie sich die Reinheit im Leben der Jugendlichen, der Frauen, der Verheirateten, der Alten, der Witwen, der Priester und der Bischöfe gestalten muß; sie stellen uns die Reinheit in ihren verschiedenen Erscheinungsformen von Keuschheit, ehelicher Treue, Nüchternheit, Enthaltsamkeit, Jungfräulichkeit und Schamhaftigkeit vor Augen. In seiner Gesamtheit umfaßt dieser Aspekt des christlichen Lebens das, was das Neue Testament (und in besonderer Weise die Pastoralbriefe) die »Schönheit« oder das »Schöne« in der christlichen Berufung nennt – ein Wesenszug, der mit dem anderen Wesenszug, dem der Güte, verschmilzt und so das eine Ideal der »guten Schönheit« oder der »schönen Güte« bildet, weshalb unterschiedslos sowohl von »guten« als auch von »schönen« Werken die Rede ist. Die christliche Tradition hat, indem sie die Reinheit als die »schöne Tugend« bezeichnet, diese biblische Sichtweise aufgegriffen, die trotz der Mißbräuche und der zu einseitigen Akzentuierungen, die es auch gegeben hat, etwas zutiefst Wahres zum Ausdruck bringt. Die Reinheit ist wirklich Schönheit!

Solche Reinheit ist weniger eine einzelne Tugend als vielmehr ein Lebensstil. Sie hat eine Ausdruckspalette, die weit über den rein sexuellen Bereich hinausragt. Es gibt eine Reinheit des *Leibes*, aber es gibt auch eine Reinheit des *Herzens*, die nicht nur vor den »häßlichen« Taten zurückschreckt, sondern auch »unsaubere« Begierden und Gedanken meidet (vgl. Mt 5, 8.27f). Und dann gibt es noch eine Reinheit des *Mundes*, die negativ darin besteht, sich obszöner Worte, Vulgaritäten und anderer Geschmacklosigkeiten zu enthalten (vgl. Eph 5, 4; Kol 3, 8) und positiv in der Aufrichtigkeit und Lauterkeit des Redens, so daß ein »Ja« tatsächlich ein »Ja« bedeutet und ein »Nein« wirklich ein »Nein« (vgl. Mt 5, 37). Und schließlich gibt es noch eine Reinheit oder Klarheit der *Augen* und des Blickes. Das Auge – sagt Jesus – gibt dem Körper das Licht; wenn das Auge rein und klar ist, dann ist der ganze Körper im Licht (vgl. Mt 6, 22f; Lk 11, 34). Der hl. Paulus verwendet ein sehr eindrucksvolles Bild, um diesen neuen Lebensstil zu kennzeichnen: Er sagt, daß die Christen, die aus dem Pascha Christi geboren sind, »ungesäuertes Brot der Aufrichtigkeit und Wahrheit« (vgl. 1 Kor 5, 8) sein müssen. Der hier vom Apostel verwendete Ausdruck *eilikrineia* enthält in sich die Vorstellung von einer »sonnenhellen Durchsichtigkeit«. In unserem Text aus dem Römerbrief spricht er von der Reinheit als einer »Waffe des Lichtes«.

Heutzutage neigt man dazu, die Sünden gegen die Reinheit und diejenigen gegen den Nächsten gegeneinander auszuspielen und als wahre Sünde nur die gegen den Nächsten gelten zu lassen; der übertriebene Kult, der in der Vergangenheit mit der »schönen Tugend« getrieben wurde, wird gelegentlich ironisch kommentiert. Dieses Verhalten ist teilweise erklärlich. Die Morallehre hatte in der Vergangenheit zu einseitig die fleischlichen Sünden betont, bis sie gelegentlich regelrechte Neurosen hervorrief, und das auf Kosten der Aufmerksamkeit für die Pflichten gegenüber dem Nächsten und auf Kosten der Tugend der Reinheit selbst, die auf diese Weise ihres eigentlichen Wertes beraubt und auf eine fast nur noch »negative« Tugend reduziert wurde: auf die Tugend, »Nein« sagen zu können. Jetzt aber ist man dem entgegengesetzten Extrem verfallen und neigt dazu, die Sünden gegen die Reinheit herunterzuspielen, zugunsten der (häufig allerdings nur verbalen) Aufmerksamkeit für den Nächsten. Der grundlegende Irrtum liegt darin, diese beiden Tugenden einander entgegenzusetzen. Das Wort Gottes, weit davon entfernt, Reinheit und Nächstenliebe gegeneinander auszuspielen, verbindet sie dagegen aufs engste miteinander. Es genügt, die Fortsetzung jenes Abschnittes aus dem 1. Brief an die Thessalonicher zu lesen, den ich anfangs zitiert habe, um sich darüber klar zu werden, wie sehr nach Ansicht des Apostels beide voneinander abhängig sind (vgl. 1 Thess 4, 3–12). Das einzige Ziel von Reinheit und Nächstenliebe besteht darin, ein »rechtschaffenes Leben« führen zu können, das in all seinen Beziehungen – sowohl zu sich selbst als auch zu den anderen – untadelig ist. In unserem Text faßt der Apostel all das zusammen in der Formulierung: »ehrenhaft leben wie am Tag« (Röm 13, 13).

Reinheit und Nächstenliebe stehen zueinander wie Selbstbeherrschung und Hingabe an die anderen. Wie kann ich mich hingeben, wenn ich nicht Herr meiner selbst, sondern Sklave meiner Leidenschaften bin? Wie kann ich mich den anderen hingeben, wenn ich noch nicht begriffen habe, was der Apostel mir gesagt hat, daß ich nämlich nicht mir gehöre und daß auch mein Leib nicht mir gehört, sondern dem Herrn? Es ist eine Illusion zu glauben, man könne einen echten Dienst an den Mitmenschen, der immer Opfer, Altruismus, Selbstlosigkeit und Großmut verlangt, mit einem ungezügelten persönlichen Leben in Einklang bringen, das ganz und gar darauf ausgerichtet ist, sich selbst und die eigenen Leidenschaften zu befriedigen. Man wird dann schließlich unvermeidlich die Mitmenschen »instrumentalisieren«, sie benutzen, wie man auch den eigenen Leib instrumentalisiert. Wer sich selbst gegenüber kein »Nein« sagen kann, der kann zu den Mitmenschen kein »Ja« sagen.

Eine der Ausreden, die am meisten dazu beitragen, im Denken der Menschen der Sünde der Unzucht die Wege zu ebnen und sie sozusagen von jeder Schuld freizusprechen, ist die Behauptung, daß sie immerhin niemandem Schaden zufüge und die Rechte und die Freiheit der anderen nicht verletze, außer – wie man sagt – im Fall der Vergewaltigung. Aber abgesehen davon, daß sie das fundamentale Recht Gottes verletzt, seinen Geschöpfen ein Gesetz zu geben, ist diese »Ausrede« auch im Hinblick auf den Nächsten unrichtig. Es ist nicht wahr, daß die Sünde der Unzucht nur auf den beschränkt bleibt, der sie begeht. Es gibt eine »Solidarität« aller Sünden untereinander. Jede Sünde, wo und von wem auch immer sie begangen wird, verdirbt und vergiftet durch »Ansteckung« das moralische Umfeld des Menschen;

diese »Ansteckung« wird von Jesus als »*skandalon*«, als Verführung zum Bösen, bezeichnet und von ihm mit Worten verurteilt, die zu den schrecklichsten des ganzen Evangeliums gehören (vgl. Mt 18, 6ff; Mk 9, 42ff; Lk 17, 1f). Auch die bösen Gedanken, die sich im Herzen anstauen, vergiften nach Jesu Ansicht den Menschen und damit die Welt:

> »Denn aus dem Herzen kommen böse Gedanken, Mord, Ehebruch, Unzucht ... Das ist es, was den Menschen unrein macht« (Mt 15, 19f).

Jede Sünde bewirkt eine Aushöhlung der Werte, und alle zusammen bilden das, was Paulus das »Gesetz der Sünde« nennt und dessen schreckliche Macht über alle Menschen er schildert (vgl. Röm 7, 14ff). Im jüdischen Talmud steht eine Lehrfabel, die die Solidarität in der Sünde und den Schaden, den jede auch persönliche Sünde den anderen zufügt, trefflich ins Bild bringt:

> »An Bord eines Bootes befanden sich mehrere Menschen. Einer von ihnen nahm einen Bohrer und begann, unter sich ein Loch zu bohren. Als die anderen Passagiere das sahen, sagten sie zu ihm: ›Was tust du denn da?‹ Er antwortete: ›Was geht euch das an? Ist das nicht mein Sitz, unter dem ich das Loch mache?‹ ›Ja‹, antworteten sie, ›aber das Wasser wird eindringen, und wir alle werden ertrinken!‹«

Die Natur selbst hat begonnen, uns unheilvolle Anzeichen des Protestes gegen gewisse moderne Mißbräuche und Exzesse im Bereich der Sexualität zu senden.

Es ist noch zu ergänzen, daß die Reinheit nicht nur die Voraussetzung schafft für eine angemessene Beziehung zu sich selbst und zum Nächsten, sondern auch für eine innige und vertraute Beziehung zu Gott. Das wird sowohl vom Alten wie auch vom Neuen Testament immer wieder betont. Mit unreinem Herzen kann man nicht beten: Die Erfahrung selbst zeigt, daß das unmöglich ist. Zu Gott, der Geist ist, kann man sich nicht »erheben«, wenn man völlig eingenommen ist von fleischlichen Begierden, die einen an die Materie binden. Das ist so, als würde ein Vogel versuchen davonzufliegen, während er in einer Schlinge steckt und durch einen Faden am Boden festgehalten wird. Der hl. Petrus schrieb an die ersten Christen (1 Petr 4, 7):

>»Seid also maßvoll und nüchtern, um euch dem Gebet zu widmen.«

Wenn der hl. Paulus sogar den Verheirateten aufgrund des gegenwärtigen Zustandes der menschlichen Natur rät, sich ab und zu ihrer intimen Beziehungen zu enthalten, obwohl diese legitim und heilig sind, um sich freier dem Gebet widmen zu können (vgl. 1 Kor 7, 5), was soll man dann erst über in sich selbst ungeordnete sexuelle Verhaltensweisen sagen? Sie machen das Gebet praktisch unmöglich, außer es sei ein aufrichtiger Wille vorhanden, die eigenen Schwächen zu bekämpfen und zu besiegen.

3. Reinheit und Erneuerung

Wenn man die Geschichte der Anfänge des Christentums studiert, sieht man ganz deutlich, daß es hauptsächlich zwei Mittel waren, durch die es der Kirche gelang, die damalige heidnische Welt zu verwandeln: Das erste war die Verkündigung des Wortes, das *Kerygma*, und das zweite war das Lebenszeugnis der Christen, die *Martyria*. Und man sieht, wie es im Bereich des Lebenszeugnisses wiederum zwei Dinge waren, die die Heiden am meisten beeindruckten und bekehrten: die Nächstenliebe und die Reinheit der Sitten. Bereits der erste Petrusbrief erwähnt das Erstaunen der heidnischen Welt angesichts der so anderen Lebensweise der Christen:

>»Sie sind überrascht, daß ihr euch von ihnen nicht mehr in diesen Strudel der Leidenschaften hineinreißen laßt« (1 Petr 4, 4).

Die Apologeten – d. h. die christlichen Autoren, die in den ersten Jahrhunderten der Kirche Schriften zur Verteidigung des Glaubens verfaßten – bezeugen, daß die reine und keusche Lebensweise der Christen für die Heiden etwas »Außergewöhnliches und Unglaubliches« darstellte. In einem solchen Text heißt es:

»Sie heiraten wie alle anderen und haben Kinder, aber sie setzen ihre Neugeborenen nicht aus. Sie haben Tischgemeinschaft, teilen aber nicht das Bett; sie leben im Fleisch, aber nicht nach dem Fleisch; sie wohnen auf der Erde, sind aber in Wirklichkeit Bürger des Himmels.«4

Im Besonderen machte die Wiederherstellung und Heilung der familiären Beziehungen einen außerordentlichen Eindruck auf die heidnische Gesellschaft, deren damalige Autoritäten zwar die Familie reformieren wollten, sich jedoch als ohnmächtig erwiesen und ihren Verfall nicht aufhalten konnten. Eines der Argumente, auf die der hl. Märtyrer Justin seine an Kaiser Antoninus Pius gerichtete *Apologie* gründete, ist folgendes: Die römischen Kaiser sorgen sich um die Gesundung der Sitten und der Familie und bemühen sich, zu diesem Zweck geeignete Gesetze zu erlassen, die sich jedoch als ungenügend erweisen. Nun, warum sollte man das, was die christlichen Gesetze bei denen, die sie angenommen haben, zu erreichen vermochten, und die Hilfe, die sie auch der bürgerlichen Gesellschaft geben können, nicht anerkennen?

Man muß nicht glauben, die christliche Gesellschaft sei gänzlich frei gewesen von Unordnung und Sünden auf sexuellem Gebiet. Der hl. Paulus hatte in der Gemeinde von Korinth sogar einen Fall von Inzest anprangern müssen. Doch diese Sünden wurden klar als solche erkannt, angeprangert und korrigiert. Man erhob (wie in allen anderen Bereichen, so auch auf diesem Gebiet) nicht den Anspruch, ohne Sünde zu sein, aber man wußte, daß man sie zu bekämpfen hatte. Der Ehebruch wurde neben dem Mord und dem Glaubensabfall als eine der drei größten Sünden betrachtet, so daß eine gewisse Zeit lang und

4 *Brief an Diognet,* 5, 5.

in gewissen Kreisen darüber diskutiert wurde, ob er durch das Buß-sakrament überhaupt vergeben werden könne oder nicht.

Machen wir jetzt einen Sprung von den Anfängen des Christen-tums in unsere Zeit. Welches ist die Situation der Welt von heute hin-sichtlich der Reinheit? Es ist dieselbe wie damals, wenn nicht noch schlimmer! Wir leben in einer Gesellschaft, die in bezug auf die Sitten ins tiefste Heidentum zurückgefallen ist und in eine geradezu unein-geschränkte Vergötterung des Sexuellen. Die furchtbare Anklage, die der hl. Paulus am Anfang des Römerbriefes gegen die heidnische Welt erhebt, ist Punkt für Punkt auf die Welt von heute, insbesondere auf die sogenannten Wohlstandsgesellschaften zu übertragen:

»Gott lieferte sie entehrenden Leidenschaften aus: Ihre Frauen ver-tauschten den natürlichen Verkehr mit dem widernatürlichen; ebenso gaben die Männer den natürlichen Verkehr mit der Frau auf und ent-brannten in Begierde zueinander; Männer trieben mit Männern Un-zucht ... Sie erkennen, daß Gottes Rechtsordnung bestimmt: Wer so handelt, verdient den Tod. Trotzdem tun sie es nicht nur selbst, son-dern stimmen auch bereitwillig denen zu, die so handeln« (Röm 1, 26f.32).

Auch heute wird nicht nur solches und noch Schlimmeres getrie-ben, sondern man versucht sogar, es zu rechtfertigen, jede moralische Zügellosigkeit und sexuelle Perversion zu rechtfertigen, wenn sie nur – wie man sagt – den anderen keine Gewalt antut und die Freiheit der anderen nicht verletzt. Als ob Gott damit überhaupt nichts mehr zu tun hätte! Ganze Familien werden zerstört, und man sagt: Was ist schon Schlimmes daran? Es besteht kein Zweifel daran, daß gewisse Urteile der traditionellen Sexualmoral revidiert werden mußten und daß die modernen Humanwissenschaften dazu beigetragen haben, manche Mechanismen und Konditionierungen der menschlichen Psy-che zu klären, die die moralische Verantwortlichkeit für gewisse Ver-haltensweisen, die seinerzeit als sündhaft betrachtet wurden, aufhe-ben oder herabsetzen. Doch dieser Fortschritt hat nichts zu tun mit dem Pansexualismus gewisser pseudowissenschaftlicher und permissivistischer Theorien, die darauf ausgerichtet sind, jegliche objektive Norm auf dem Gebiet der Sexualmoral zu bestreiten, indem sie alles auf ein Faktum spontaner Evolution der Sitten, d. h. auf eine kulturelle Gegebenheit zurückführen. Wenn wir das, was als die sexuelle Revolution unserer Zeit bezeichnet wird, eingehender untersuchen, stellen wir mit Schrecken fest, daß es nicht bloß eine Revolution gegen die Vergangenheit, sondern oft auch eine Revolution gegen Gott ist. Die Kämpfe zugunsten der Scheidung, der Abtreibung und ähnlicher Dinge werden gewöhnlich mit der Parole geführt: »Ich gehöre mir selbst! Mein Leib – bzw. mein Bauch – gehört mir!«, was die genaue Antithese zu der Wahrheit ist, die sich aus dem Wort Gottes ergibt, daß wir nämlich nicht uns selbst gehören, weil wir eben »Christus gehören«. Es ist dies also die Stimme der Revolte gegen Gott, der Anspruch auf absolute Autonomie.

4. Ein reines Herz haben!

Doch ich will mich nicht zu lange damit aufhalten, die gegenwärtige Situation in unserer Umgebung zu beschreiben, die wir im übrigen alle bestens kennen. Es scheint mir nämlich viel dringender, zu entdecken und mitzuteilen, was Gott von uns Christen in dieser Situation erwartet. Er ruft uns zu derselben Unternehmung, zu der er auch unsere ersten Glaubensbrüder rief: diesem »Strudel der Leidenschaften« (vgl. 1 Petr 4,4) Widerstand zu leisten. Er ruft uns dazu auf, die Reinigung des Tempels des Heiligen Geistes durchzuführen. Er ruft uns dazu auf, vor den Augen der Welt wieder die »Schönheit« des christlichen Lebens erstrahlen zu lassen. Er ruft uns dazu auf, für die Reinheit zu kämpfen; zu kämpfen mit Zähigkeit und Demut, nicht dazu, daß unbedingt alle sofort vollkommen sein müssen. Dieser Kampf ist so alt wie die Kirche selbst. Aber heute gibt es etwas Neues, das der Heilige Geist von uns erwartet: Er ruft uns dazu auf, der Welt die ursprüngliche Unschuld der Kreaturen und der Dinge zu bezeugen. Die Welt ist sehr tief gesunken; der Sex – hat jemand bemerkt – ist allen in den Kopf gestiegen. Es bedarf einer großen Kraft, um diese Art von Narkose und Sex-Trunkenheit zu durchbrechen. Es ist nötig, im Menschen die Sehnsucht nach Unschuld und Einfachheit wieder zu erwecken, die er im Herzen trägt und die ihn verzehrt, auch wenn sie so oft mit Schmutz zugeschüttet ist – die Sehnsucht nicht nach einer *Schöpfungs*-Unschuld, die es nicht mehr gibt, sondern nach einer *Erlösungs*-Unschuld, die uns von Christus neu geschenkt ist und uns in den Sakramenten und im Wort Gottes angeboten wird. Der hl. Paulus weist auf dieses Programm hin, wenn er an die Philipper schreibt:

> »Seid rein und ohne Tadel, Kinder Gottes ohne Makel mitten in einer verdorbenen und verwirrten Generation, unter der ihr als Lichter in der Welt leuchten sollt, indem ihr das Wort des Lebens hochhaltet« (Phil 2, 15f).

Ein heute wichtiger Aspekt dieser Berufung zur Reinheit ist – besonders für die Jugendlichen – das Schamgefühl. Die Scham weist schon von sich aus auf das Geheimnis des menschlichen Körpers hin, der mit einer Seele vereint ist; sie zeigt, daß es in unserem Körper etwas gibt, das über ihn hinausgeht, ihn transzendiert. Das erklärt, warum wir dazu neigen, diejenigen Teile unseres Körpers zu bedecken, die stärker die Triebe ansprechen, und statt dessen dem Blick des anderen spontan das Gesicht und die Augen präsentieren, die unmittelbarer unser inneres geistiges Wesen durchscheinen lassen. Die Schamhaftigkeit ist Achtung vor sich selbst und vor den anderen. Wo das Schamgefühl verlorengeht, wird die menschliche Sexualität in verhängnisvoller Weise banalisiert, jeden geistigen Abglanzes beraubt und leicht zu einem Konsumgut degradiert. Die Welt von heute belächelt die Scham und wetteifert darin, ihre Grenzen immer weiter hinauszuschieben. Indem sie auf die Jugendlichen regelrecht Gewalt ausübt, bringt sie sie so weit, sich ausgerechnet dessen zu schämen, worauf sie eigentlich stolz sein und was sie eifersüchtig hüten müßten. Dem muß ein Ende gesetzt werden. Der hl. Petrus empfahl den Frauen der ersten christlichen Gemeinde:

>»Was im Herzen verborgen ist, das sei euer unvergänglicher Schmuck: ein sanftes und ruhiges Wesen. Das ist wertvoll in Gottes Augen. So haben sich einst auch die heiligen Frauen geschmückt, die ihre Hoffnung auf Gott setzten« (1 Petr 3, 4f).

Es geht nicht darum, jeden äußeren Schmuck des Körpers und jedes Bemühen, die eigene Erscheinung bestmöglich darzustellen und zu verschönern, zu verurteilen, sondern es geht darum, das mit reinen Herzensabsichten zu tun, mehr für die anderen – besonders für den eigenen Verlobten oder für den Ehemann und die Kinder – als für sich selbst; um Freude zu bereiten, nicht um zu verführen.

Die Scham ist der schönste Schmuck der Reinheit. »Die Welt«, hat jemand geschrieben, »wird durch die Schönheit gerettet werden«. Aber sogleich hat er hinzugefügt: »Es gibt auf der Welt nur ein einziges absolut schönes Wesen, dessen Erscheinung ein Wunder an Schönheit ist: Christus.«[5] Die Reinheit ist das, was es der göttlichen Schönheit Christi ermöglicht, sich zu offenbaren und im Gesicht eines christlichen jungen Mannes oder Mädchens aufzuleuchten. Die Schamhaftigkeit ist ein glänzendes Zeugnis für die Welt. Über eine der ersten christlichen Märtyrinnen, die junge Perpetua, wird in den Märtyrerakten berichtet, sie sei an eine wilde Kuh gefesselt und von ihr in die Luft geschleudert worden. Als sie blutend zu Boden fiel, »zog sie ihr Kleid zurecht, weil sie die Scham stärker empfand als den Schmerz«.[6] Zeugnisse wie dieses trugen dazu bei, die heidnische Welt zu verändern und in ihr die Wertschätzung der Reinheit aufkommen zu lassen.

Es genügt heute nicht mehr eine Reinheit, die aus Ängsten, Tabus und Verboten besteht, aus gegenseitiger Flucht von Mann und Frau

---

5   F. Dostojewskij, *Brief an seine Nichte Sonja Iwanowa*.
6   *Die Märtyrerakten der hll. Felicitas und Perpetua* (PL 3, 35).

voreinander, so als sei die eine immer und notwendigerweise eine
Falle für den anderen, ein möglicher Feind und weniger eine »Hilfe«.
In der Vergangenheit war die Reinheit manchmal – zumindest in der
Praxis – genau auf diesen Komplex von Tabus, Verboten und Ängsten
verengt worden, als sei es die Tugend, die sich vor dem Laster verbergen müsse, und nicht umgekehrt das Laster, das sich vor der Tugend
schämen muß. Wir müssen dank der Gegenwart des Heiligen Geistes
in uns nach einer Reinheit streben, die stärker ist als ihr entgegen-
gesetztes Laster; nach einer positiven, nicht nur negativen Reinheit,
die imstande ist, uns die Wahrheit jenes Wortes erfahren zu lassen:
»Für die Reinen ist alles rein!« (Tit 1, 15), und jenes anderen Wortes der
Schrift:

»Er, der in euch ist, ist größer als jener, der in der Welt ist«
(1 Joh 4, 4).

Wir müssen den Anfang machen, indem wir die Wurzel heilen,
nämlich das »Herz«, denn von dort kommt alles, was das Leben eines
Menschen wirklich vergiftet (vgl. Mt 15, 18f). Jesus sagt:

»Selig, die ein reines Herz haben, denn sie werden Gott schauen«
(Mt 5, 8).

Sie werden wirklich schauen, d. h. sie werden neue Augen haben,
um die Welt und Gott zu sehen, klare Augen, die wahrzunehmen vermögen, was schön und was häßlich, was Wahrheit und was Lüge, was
Leben und was Tod ist. Kurz: Augen wie Jesus. Mit welcher Freiheit
konnte Jesus über alles sprechen: über die Kinder, über die Frau, über
die Schwangerschaft, über die Geburt ... Augen wie Maria. Wir müssen
uns in die Schönheit verlieben, aber in die wahre Schönheit, in jene
Schönheit, die die Geschöpfe von Gott empfangen haben und die sich
dem Blick derer offenbart, die ein reines Herz haben. Dann besteht die
Reinheit nicht mehr darin, »Nein« zu sagen zu den Geschöpfen, sondern »Ja«; sie zu bejahen als Geschöpfe Gottes, die »sehr gut« waren

und bleiben. Um dieses »Ja« sagen zu können, muß man jedoch zuerst den Weg des Kreuzes gehen, denn seit dem Sündenfall ist unser Blick auf die Schöpfung getrübt. In uns ist die Begierde losgebrochen; die Sexualität ist nicht mehr ruhig und gewaltlos, sie ist zu einer zweideutigen und bedrohlichen Kraft geworden, die uns unserem eigenen Willen zum Trotz mitreißt, gegen das Gesetz Gottes zu handeln.

5. Die Mittel: Abtötung und Gebet

Mit diesen Worten habe ich bereits begonnen, über die Mittel zur Erlangung und Bewahrung der Reinheit zu sprechen. Das erste dieser Mittel ist nämlich gerade die Abtötung. Die wahre innere Freiheit, die es erlaubt, jeder Kreatur im Licht zu begegnen, jedes Elend anzuhören und aufzunehmen, ohne selbst davon verdorben zu werden, ist nicht das Ergebnis einer schlichten Gewöhnung an das Böse. Das heißt, man erlangt sie nicht, indem man alles auskostet und versucht, sich dadurch zu immunisieren, daß man sich den Bazillus eben des Bösen, das man bekämpfen will, in kleinen Dosen einimpft, sondern man erlangt sie, indem man in sich den Infektionsherd erstickt. Kurz, man erlangt sie durch die Abtötung:

»Wenn ihr durch den Geist die (sündigen) Taten des Leibes tötet, werdet ihr leben« (Röm 8, 13).

Wir müssen unser Möglichstes tun, um das Wort »Abtötung« von dem Argwohn zu befreien, der seit langem auf ihm lastet. Der Mensch von heute hat sich eine besondere Philosophie geschaffen, um die unterschiedslose Befriedigung der eigenen Triebe oder – wie man gern sagt – der eigenen natürlichen Impulse zu rechtfertigen, ja sogar anzupreisen, weil er darin den Weg zur Selbstverwirklichung der Person sieht. Als sei es nötig, den Menschen auf diesem Gebiet mit einer entsprechenden Philosophie noch zu ermutigen, und als reichten nicht seine gebrochene Natur und der menschliche Egoismus allein schon aus! Die Abtötung – das ist wahr – ist vergeblich und selbst ein Werk des Fleisches, wenn sie Selbstzweck wird, ohne Freiheit geschieht oder – was noch schlimmer ist – wenn sie geübt wird, um Rechte vor Gott anzumelden oder sich damit vor den Menschen zu brüsten. So haben viele Christen sie erfahren, und jetzt fürchten sie sich, dahin zurückzufallen, weil sie vielleicht die Freiheit des Geistes kennengelernt haben. Aber es gibt noch eine andere Weise, die Abtötung zu betrachten, die das Wort Gottes uns aufzeigt, eine ganz und gar geistliche Weise, denn sie kommt vom Heiligen Geist: »Wenn ihr durch den Geist die Taten des Fleisches tötet, werdet ihr leben.« Diese Abtötung ist Frucht des Geistes und dient dem Leben.

Wenn von Reinheit die Rede ist, muß – wie ich glaube – vor allem ein Typ der Abtötung ins Gedächtnis gerufen werde: die der Augen. Das Auge, sagt man, ist das Fenster der Seele. Wenn draußen der Sturm Blätter und Staub aufwirbelt, läßt niemand die Fenster seines Hauses weit offenstehen, denn der Staub würde alles bedecken. Der das Auge geschaffen hat, schuf auch das Augenlid, um es zu schützen ... Im Zusammenhang mit der Abtötung der Augen können wir die große neue Gefahr unserer Zeit nicht schweigend übergehen: das Fernsehen und – noch schlimmer – das Internet. Jesus hat gesagt: »Wenn dich dein rechtes Auge zum Bösen verführt, dann reiß es aus und wirf es weg!« (Mt 5, 29), und er hat das gerade im Hinblick auf die Reinheit des Blickes gesagt. Das Fernsehen ist für uns sicher nicht nötiger als das Auge; man muß also auch von ihm sagen: »Wenn dein Fernseher dich zum Bösen verführt, dann wirf ihn weg!« Es ist viel besser, als einer dazustehen, der schlecht informiert ist über die letzten Ereignisse und Schauspiele der Welt, als bestens über alles informiert zu sein und darüber die Freundschaft Jesu zu verlieren und das eigene Herz zu verderben. Wenn jemand eingesehen hat, daß es ihm trotz aller Vorsätze und Anstrengungen nicht gelingt, sich auf das zu beschränken, was wirklich nützlich und einem Christen angemessen ist, dann ist es seine Pflicht, die Ursache zu beseitigen. Viele christliche Familien haben sich entschieden, den Fernseher aus ihrem Haus zu verbannen, weil sie der Meinung sind, daß der Nutzen letztlich nicht den Schaden aufwiegt, den er auf christlicher wie auch auf rein menschlicher Ebene anrichtet, und sie sind dann wahrlich bestürzt, wenn sie aus manchen Anzeichen im Gespräch entnehmen müssen, daß ein Priester oder eine Ordensfrau gewisse Sendungen verfolgt hat, deren Tendenz wohlbekannt ist. Wie kann denn ein Priester oder ein Ordensmann am Abend seine Augen und seinen Geist stundenlang mit Bildern anfüllen, die allesamt eine Verspottung der Seligpreisungen des Evangeliums, im besonderen der Reinheit, darstellen, und dann am nächsten Morgen zu früher Stunde ohne weiteres der Meinung sein, er könne den Lobpreis des Herrn feiern, sein Wort verkünden, das eucharistische Brot brechen oder den Leib Christi in der Kommunion empfangen?

Greifen wir also auf die Abtötung zurück und nehmen wir auch wieder Zuflucht zum Gebet. Die Reinheit ist nämlich weit mehr eine »Frucht des Geistes«, d. h. Geschenk Gottes, als das Ergebnis unserer Anstrengung, auch wenn diese unverzichtbar ist. Der hl. Augustinus beschreibt uns im anfangs erwähnten Zusammenhang seine persönliche Erfahrung in dieser Hinsicht:

»In meiner Unerfahrenheit glaubte ich, die Enthaltsamkeit hinge von meinen eigenen Kräften ab, und ich war mir bewußt, daß ich sie nicht besaß. Ich war so dumm, daß ich nicht wußte, was in der Schrift steht, daß nämlich niemand enthaltsam sein kann, wenn du es ihm nicht gewährst (vgl. Weish 8, 21). Und du hättest es mir zweifellos gewährt, wenn ich mit dem Seufzer meines Herzens an deine Ohren geklopft und mit sicherem Glauben meine Sorgen auf dich geworfen hätte ... Tu gebietest mir die Keuschheit: Nun gut, gewähre mir, was du mir gebietest, und dann verlange von mir, was du willst!« [7]

Und wir wissen schon, daß er auf diese Weise die Reinheit erlangte.

---

[7] Augustinus, *Confessiones*, VI, 11; X, 29.

Ich habe zu Anfang gesagt, daß eine äußerst enge Verbindung besteht zwischen Reinheit und Heiligem Geist: Der Heilige Geist schenkt uns nämlich die Reinheit, und die Reinheit schenkt uns den Heiligen Geist! Die Reinheit in uns zieht den Heiligen Geist an, wie sie ihn in Maria angezogen hat. Zur Zeit Jesu wimmelte die Welt von »unreinen« Geistern, die unter den Menschen ungestört ihr Unwesen trieben. Als Jesus nach seiner Taufe im Jordan erfüllt vom Heiligen Geist die Synagoge von Kafarnaum betrat, begann ein von einem unreinen Geist Besessener zu schreien:

> »Was haben wir mit dir zu tun, Jesus von Nazaret? Du bist gekommen, um uns ins Verderben zu stürzen! Ich weiß, wer du bist: der Heilige Gottes!« (Mk 1, 24).

Wer weiß, seit wie langer Zeit jener Mann schon ungestört in die Synagoge ging, ohne daß irgend jemand etwas bemerkte! Doch als Jesus, der das Licht und den Wohlgeruch des Geistes ausstrahlte, seinen Fuß an jenen Ort setzte, wurde der unreine Geist entlarvt und geriet in Aufregung; er konnte seine Anwesenheit nicht ertragen und verließ den Mann. Das ist der große, lautlose Exorzismus, der auch heute dringend nötig ist; das ist der Exorzismus, den wir auf Jesu Geheiß in unserer Umgebung praktizieren sollen: die unreinen Geister und den Geist der Unreinheit aus uns und unserer Umgebung austreiben, indem wir unseren Mitmenschen, und besonders den Jugendlichen, wieder die Freude vermitteln, für die Reinheit zu kämpfen.

»Wir leben für den Herrn!«

Gegen Ende seines Briefes, als der Apostel dabei ist, einige praktische Ratschläge zu einem speziellen Problem zu geben – ob man
Götzenopferfleisch essen darf oder nicht –, erhebt sich ganz plötzlich
der Ton seiner Rede und erreicht eine derartige Erhabenheit und Feier-
lichkeit, daß einem der Gedanke an ein »Taufbekenntnis« oder an einen von Paulus selbst improvisierten »Hymnus« auf Christus kommt.
Es sind Worte, die über das zufällige Problem der römischen Gemeinde weit hinausragen und eine universale Bedeutung besitzen, die
die gesamte christliche Existenz betrifft. In ihnen können wir das Ziel
und die Krönung des ganzen Briefes und unseres Weges sehen:

»Keiner von uns lebt sich selber, und keiner stirbt sich selber: Leben
wir, so leben wir dem Herrn, sterben wir, so sterben wir dem Herrn.
Ob wir leben oder ob wir sterben, wir gehören dem Herrn. Denn Christus ist gestorben und lebendig geworden, um Herr zu sein über Tote
und Lebende« (Röm 14, 7–9).

Der hl. Paulus hat uns am Anfang unseres Weges, als wir in der
Gottlosigkeit versunken waren, »die Herrlichkeit Gottes verloren« hatten und »für uns selber« lebten, bei der Hand genommen und uns in
diese neue Existenzweise hinübergeführt, in der wir nicht mehr »für
uns selber« leben, sondern »für den Herrn«. »Für sich selber« leben
bedeutet: so leben wie einer, der in sich selbst den eigenen Ursprung
und das eigene Ziel hat; es bedeutet, »aus« sich und »für« sich leben;
es bezeichnet ein in sich verschlossenes Dasein, das nur auf die eigene

Befriedigung und die eigene Ehre ausgerichtet ist, ohne jede Ewig-keits-Perspektive. Im Gegensatz dazu bedeutet »für den Herrn« leben: *aus* dem Herrn leben, Anteil haben an dem Leben, das aus ihm ent-springt, aus seinem Geist, und *für* den Herrn leben, d. h. »auf ihn hin«, zu seiner Ehre. Es handelt sich um eine Auswechselung des herrschenden Prinzips: nicht mehr »ich«, sondern Gott.

»Nicht mehr ich lebe, sondern Christus lebt in mir« (Gal 2, 20).

Es geht also um ein Sich-Lösen von der Ego-Zentrik, um sich auf Christus als das Zentrum neu auszurichten. Es handelt sich um eine Art kopernikanischer Wende, die sich in der kleinen Welt, in diesem Mikrokosmos, den der Mensch darstellt, abspielt. Im alten ptolemäi-schen Weltbild meinte man, die Erde stehe unbeweglich im Zentrum des Weltalls, während die Sonne sie als ihr Trabant und Diener um-kreise, um sie zu erhellen und zu wärmen. Doch mit Kopernikus hat die Wissenschaft diese Ansicht umgestürzt und bewiesen, daß es die Sonne ist, die unbeweglich im Zentrum steht, und daß die Erde sie umkreist, um von ihr Licht und Wärme zu erhalten. Um diese koper-nikanische Wende in unserer kleinen Welt zu vollziehen, müssen auch wir vom alten System zum neuen überwechseln. Im alten System ist es mein »Ich« – die Erde! –, das im Zentrum stehen und befehlen möchte, indem es allem den Platz zuweist, der dem eigenen Ge-schmack entspricht: den nächsten Platz den angenehmen Dingen und den sympathischen Menschen, und den entferntesten Platz den Din-gen und Menschen, die ihm zuwider sind. Im neuen System ist es Christus – die Sonne der Gerechtigkeit! –, der im Zentrum steht und regiert, während mein »Ich« sich ihm demütig zuwendet, um ihn zu betrachten, ihm zu dienen und von ihm den »Geist des Lebens« zu empfangen.

Es handelt sich wirklich um ein neues Leben, eine neue Existenz-form. Ihm gegenüber hat sogar der Tod seinen unwiderruflichen Charakter verloren. Der größte Gegensatz, den der Mensch seit jeher empfunden hat – der Gegensatz zwischen Leben und Tod – ist überwunden. Der radikalste Gegensatz besteht nun nicht mehr zwischen »leben« und »sterben«, sondern zwischen leben »für sich selber« und leben »für den Herrn«. »Für sich selber leben« ist jetzt der wirkliche Tod. Für den, der glaubt, sind Leben und physischer Tod nur zwei Phasen und zwei verschiedene Weisen, für den Herrn und mit dem Herrn zu leben: die erste im Glauben und in der Hoffnung, in einer Art »Angeld«; die zweite, in die man mit dem Tod eingeht, im vollen und endgültigen Besitz. Der Apostel schreibt:

»Ich bin gewiß: Weder Tod noch Leben ... können uns scheiden von der Liebe Gottes, die in Christus Jesus ist, unserem Herrn«
(Röm 8, 38).

Ja, in diesem Licht kann das Sterben sogar als »Gewinn« erscheinen, denn es ermöglicht, dauerhaft »bei Christus« zu sein (vgl. Phil 1, 21ff).

Die Worte des Apostels sind nicht einfache Ausrufe der Begeisterung; es liegt ihnen ein zwingender Gedankengang zugrunde. Wir – so sagt er – gehören dem Herrn (Röm 14, 8), und der Grund dafür ist: »Christus ist gestorben und lebendig geworden, um Herr zu sein« (Röm 14, 9), d. h. um uns zurückzukaufen, um die Herrschaft über uns zu erlangen.

Wenn wir also dem Herrn gehören, wollen wir auch für den Herrn leben! (vgl. Gal 5, 25).

Der erste Teil dieses Satzes faßt das gesamte *Kerygma* – und damit den ersten Teil des Briefes – zusammen, der zweite Teil die gesamte *Paränese* und damit den zweiten Teil des Briefes.

Der Grund, der es nötig macht, für den Herrn zu leben, ist hier in der Tatsache angegeben, daß wir die Seinen sind, daß wir ihm gehören. Es ist also eine Frage der Gerechtigkeit.

Er »hat sein Fleisch im Tausch für unser Fleisch gegeben, seine Seele im Tausch für unsere Seele«.[1]

Mehr noch als sein *Recht* ist es die *Liebe* des Erlösers, die uns drängt, eine Entscheidung zu treffen:

»Die Liebe Christi drängt uns, da wir erkannt haben: Einer ist für alle gestorben ... Er ist aber für alle gestorben, damit die Lebenden nicht mehr für sich selber leben, sondern für den, der für sie starb und auferweckt wurde« (2 Kor 5, 14f).

Wahrhaftig, die Liebe Christi »umschließt« und belagert uns von allen Seiten! Wenn ein menschlicher Herr einen Sklaven kaufte, dann tat er das nicht aus Liebe zum Sklaven und zu dessen Nutzen, sondern aus Eigenliebe, um von seinen Diensten zu profitieren und aus seiner Not und Plage Kapital zu schlagen. Bei dem »Herrn« Jesus ist das genau umgekehrt.

Die Frucht dieses Lebens »für den Herrn« ist die *Freude*. Wer für sich selbst lebt, hat nichts als ein endliches, ärmliches und äußerst vergängliches Objekt, an dem er sich freuen kann, und muß deshalb unerbittlich der Traurigkeit verfallen. Wer aber »für den Herrn« lebt, dessen Gegenstand und Motiv der Freude ist unendlich, göttlich und ständig neu. Die Freude des Herrn wird die seine, wie Jesus selbst bestätigt:

»Dies habe ich euch gesagt, damit meine Freude in euch ist und damit eure Freude vollkommen wird« (Joh 15, 11).

Ganz konkret bedeutet dieses Leben »für den Herrn« ein Leben für die *Kirche*, die sein Leib ist. Darum muß die Entscheidung, Christus in neuer Weise zu dienen, notwendigerweise in die Entscheidung umgesetzt werden, den passenden Posten, wie klein oder groß er auch sei, in

---

1 Irenäus von Lyon, *Gegen die Häresien (Adversus haereses)*, V, 1, 1.

der Gemeinschaft zum Dienst an den Mitmenschen zu übernehmen oder – falls man ihn verlassen hatte – wieder zu übernehmen, indem man sich für die Bedürfnisse der eigenen Pfarrei oder der eigenen Ordensgemeinschaft zur Verfügung stellt.

Da wir jetzt am Ende unseres Weges der Neuevangelisierung und der geistlichen Erneuerung angekommen sind, müssen wir den Entschluß fassen, Jesus von neuem als einzigen Herrn unseres Lebens zu wählen. Darin vollzieht sich eine »Vervollständigung« unserer Taufe: Wir »lösen« das gebundene Sakrament, damit eine neue Kraft von ihm ausgeht und in unserem Leben und unserem kirchlichen Dienst jene Charismen zur Geltung kommen können, die einem jeden von uns »zum Nutzen aller« gegeben sind (vgl. 1 Kor 12, 7). Die einfachste Weise, diese Entscheidung zum Ausdruck zu bringen, ist, daß man zu sagen lernt: »Jesus ist der Herr!« Aber man muß es in neuer Weise sagen, nämlich »im Geist«, mit jener Kraft, die es dem Apostel Paulus erlaubte, zu behaupten:

> »Wenn du mit deinem Mund bekennst: ›Jesus ist der Herr!‹ und in deinem Herzen glaubst: ›Gott hat ihn von den Toten auferweckt‹, dann wirst du gerettet werden« (Röm 10, 9).

Wenn man so, voll Glauben, sagt: »Jesus ist der Herr!«, dann bedeutet das, auf geheimnisvolle Weise mit seinem Tod und seiner Auferstehung in eine so innige Beziehung zu treten, daß sie in gewisser Weise auch Teilhabe ist. Zu sagen: »Jesus ist der Herr!«, bedeutet nicht nur, eine Erklärung abzugeben, sondern eine *Entscheidung* zu fällen: Es bedeutet, freiwillig in die Sphäre seiner Herrschaft einzutreten, ihn als den eigenen Herrn anzuerkennen. Es ist gleichbedeutend mit der Aussage: »Jesus ist *mein* Herr. Er ist der Grund meines Lebens. Ich will für ihn leben, nicht mehr für mich selbst!«

In der Lebensbeschreibung einer großen Mystikerin, die wir schon kennen – der sel. Angela von Foligno – wird die folgende Begebenheit berichtet, die uns hilft zu verstehen, worum es geht. Sie hatte schon seit langem die Welt und die Sünde hinter sich gelassen, auf ihr gesamtes Eigentum verzichtet und sich einem Leben in großer Strenge gewidmet. Doch eines Tages bemerkte sie, daß noch etwas zu tun übrig war, daß es nicht stimmte, daß Gott ihr alles bedeutete, denn ihre Seele wollte einesteils Gott, andernteils aber verlangte sie auch nach anderen Dingen zusammen mit Gott. Da spürte sie etwas wie eine Bewegung der Wiedervereinigung ihres gesamten Wesens, als füge sich der Leib mit der Seele, das Wollen mit der Einsicht zu einer Einheit zusammen und als bilde sich in ihr ein einziger Wille. In jenem Moment hörte sie in ihrem Innern eine Stimme, die fragte:»Angela, was willst du?«, und mit aller Kraft rief sie:»Ich will Gott!« Und Gott antwortete:»Diesen deinen Wunsch werde ich zur Erfüllung bringen!«[2] Mit diesem Ruf gab sie ihre Freiheit endgültig auf, und Gott baute auf ihm jenes wunderbare Abenteuer der Heiligkeit auf, das nach sieben Jahrhunderten immer noch nicht aufgehört hat, Licht in die Kirche und die Welt zu strahlen.»Ich will Gott!« ist die erhabenste Aussage, die aus dem Munde eines Geschöpfes hervorgehen kann. Sie vereint das persönlichste *Subjekt*,»Ich«, das größte *Objekt*,»Gott«, und den menschlichsten *Akt*,»will«, miteinander. Es gibt nur einen einzigen Satz, der diese Aussage noch überragt. Ihn kann jedoch nur Gott aussprechen:»Ich *bin* Gott.«

Der Märtyrer Ignatius von Antiochien, der ebenfalls einen berühmten *Brief an die Römer* geschrieben hat, drängt uns, ebendiesen Ausruf jetzt auf die Person Christi zu beziehen, der das Endziel des Weges ist, den wir mit diesem Buch gegangen sind.»Ich will«, sagt er»den, der für mich gestorben ist! Ich will den, der für mich auferstanden ist!«[3] Ich will Christus!

2 *Il libro della B. Angela da Foligno* (vgl. Anm. 13 zu I), S. 316.
3 Vgl. Ignatius von Antiochien, *Brief an die Römer*, 6, 1.

REGISTER

PERSONEN UND ANONYMA

STICHWÖRTER

Abraham
Sinnbild des Vaters 137f
sein Gehorsam 277
Achtung
gegenseitige A. 219, 231
Atheismus 43, 89
Auferstehung
A. Christi 101ff
ist der Glaube der Christen 105
ist das Werk des Vaters 111ff
durch den Heiligen Geist 114ff
A. der Seele und des Herzens
116, 124

Charismen 195

Demut
als Wahrheit 241
als Nüchternheit 139ff
als Dienen 258f
besteht darin, sich klein zu machen
256f
D. Christi 255f
D. Marias 246ff
D. des hl. Franz v. Assisi 247

D. und Großmut 259
D. und Demütigungen 249ff

Ehe
»im Herrn« geschlossen 275f
Liebe und E. 189f
Ehre
Streben nach der eigenen E.
54, 250
Ergriffenheit 34f
Eschatologie 123f
Eucharistie
Profanation der E. 46
Evangelium
E. und Gesetz 181f

Freiheit
F. und Gesetz 185ff
Christus hat den Mißbrauch der F.
gesühnt 87
Freude 306

Gebet
»im Geist« 196ff, 211
Trockenheit im G. 207f

RANIERO CANTALAMESSA

Komm, Schöpfer Geist

Betrachtungen zum Hymnus Veni Creator Spiritus

Aus dem Italienischen von Ingrid Stampa
Mit einem Vorwort von Joseph Kardinal Ratzinger

448 Seiten, gebunden mit Schutzumschlag
ISBN 3-451-27013-7

»Man sieht nur, was man weiß«, sagt ein Sprichwort. Raniero Cantalamessa geht es darum, daß man den Heiligen Geist erkennt, wenn man ihm begegnet. Um sein Porträt zu zeichnen, hat er einen bemerkenswerten Zeugen aufgerufen, dessen »Personenbeschreibung« ihm ermöglicht, aus dem vollen zu schöpfen: den mehr als tausend Jahre alten Hymnus »Veni Creator Spiritus«.

»Bedeutende theologische Werke über den Heiligen Geist, die nach dem Konzil entstanden sind, darf man als Frucht der Impulse des II. Vaticanums ansehen ... Diese Werke bergen einen Reichtum an Erkenntnissen, verlangen aber nach einer Vermittlung auf das konkrete christliche Leben zu. An dieser Stelle ist das Buch von Raniero Cantalamessa angesiedelt.« *Joseph Kardinal Ratzinger*

HERDER

FRANÇOIS-XAVIER NGUYEN VAN THUAN

Hoffnung, die uns trägt

Die Exerzitien des Papstes

Aus dem Italienischen von Ingrid Stampa

220 Seiten, gebunden mit Schutzumschlag
ISBN 3-451-27419-1

Meditationen über den Weg des Glaubens an der Schwelle zum dritten Jahrtausend. Dem Papst vorgetragen von einem Bischof, der 13 Jahre lang für den Glauben in Kerkern des Vietcong inhaftiert war und dank diesem Glauben die Kraft fand, zu überleben.

Bemerkenswert ist der Stil, in dem hier spirituelle Impulse vermittelt werden: Immer wieder läßt der später zum Kardinal erhobene Autor sehr persönliche Berichte von seinen Erlebnissen während der Gefangenschaft einfließen – Geschichten, die mit einfachen, bescheidenen Worten anrühren und bewegen.

So kommen hier mit heiterem Charme tiefe geistliche Erfahrungen zur Sprache, die in schweren Stunden gewachsen sind. Sie werden zum Geschenk, das den Glauben und das Leben bereichern kann – für einen frohen Glauben und für ein Leben aus der Kraft der Hoffnung.

HERDER

ANDREA RICCARDI

Salz der Erde, Licht der Welt

Glaubenszeugnis und Christenverfolgung im 20. Jahrhundert

Aus dem Italienischen von Ingrid Stampa

Mit einem Vorwort von Manfred Scheuer

496 Seiten, gebunden

ISBN 3-451-27421-3

Niemals zuvor in der Geschichte sind weltweit so viele Christen um des Glaubens willen Opfer von Verfolgung und gewaltsamem Tod geworden wie im 20. Jahrhundert. Faschistische und kommunistische Diktaturen, Staatsterrorismus und nationale Fremdenfeindlichkeit haben ebenso wie politischer und religiöser Fanatismus, soziale Ausbeutung, organisierte Kriminalität und Sexismus zahllose Opfer gefordert. Doch zugleich haben sie immer auch den Widerstand couragierter Christen hervorgerufen, die ihrem Gewissen folgten und für Gerechtigkeit eintraten, oft um den Preis ihres Lebens. Dieses Buch ist die weltumfassende Bilanz christlichen Martyriums im 20. Jahrhundert. Es nimmt das Glaubenszeugnis bekannt gewordener Einzelner wie auch das Schicksal ungezählter namenlos Gebliebener in den Blick – eine Dokumentation erschütternder Unmenschlichkeit und doch ein Dokument unerschütterlicher Menschlichkeit.

Andrea Riccardi ist Professor für Geschichte in Rom. Über sein Fach hinaus bekannt geworden ist er durch die Gründung der Gemeinschaft St. Egidio, die seit 1968 ein globales Netzwerk der Friedensarbeit aufbaut und weltweit beachtete interreligiöse Friedenstreffen ausrichtet.

HERDER